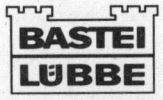

BASTEI
LÜBBE

Anne LaBastille studierte an der Cornell University und promovierte im Fach Wildtierökologie. Seit vielen Jahren arbeitet sie als ökologische Beraterin, Autorin, Dozentin und Fotografin. Im Auftrag verschiedener Institutionen und Länder hat sie Feldstudien über bedrohte Tiere und Voruntersuchungen für geplante Nationalparks und Tierreservate durchgeführt.
1974 wurde Anne LaBastille mit der Goldmedaille des World Wildlife Funds als »Umweltschützerin des Jahres« ausgezeichnet.

GASTEI
LÜBBE

Anne LaBastille

Allein in der Wildnis

Eine junge Frau
verläßt die Zivilisation und beginnt
ein neues Leben

Aus dem Amerikanischen übersetzt von
Dieter Kuhaupt

BASTEI
LÜBBE

BASTEI-LÜBBE-TASCHENBUCH
Band 61 193

Titel der amerikanischen Originalausgabe:
»Woodswoman«, erschienen bei E. P. Dutton, New York
Copyright © by Anne LaBastille, 1976
Deutsche Ausgabe: © Albert Müller Verlag AG,
Rüschlikon-Zürich, 1988
Lizenzausgabe: Gustav Lübbe Verlag GmbH, Bergisch Gladbach
Printed in West Germany Oktober 1990
Einbandgestaltung: Manfred Peters
Titelfoto: Image Bank
Satz: Froitzheim, Bonn
Druck und Bindung: Ebner Ulm
ISBN 3-404-61193-4

Für Major

Inhalt

1

Kein Heim

Das Zufrieren des Black Bear Lake ist der Auftakt zum Winter. Das Zufrieren bedeutet den Anfang einer harten Zeit. Das Zufrieren bedeutet Auftakt zum Einsamsein. An irgendeinem Novemberabend beginnt es mit ersten filigranen Eisfingern, die sich am Ufer entlangtasten. Am Morgen begrüßt mich Eisansatz an der Wasserlinie des Bootes, zarte Eishaut auf den Wasserkübeln. In manchen Nächten friert der See schon halb zu, und morgens zersplittern Wind und Wellen die dünne Decke in Trillionen Scherben. Das Zufrieren braucht Zeit. Das Zufrieren ist unerbittlich. Nichts und niemand kann es aufhalten. Das Zufrieren ist ein Naturereignis, so wichtig wie Sonnwenden, Tag-Nacht-Gleichen, Vollmonde und Finsternisse. Es hat Auswirkungen auf die Lebensabläufe von vielen Fisch- und Wildtierarten. Und dramatisch schneidet es auch in mein Leben ein, hier an diesem See in den Adirondack Mountains, wo ich allein in der Blockhütte lebe, die ich selber gebaut habe.

Wenn ich mit meinem kleinen Außenborder-Aluminiumboot auf dem See unterwegs bin, fühle ich, wie schwer das Wasser geworden ist, wie dunkel, wie zäh. Die Schraube scheint sich durch Sirup zu drehen, und das Boot läßt sich schwerfälliger manövrieren. Ein paar Grad über dem Gefrierpunkt ist Wasser tatsächlich dichter als bei null Grad. Gott helfe mir, wenn ich hineinfalle. Wenn der Schock mich nicht sofort tötet, dann das kalte Wasser binnen drei Minuten.

An einem regnerischen, stürmischen Abend in meinem ersten Winter am Black Bear Lake sprang ich einmal am menschenleeren öffentlichen Landesteg mit wild im Wind wehendem Poncho in mein Boot. Aus Versehen hatte ich den Vorwärtsgang eingeschaltet gelassen, was ich sonst fast nie tue. Mit dem flatternden Poncho kämpfend, vergaß ich wie sonst zu prüfen, ob der Hebel auf Leerlauf stand. Spreizbeinig über dem Sitz stehend, zog ich die Anlaßschnur. Knatternd sprang der Motor an, das Boot machte einen Satz nach vorn und kippte gleichzeitig seitwärts. Ich stürzte hart, und um ein Haar wäre ich über Bord gegangen. Als ich das Boot wieder in der Gewalt hatte, fing ich zu zittern an. Nicht auszudenken, was hätte sein können – verzweifelter Rettungssprung zum Ufer, verheddern mit dem Poncho unter Wasser, gejagt werden von einem wildgewordenen Motorboot. Ich nahm mir vor, künftig beim einsetzenden Frost mit dem Boot vorsichtiger zu sein.

Ein anderes Mal ging ich, ebenfalls an einem Novemberabend, mit zwei Wassereimern und einer Taschenlampe zum Seeufer. Schnee wirbelte durch die Luft, und schwere Wellen schlugen an den Anleger. Durch den Sturm drang unerwartetes Bootsgeräusch. Seltsam. Kein Haus an meinem See-Ende hatte ich übers Wochenende bewohnt gesehen. Ich leuchtete mit der Taschenlampe aufs Wasser hinaus, und ein paar Minuten später schwankte ein gefährlich überladenes Boot heran. Fünf verängstigte Jäger blinzelten ins Licht.

»Wir haben uns verirrt!« rief einer.

»Können Sie uns helfen? Uns über den See führen?« rief ein zweiter. »Wir fahren seit einer halben Stunde im Kreis und können den Weg nicht finden.«

Ich lief zur Hütte und schnappte mir Handschuhe, Parka und Poncho. Schon hatte ich Angst vor der Fahrt. Den Motor startend, bat ich zwei der Jäger, in mein Boot umzusteigen, und plazierte die Lampe so, daß der Bootsführer hinter mir nicht geblendet wurde. Als wir drüben den öffentlichen Anleger erreichten, sprangen sie an Land, stampften mit den Füßen und wischten ihre Gewehre trocken, froh, dem Sturm entronnen zu sein und die Geborgenheit ihrer Autos erreicht zu haben. Der älteste der Jäger drückte mir eine Fünfdollarnote in die Hand. Ich protestierte.

»Bitte, nehmen Sie«, drängte er. »Fürs verfahrene Benzin.«

Ich wandte mich zum Gehen. Es war jetzt stockdunkel geworden, das Schneetreiben dichter. Mitten auf dem See, allein, verlor ich die Landorientierung. Mein einziger Richtungsweiser war der Sturm, der mir den Rücken peitschte. Noch nie waren mir die zweieinhalb Kilometer so lang und so gefährlich vorgekommen. Ich versuchte abzuschätzen, wo die felsigen Untiefen, die Insel und mein kleines felsiges Kap lagen, damit ich mir nicht den Propeller abscherte oder auflief. Reparaturen oder Rudern bei diesem Wetter – kein freundlicher Gedanke. Nach fünfzehn Minuten wendete ich neunzig Grad nach rechts und vertraute auf gut Glück darauf, mein Land vor mir zu haben. Kein Licht im weiten Umkreis am Black Bear Lake. Auch in meiner eigenen Blockhütte war es dunkel, denn wenn ich fortgehe, mache ich immer die Propangaslampen aus.

Eiskalte Wellen peitschten gegen das Boot, Schaum näßte mich und gefror sofort. Behutsam in Blindpeilung aufs Ufer zuhaltend, blieb mir um Haaresbreite eine Kollision mit den Felsen an meiner Landzunge erspart. Ich stellte die Maschine ab und stakte das Boot in tieferes Wasser und zum Landesteg. In den Wänden meines Hauses, mein triefendes Zeug vor dem Franklin-Ofen trocknend, zog ich den durchnäßten Geldschein aus der Tasche und betrachtete ihn nachdenklich. Hatte ich ihn annehmen dürfen? Hatte ich überhaupt fahren dürfen? Ich legte ihn zum Trocknen neben den Ofen und zuckte die Achseln. Solche Entscheidungen fallen hier in den Nordwäldern immer zugunsten des hilfsbedürftigen Mitmenschen.

Ein paar Tage später, bei einsetzender Seevereisung, fand ich mich wieder als Hilfeleistende. Zwei ältere Eheleute verbrachten gegen Ende November die Thanksgiving-Ferien in ihrem Sommerhäuschen. Der Mann bekam einen Herzanfall. Per Funk wurden Notarzt, Boot, Krankenwagen hergerufen, der Mann evakuiert. Die Frau blieb, um die Sachen zu packen und das Haus zu schließen. Sie wußte nicht, wann – oder ob überhaupt – sie zurückkommen konnten. Am Abend vor Thanksgiving fiel das Thermometer auf zwölf Grad unter Null. Eine Eisschicht überflog den ganzen See. Jetzt machte der Winter wohl ernst. Das Eis wuchs, rasch und gnadenlos. Noch eine Nacht wie diese, und der See würde bis zum Frühjahr fest zugefroren sein.

Mit meinem Boot durch zentimeterdickes Eis brechend, fuhr ich hin, um dieser freundlichen Dame beizustehen. Koffer, Kisten, Kästen stapelten sich an ihrer Haustüre. Unmöglich, sie alle in einer einzigen Fahrt mitzunehmen. Meine Nachbarin war zu verängstigt und zu beschäftigt, um ihr Haus zu verlassen; aber Stunde um Stunde verdickte sich das Eis auf dem See. Ich schlug vor, ihr Boot vollzuladen und es hinter dem meinen zum Anleger zu schleppen. Sie sorgte sich, was geschehen könnte, wenn mein Boot im Eis leckschlüge und sänke.

»Keine Bange, dann springe ich in Ihres«, beruhigte ich sie, »und rudere zurück. Wir müssen uns beeilen, damit Sie vor der Dunkelheit hier wegkommen.«

Den Weg zum Anleger bahnte ich mir nach dem Eisbrecherprinzip: Bug aufs Eis – das jetzt schon zwei Zentimeter messen mochte –, Gas geben, das Eis unter dem Bootsgewicht brechen lassen. Ohrenbetäubend und bedrohlich der Lärm, mit dem die Schollen gegen die Aluminiumrümpfe krachten und schabten. Wo das Eis zu dick war, stellte ich den Motor auf Leerlauf, ging nach vorn und hackte das Eis mit einem Metallruder auf. Eine Stunde brauchte ich, um die anderthalb Kilometer zurückzulegen und die Sachen am Anleger zu deponieren.

Auf der Rückfahrt merkte ich, daß der geöffnete Kanal bereits wieder mit einer leichten Eisglasur überzogen war. Wir aßen hastig ein Truthahn-Sandwich – unser Thanksgiving-Dinner. Dann machte ich die zweite Fahrt mit zwei Booten, das eine mit Kisten und Papieren beladen. Beim dritten Trip war meine Nachbarin reisefertig, schloß ihr Haus, und ich nahm sie in mein Boot und setzte sie am Anleger ab, wo ihr Wagen wartete. Zwielicht senkte sich. Wir umarmten uns traurig, und ich wartete, bis ich sie hatte abfahren sehen.

Eine tödliche Stille lag über dem Black Bear Lake, nur von einem fast unhörbaren Knistern durchbrochen: Eis bildete sich. Ich war völlig allein. Ins Boot kletternd, sah ich, daß es in der kurzen Zeit am Anleger schon wieder vom Eis eingekreist worden war. Ich setzte zurück in die Fahrrinne, Eisstücke unter die Schraube saugend. Bis zur Blockhütte erstreckte sich der See als reglose graue Fläche. Leise Furcht flackerte mir durchs Herz. Das See-Eis bildete sich schneller, als ich es brechen konnte!

Jäh wurde mir der Ernst der Lage bewußt. Würde ich es bis zu meinem Zuhause schaffen, oder würde ich mitten im Black Bear Lake festfrieren? Wenn mich das Eis mit dem Boot gefangennahm, gab es keine Möglichkeit mehr, ans Ufer zu kommen. Zum Darüberlaufen war das Eis noch zu dünn, zum Aufhacken mit dem Ruder aber wahrscheinlich bereits zu dick. Hätte ich nur daran gedacht, eine Axt mitzunehmen! Der Gedanke kam: Vielleicht erfrierst du hier, auf dem See, in Sichtweite deiner Hütte.

Das Blockhaus im Frühwinter; im Vordergrund das Sonnendeck.

Adrenalin durchschoß mich. Ich ließ den Motor aufheulen und rammte das Boot in die schmale Fahrrinne hinein, schneller als ihm eigentlich zuzumuten war. Das Boot meiner Nachbarin hatten wir am Anleger gelassen, umgestülpt für den Winter. Wenn meines ein Leck bekam oder wenn der Propeller ein Blatt verlor, wurde die Lage brenzlig. Ich setzte darauf, daß das Aluminium stark genug war, um dem Krachen und Knirschen standzuhalten.

Keine Fahrt schien mir je so qualvoll, so lang, so einsam wie dieses verzweifelte Sich-nach-Hause-Kämpfen im Eis am Thanksgiving-Abend. Als ich endlich die Bucht erreichte und den Motor abstellte, legte sich die Stille wie ein Segen über mich. Dann wieder: leises Knistern. Über das Heck blickend sah ich mit Schaudern, daß sich direkt hinter mir der Kanal schon wieder lautlos geschlossen hatte. Ein preiselbeerroter Sonnenuntergang warf ein unheimliches Schimmern über den See. Ich beobachtete, wie sich eisige Splitter und Pfeile, Finger und Brücken auf der Wasseroberfläche bildeten, zusammenwuchsen und erstarrten. Das Eis verbreitete und verhärtete sich mit unglaublicher Geschwindigkeit. Zum erstenmal wurde mir so richtig die äußerste Präzision und Grausamkeit der Kälte bewußt. Ich wurde Zeuge des endgültigen Zufrierens in seiner ganzen furchtbaren, unerbittlichen Urkraft. Diese Erscheinung werde ich nie vergessen, auch nicht, wie schutzlos eine warmblütige Kreatur seinem Würgegriff ausgeliefert sein kann.

Durch die herabsinkende Finsternis tastete ich mich vom Landesteg hinauf zu meiner Hütte. Als ich die Tür öffnete, grüßten und umfingen mich die vertrauten vier Wände, die Wände mit ihrer heimeligen Holzborke, behangen mit Fellen und Hirschgeweihen. In dieser einsamen Hütte war mein Lebensstil – einst hektisch, herdentierartig – ein ganz anderer geworden. Wie hatte das angefangen? Wie war ich hierher gekommen? Ich ließ meine Gedanken zurückschweifen zu den Ereignissen, die mich hierhergeführt hatten, in dieses Zuhause aus Baumstämmen, zu diesem jetzt eis- und winterstarren See in den Nordwäldern.

Angefangen hatte es, als ich durch die sich abzeichnende Scheidung meiner Ehe heimatlos wurde. An Angehörige konnte ich mich nicht wenden: Meine Verwandtschaft war entweder schon gestorben oder lebte weit verstreut. Mehrere Sommer hatte ich mit Morgan, meinem Mann, ein kleines Ferienhotel in den Adirondacks geführt. Im Winter gingen wir mit ausgewählten Gruppen von Tierliebhabern nach Florida und weiter südlich auf Tier-Safari. Wir hackten Holz, wuschen Teller, planten Menüs, gaben Reit-, Wasserski- und Tauchunterricht; tapezierten Hotelzimmer; bestimmten Tropenvögel und Indianerruinen; machten uns insgesamt viel Mühe damit, unsere Gäste zufriedenzustellen. Ein buntes Leben, bewegt, voller Menschen und Probleme.

In unserer Ehe gab's wenig Raum für Privates, aber viel Arbeit. Diese Kombination wird es wohl gewesen sein, die unsere Liebe allmählich erlöschen ließ. Inzwischen waren auch bestimmte andere Veränderungen eingetreten, und mit dem Frühling kam das Ende unserer Ehe.

»Bis zum 4. Juli mußt du ausziehen«, eröffnete mir Morgan eines Tages mit ernster Miene. »Unter dieser Belastung kann ich das Hotel nicht aufmachen und betreiben. Du *mußt* irgendeinen Ort finden, wo du hinkannst.«

Dieses Ultimatum bewirkte eine dramatische Wende in meinem Leben. Seit meiner Kindheit, die ich nahe

16

von New York City verbracht hatte, war es mein Wunsch gewesen, einmal in einer Blockhütte im Wald zu leben, selbstgenügsam in der Art von Thoreau. Auf der Schule hatte ich vom Lagern und Wandern in Waldbergen und an klaren Seen geträumt. Auf dem College, wo ich im Hauptfach Tierschutz studierte, war es mein Berufsziel gewesen, Wildtiere zu beobachten und zu erforschen. Und während meiner Ehe mit Morgan hatte ich mich immer nach einem ruhigen Refugium gesehnt, wo ich schreiben und mich entspannen konnte.

Intuitiv traf ich nun meine Entscheidung. In der Wildnis der Adirondacks wollte ich mir ein Blockhaus bauen. Ich hoffte, daß ein Rückzug in den Frieden der Natur meine Verzweiflung vielleicht würde stillen können. Die Gemeinschaft mit den Wildtieren und menschlichen Bewohnern dieser einsamen Region sollte meinen Kummer kurieren. Und vor allem hoffte ich, mit dem Bau einer Holzhütte meiner Heimatlosigkeit ein Ende zu machen.

Die Zeit war knapp. Kaum zwei Monate blieben mir, um Land zu finden, die Hütte zu erstellen und umzuziehen. Ich fing an, mir im Umkreis von vierzig Kilometern um Lake Serene – so will ich das Dorf nennen, das bei Morgans Hotel lag – Grundstücke und Camps (Sommerhäuser) anzusehen. Dutzende von Gebäuden, Hektaren von Land besichtigte ich. Angeboten wurden elegante Chalets; bescheidene Jagdhütten; eine bewaldete Insel für achtzigtausend Dollar; 30-Meter-Grundstücke in Lake Serene selbst; 160 Hektar abgeholzter Wald in Pacht auf Jahresbasis. Nichts davon war für meinen Geschmack und meinen Geldbeutel das richtige.

Dann hörte ich durch Zufall von einem großen Privatgrundstück an einem See, den ich Black Bear Lake nennen will. Der Besitzer war gestorben, und das Grundstück wurde in drei Parzellen geteilt. Der Black Bear Lake war einer der entlegensten Seen, die noch mit dem Auto erreichbar waren; gleichwohl gab es keine Ringstraße um den See herum. Das müßte für Abgeschiedenheit sorgen, dachte ich. Außerdem fehlten elektrischer Strom und Telefon. Auch das appellierte an mein »Zurück-zur-Natur«-Gefühl. Der Kaufpreis schien sehr annehmbar.

So fuhr ich denn an einem Frühlingstag Anfang Mai mit meinem Kombi und meinem Bootsanhänger zum unteren Ende des Black Bear Lake. Ich schob das kleine Aluminiumboot ins Wasser, startete mit einiger Mühe den 10-PS-Motor und kreuzte los: vorbei an bewaldeten Uferstrichen, Inseln, Buchten, Landzungen. Weder Weg noch Steg verbanden die unbefestigte Straße, die am öffentlichen Bootsanleger endete, mit dem Grundstück zweieinhalb Kilometer seeaufwärts. Nur hier und da ein Sommerhäuschen oder ein Bootsschuppen im endlosen Wäldergrün. Ich hatte erfahren, daß ganzjährig nur ein älteres Ehepaar hier lebte. Die nächste Dauersiedlung – der Flecken Hawk Hill – lag acht Kilometer westlich hinter den Bergen. Lake Serene lag bereits vierzig Kilometer entfernt.

Das Boot auf das wilde Ostufer zusteuernd, fand ich eine kleine Bucht mit Sandboden. An einem Schneeballstrauch machte ich fest und bahnte mir durch dickes Gestrüpp und ein Gewirr junger Balsamtannen den Weg zu den Grenzmarkierungen. Sie standen, wie mir der Makler gesagt hatte, in hundertzwanzig Metern Abstand irgendwo zwischen den Granitfelsen an der Seebucht und der Mündung eines Bächleins. In der anderen Richtung, vom Black Bear Lake weglaufend, erstreckte sich Urwald achthundert Meter weit zum Biberteich, einem kleinen Gewässer, das die rückwärtige Grundstücksgrenze bildete. Dahinter lagen Tausende von Morgen geschützter Wald des staatlichen Adirondack-Parks. Kein Zweifel, hier auf diesem herrlichen Stück Land müßte ich Platz für mein Blockhaus finden.

Hochragende jungfräuliche Weymoutskiefern, Rottannen und Balsamtannen schmückten das Gelände. Die hier heimischen Bäume erfüllten die frische Luft mit aromatischem Duft und seufzten im Wind. Landeinwärts durchmischte sich der Nadelwald mit Laubwald. Riesige Zuckerahornbäume, Buchen und Gelbbirken wuchsen auf dem schwarzen Adirondack-Humus. Viele davon waren an die dreißig Meter hoch, mit halbmeterdicken Stämmen, und ihr Alter betrug hundert, dreihundert oder mehr Jahre. Keine Axt hatte sie je berührt, kein Spaten je den Boden aufgerissen. Das Land hier gehörte weit mehr den Bäumen als den Menschen.

Auch die das Grundstück begrenzenden Seen zählten zu den natürlichen Merkmalen dieser alten Berge. Aus dem Land herausgesägt durch Gletscher, die vor einer Million Jahren bis vor zehntausend Jahren in eiszeitlichen Schüben die Adirondacks überzogen, sind der Black Bear Lake und Biberteich nur zwei der 2300 Seen und Tümpel dieser Gebirgswelt. Schwere Granitblöcke und Sandbänke markierten das Ufer. Ich wußte, daß der felsig-sandige Boden bis in zwölf Meter Tiefe abfiel. Saiblinge, Ochsenfrösche, Biber und Katzenwelse lebten in dem bernsteinfarbenen Wasser. Keine Umweltverschmutzung schien je seine Qualität verdorben, keine Erosion seine Klarheit getrübt zu haben. Reines, trinkbares Wasser konnte ich mit der hohlen Hand daraus schöpfen.

Den gesamten Nachmittag verbrachte ich mit Erkundungen: Peilen von Himmelsrichtungen, Blicke durch vorgestellte Panoramafenster, Abschätzen von Entfer-nungen zwischen Bäumen, Taxieren von Abständen zum See. Bis zum Abend hatte ich eine feste Vorstellung davon, wo die Hütte stehen sollte und wie sie zu bauen war. Sie mußte weit genug vom Ufer entfernt liegen, daß als Abschirmung und Zier zugleich ein kleiner Baumgürtel dazwischen verbleiben konnte: Wie Filigran würden sich die schwarzen Silhouetten der Balsamtannen gegen die wie Glasmalerei leuchtenden Adirondack-Sonnenuntergänge abheben. Aber die Hütte mußte auch nahe genug am See stehen, daß man mal hinlaufen, hineinspringen und einen Biber vorbeischwimmen sehen konnte. Eine kleine baumlose Anhöhe in der richtigen Lage bot sich als Bauplatz geradezu an. Hier mußten keine großen Bäume gefällt werden. Würden die aufragenden Riesen auch noch so viele Meter Bau- und Brennholz liefern – ich schwor, keinen einzigen davon zu fällen, außer wenn es wirklich unumgänglich war. Die Bäume und ich sollten Gefährten werden, sollten koexistieren auf dem Land. In diesem Augenblick gelobte ich auch, nie etwas zu tun, das die Seen verschmutzen konnte, die den Grund umkränzten. Die Hütte sollte Südwestlage haben, um möglichst viel Sonne (Wärme und Helligkeit) und Wind (zum Wegblasen der Insekten) abzubekommen. Mein Heim brauchte ein steiles Satteldach, von dem schwere Schneemassen abgleiten konnten. Und vor allem: Es mußte klein genug sein, damit ich es selber bauen konnte.

Müde vom Marsch durchs Dickicht, setzte ich mich ins Boot, um auszuruhen und mir noch einmal alles zu überlegen. Spätnachmittäglicher Westwind kühlte mich und klärte meine Gedanken. »Westlich vom Wind« – schon hatte ich einen Namen für den Platz. Für mich stand fest, daß ich hier den richtigen Ort und den richtigen Rahmen für eine Hütte in der Wildnis gefunden hatte. Ich wollte und wünschte dieses Land. Jetzt brauchte ich es nur noch zu kaufen, Baumaterialien zu finden, sie hierher zu schaffen und das Blockhaus zu errichten. Eine komplizierte Aufgabe! Da drang in mein sorgenvolles Gedankengewirr leises Zwitschern von Vögeln und beruhigte mich. Die untergehende Sonne malte Glanzlichter auf die Tannen und zog eine Bahn flüssigen Goldes über das Wasser. Ich startete den Außenbordmotor und setzte langsam vom Ufer zurück. Unerwartete Erleichterung und ein richtiges Hochgefühl kamen in mir auf, als ich über den See tuckerte. Ich spürte, daß ein Teil von mir zurückblieb. Mochte auch noch kein Haus dort stehen – ich hatte ein Zuhause gefunden.

Zwei Tage später bestieg ich bei Lake Serene den Mitternachtszug und fuhr nach New York. Gegen acht Uhr morgens sprach ich dort bei einer alten, angesehenen Anwaltskanzlei vor, wo der Grundstückskauf perfekt gemacht werden sollte. Man bat mich, am frühen Nachmittag wiederzukommen, da der zuständige Anwalt noch nicht im Hause sei. Nervös bummelte ich einen Vormittag lang durch die Ladenstraßen, befingerte mein Scheckbuch und sorgte mich, was ich tun sollte, wenn aus dem Kauf nichts würde.

Um zwei saß ich vor einem antiken Schreibtisch einem graugesichtigen Herrn in graugrünem Anzug gegenüber. Die schale Büroluft roch nach alten Akten und zu vielen Luncheon-Martinis. Ich hatte es eilig, die Transaktion hinter mich zu bringen und unterschrieb Scheck, Kaufvertrag und Eigentumsurkunde in einem Schwung, ohne irgend etwas zu lesen. Ich dankte dem Anwalt und hastete mit meinen Papieren davon, um den Vieruhrzug noch zu bekommen, zurück in die Berge, zurück an die frische Luft. Nun war ich stolzer Besitzer von neun Hektar Adirondack-Wildnis – des ersten Landes, das ich je im Leben besessen hatte.

Die Entscheidung, keine großen Bäume auf meinem Land zu fällen, stellte mich bei der Bauplanung für meine Hütte vor ein großes Problem, wirtschaftlich wie logistisch. Bis eine Abfindungsregelung mit meinem Ehemann erreicht war und ich als Autorin einigermaßen Fuß gefaßt hatte, mußte ich sehr sparsam sein. Da es zum Bauplatz keine Straße gab, mußte ich einen Weg finden, alles zum Bau nötige Holz über den See heranzuschaffen. Und mangels Elektrizität mußten alle Arbeiten von Hand oder mit einem transportablen Generator getan werden.

Zum Glück sind die Adirondacks ein altes Holzfällerland. Amerikanische und frankokanadische *Lumberjacks* haben hier Abermillionen Laub- und Nadelbäume abgeholzt. Früher – ehe die Adirondacks in weiten Teilen unter Schutz gestellt wurden – schlugen sie Nadelbäume als Masten-, Bohlen- und Pfahlholz, für Fässer und Bretter. Tausende von Hemlocktannen entrindeten sie zur Gewinnung der Gerbsäure, die in der Rinde enthalten ist. Heute schlagen sie Nadel- wie Laubholz als Rohstoff für die Papier- und Zellstoffindustrie, für Furniere und Möbel.

Vierundzwanzig Kilometer vom Black Bear Lake befand sich eine alte Sägemühle und Holzfirma. Ich fuhr hin und sprach mit Pierre, dem jungen, kantigen, muskulösen Boß. Der Frankokanadier hatte für mein Bauproblem die Lösung. Er wies auf einen mächtigen Stapel Stammholz auf seinem Ladehof, Tannenblöcke, rund fünf Meter lang und gut dreißig Zentimeter dick, die in der Wintermitte geschlagen worden waren, als der Holz-

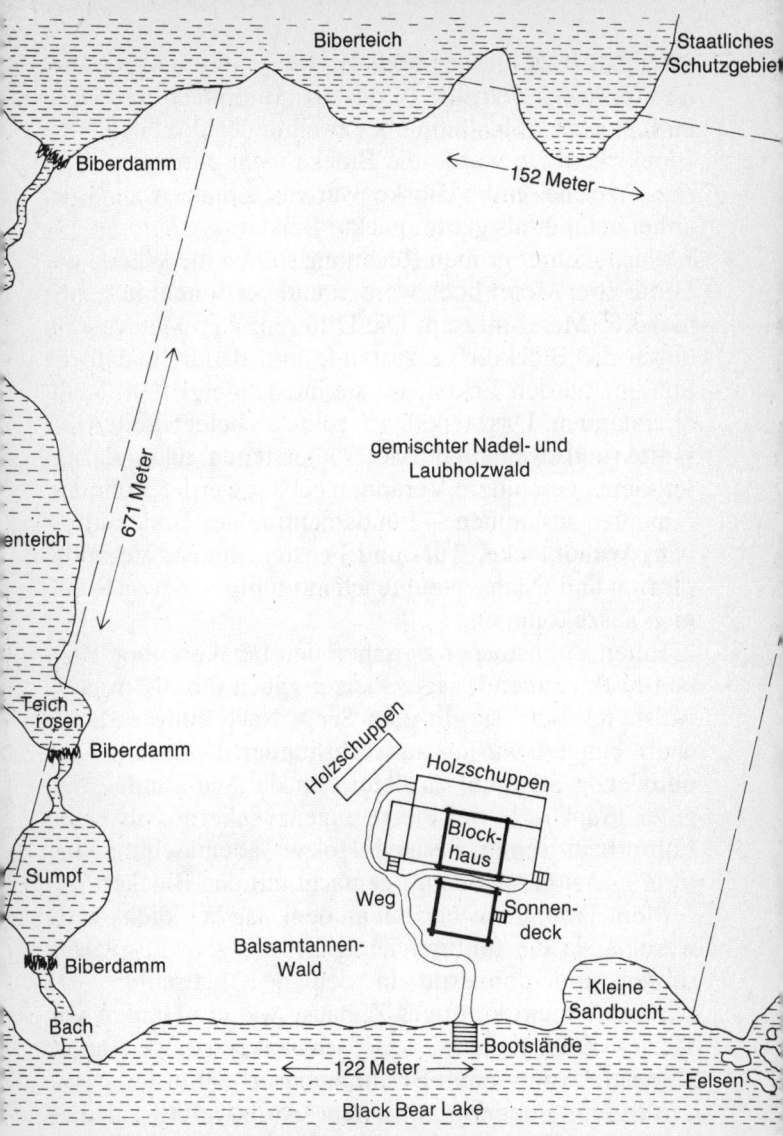

Biberteich

Staatliches Schutzgebiet

Biberdamm

← 152 Meter →

671 Meter

gemischter Nadel- und Laubholzwald

...enteich

Teich-rosen

Biberdamm

Holzschuppen

Holzschuppen

Block-haus

Sumpf

Weg

Sonnen-deck

Biberdamm

Balsamtannen-Wald

Kleine Sandbucht

Bach

Bootslände

← 122 Meter →

Felsen

Black Bear Lake

Karte von Blockhaus und Umgebung (Angaben in Meilen/Fuß)

saftgehalt niedrig war und die Rinde eng und fest am Stamm anlag. Ich war begeistert. Eine noch handhabbare Größe, wohl kaum über zweihundertdreißig Kilo je Block. Und ich würde die Blöcke nicht entrinden müssen. Weiche graue Borke war als Zimmerwand viel anheimelnder als glatte, nackte Balken.

Nach meiner groben Rechnung sollten die Wände der Hütte zwei Meter hoch werden und der Innenraum 3,65 mal 3,65 Meter messen. Die Differenz zu 5 Metern kam durch die Blockdichte zustande und dadurch, daß die Stämme an den Ecken, wo sie ineinandergriffen, leicht überstanden. Das steile Dach sollte an beiden Seiten der Hütte rund zweieinhalb Meter überstehen, damit darunter kleine geschützte Veranden gebaut werden konnten. Für alles zusammen – Fundamentpfähle, Bodenunterbau, Wandblöcke, Tür- und Fensterrahmen, Verandapfosten und Dach – glaubte ich mit fünfundvierzig Stämmen auszukommen.

Einen Zahnstocher zwischen den tabakbraunen Zähnen festklemmend, sagte Pierre: »Such dir aus, was du willst. Ich fahr' sie dir zum See.« Nach einigem Schachern einigten wir uns auf sechshundert Dollar für fünfundvierzig Stämme, zu liefern an die See-Lände. »Du guter Franzose!« rief Pierre augenzwinkernd, als er ins Führerhaus seiner riesigen Holzverlademaschine kletterte. »'Ast guten Schnitt gemacht mit den Blöcken.«

Mein Traumhaus begann an dem Tag Wirklichkeit zu werden, da die fünfundvierzig Blöcke vom Lastwagen rollten und donnernd in den See klatschten. Da schwamm mein künftiges Zuhause wie ein Haufen von Pierres Zahnstochern, leise schwankend, zweieinhalb Kilometer von seinem Bestimmungsort entfernt.

Mit dem Boot wie mit einem Cowboypferd auf dem See herumreitend, gelang es mir, die Stämme zusammenzutreiben und sie zu zwei floßähnlichen Gebilden zu bündeln. Langsam schleppte ich sie über den See. Zwei Stunden brauchte ich für jede Ladung. Ich mußte aufpassen, daß ich nicht mit dem Ufer kollidierte, nirgendwo auflief und den zehnpferdigen Motor nicht überhitzte. Am Nachmittag hatte ich meine fünfundvierzig Stämme schließlich in einer Art Pferch versammelt, der an gewachsenen Bäumen am Ufer verankert war.

Spätestens jetzt wurde klar, daß ich für das Bewegen der Blöcke und den Bau des Hüttenbodens und Dachstuhls Hilfe brauchen würde. Der örtliche Eisenwarenladen empfahl zwei Brüder, die als Team arbeiteten, Bob und Dave, zwei stämmige, wortkarge Zimmerleute, die es gewohnt waren, zu improvisieren und einheimische Hölzer und Steine zu benutzen. Am Anleger des Black Bear Lake trafen wir uns. Sie hatten einen transportablen Generator, Motorsägen, Werkzeug, Sperrholzplatten für den Fußboden, Kanthölzer für Dachsparren und Bodenbalken mit.

Ich stöhnte innerlich. Ich hatte Calvin Rutstrums schönes Buch *The Wilderness Cabin* gelesen, und vorgeschwebt hatten mir handbehauene Tannensparren und -balken, rauhe Kieferndielen, sogar Zedernschindeln auf dem Dach. Nur mit Mühe konnten Bob und Dave mich überreden, fertig zugeschnittenes Holz zu verwenden. Rustikales Bauen, erklärte Dave, sei zwar ästhetischer, würde indes, wenn solide ausgeführt, den ganzen Sommer dauern und viermal soviel kosten. Ich aber brauchte ein Heim so schnell wie möglich.

»Na los, Waldfrau«, spöttelte Bob, »schließ einen Kompromiß!«

»Also«, sagte Dave, die Stimme der Vernunft, »*wir* bauen Fußboden, Dach, Fenster und Türrahmen aus Schnittholz von der Stange. *Du* kannst Fundamentpfähle zurechthauen und die Blockwände hochziehen, alles von Hand.«

Unsere erste gemeinsame Aufgabe war, acht tiefe Löcher zu graben, Zement zu mischen und die Löcher mit Zement und Steinen zu füllen: Fundament für die schweren Tannenpfosten, die so vor der Verrottung geschützt werden sollten. Eine harte Arbeit in der steindurchsetzten Adirondack-Erde, in der man bald auf Ortstein stößt, eine nahezu undurchdringlich verfestigte, beinharte Bodenschicht.

Bald waren wir bereit, die schweren Rundhölzer aus dem Wasser zu hieven. Dave hatte einen Königsbaum aufgebaut (einen Tannenmast, am unteren Ende gelenkig gegen die Basis eines großen Baumes abgestützt, schräg nach oben weisend und am oberen Ende durch ein vom Baum ausgehendes Drahtseil gehalten). Oben hatte der Königsbaum eine Rolle, in die wir ein Handwindenseil mit Haken einfädelten. Damit konnten wir nun Blöcke aus dem Wasser fischen, sie das steile Ufer hochziehen, in die Luft heben und zum Hüttenbauplatz hinüberschwenken. Viel Muskelkraft war an der Handwinde notwendig. Ich hatte gedacht, von den Arbeiten im Hotel sei mein Körper in guter Form, aber hier bildeten sich bald neue, nützliche Muskeln.

Ich kam mir wie eine Frau aus der Pionierzeit vor, die hart anpackend die Axt schwingt. Oder wie ein erfinderischer Pioniermann, der Baumstämme mit einer Peavey-Stange – einer Holzstange mit Metallspitze und beweglichem Haken – in die richtige Lage bugsiert. Wie ein fröhliches Pionierkind, das lauscht, wie jeder neue Stamm mit dumpfem »Wumm« in die Kerbe des unteren rutscht. Ich benutzte nur eine Axt zum Einkerben, ein Dachsbeil zur Feinbearbeitung und eine Motorsäge, mit der man zwischen den Stämmen durchfahren, Höcker abraspeln und die Stämme glätten konnte, damit sie paßgenauer aufeinandersaßen. Allmählich lichtete sich die Reihe der Blöcke im Wasser, und auf dem Hügel wuchsen vier Wände empor. Duftende weiße Fichtenspäne übersäten den Grund. In mir schwoll großer Stolz: Da baute ich mir ein Zuhause auf Land, das nie zuvor besiedelt worden war, weder von Roten noch von Weißen.

Der Tag kam, da alle fünfundvierzig Blöcke aus dem Wasser gezogen waren und sich unter den Tannen ein kleiner quadratischer Bau erhob. Zeit für Fenster und Türen. Ich war es müde, immer über die palisadenartigen Wände hinein- und hinauszuklettern. Mit schrill heulender Motorsäge schnitt ich eine Tür, die zur hinteren Veranda führen sollte, und zwei große Fensteröffnungen aus der Wand. In diese Öffnungen setzten die Zimmerleute Rahmen und installierten behende eine teilverglaste Tür und zwei Panoramafenster. Sie gingen damit um wie mit unbezahlbarem Kristall.

»Gott helfe uns«, keuchte Bob, »wenn wir eine von diesen Scheiben zerschmeißen, nachdem wir sie mit dem Lastwagen hundertzwanzig Kilometer aus der Stadt geholt und mit dem Boot über den See gebracht haben!«

Als Dave und Bob die komplizierteren Schreinerarbeiten am Dachstuhl in Angriff nahmen, nagelte ich dicke Sperrholzplatten als Fußboden auf das Bodengebälk. Dann ging ich an das Abdichten der Wände von innen. Statt des traditionellen Wergs oder Mooses kam lockeres gelbes Glasfasermaterial in die Ritzen. Dies, dachte ich, würde besser isolieren als die althergebrachten Stoffe und keine Gerüche abgeben. Das gelbe Fiberglas bildete außerdem einen schönen Farbkontrast zu den grauen Stämmen.

Holzhacken macht mir Riesenspaß.
(Foto: David Allan Harvey, Chimera)

Nun hatte ich plötzlich ein Heim. Ich hatte eine Tür, die ich der Welt vor der Nase zumachen (und aufmachen) konnte. Es gab Fenster mit schöner Aussicht. Ich hatte vier dicke, isolierte Wände und ein stabiles, gutgeteertes Dach. Eben und waagrecht war der Boden. Da wir schweres Kantholz für Bodenbalken und Sparren genommen hatten, konnte der Fußboden einen gußeisernen Ofen und gewichtige Buchregale und das Dach tonnenschwere Schnee- und Eislasten tragen. Vom See aus sah man die Hütte kaum, so perfekt paßte sie sich mit ihren grauen Rindenwänden und ihrem grünen Metalldach dem Wald an. Und doch lag sie nur knapp zwölf Meter vom Ufer entfernt. Das einzige augenfällige Zeichen menschlicher Aktivität war der kleine improvisierte Anleger für mein Boot und die Furche, die die Rundhölzer beim Heraufziehen aus dem Wasser ins Ufer gerissen hatten. Gewiß müssen die grünbelaubten Ureinwohner des Landes mit wohlwollendem »Gut gemacht« auf mein trutziges Borkenhäuschen herabgelächelt haben.

Eine Hütte, etwas mehr als dreieinhalb Meter im Quadrat, ist kein Palast. Hunderte von Büchern und einen Schreibtisch mußte ich darin unterbringen, eine Kleiderkommode, Schränke, ein bißchen Mobiliar. Und am wichtigsten: einen Schlafplatz. Ein herkömmliches Bett hätte mich mindestens ein Achtel der kostbaren Grundfläche gekostet. Ich erwog eine Hängematte, ein aus Brettern gezimmertes Klappbett, eine Matratze auf dem Schreibtisch – nichts davon ging. Ich wollte einen gemütlichen Dauerruheplatz haben, wenn möglich doppelt für den Fall, daß es eines Tages jemanden gäbe, der die Hütte mit mir teilte.

Wieder fielen mir die Pioniere ein. Sie hatten auf erhöhten Hängeböden geschlafen, gewärmt von der aufsteigenden Hitze ihrer Feuerstellen und sicher vor Raubtieren. Eine solch hochliegende Schlafkoje war die Lösung. In die offene Rückveranda zog ich eine Zwischendecke ein und verschloß den entstandenen Raum nach außen mit einem großen Fenster. Über eine an die Innenwand genagelte Leiter erreichte ich (ausgestattet mit der Gewandtheit eines Eichhörnchens) mühelos mein Schlafgemach. Innen war es richtig lauschig: große Schaumstoffmatratze, Daunenkissen, schwere wollene Hudson-Bay- und Guatemala-Decken. Nachts schlief ich praktisch in den Ästen der Balsamtannen. Ich schnitt mir ein paar Zweige ab und legte sie mir unter die Matratze, damit ihr Duft immer bei mir war.

Unabdingbar war auch eine Küche. Die ganze Einrichtung mußte mit Propan-Flaschengas funktionieren. Zum Glück fand ich einen Gaskühlschrank und einen dreiflammigen Gasherd mit kleiner Backröhre. Beide Geräte wurden auf der offenen Veranda unter der Schlafkoje aufgestellt. Bald wurde mir klar, daß das Kochen an Wind- und Regentagen hier kein Vergnügen sein würde. Vor Winteranbruch mußte die Veranda verschlossen werden. Vorläufig, über die Sommermonate, ging es.

Allerdings gibt es in den Adirondacks auch im Juli und August Nächte, in denen es fast frostkalt wird, und Nieselregentage, dunkel wie bei einer Sonnenfinsternis. Die Hütte brauchte Heizung und Licht. Der Holzofen mit dem höchsten Wirkungsgrad ist der »Franklin«, und einen solchen besorgte ich mir in der Stadt. Dann begann der Kampf, das gußeiserne, sperrige Ungetüm heimzubefördern. Der Ofen muß an die drei Zentner gewogen haben, und drei Männer und ich waren nötig, um ihn ins Boot und an Land, den Hügel hinauf und in eine Ecke der Hütte zu wuchten. Herrlich dann das

Geräusch des ersten Feuers, das Prasseln und Knacken, die flackernde Wärme im Raum. Neben seiner lebenserhaltenden Funktion sollte der Franklin-Ofen im Herbst und Winter, wenn die Tage kurz, trist und einsam sind, auch seelisch zu meiner Hauptstütze werden.

Die Beleuchtung war einfach zu arrangieren. Fürs erste reichten Kerzen und Petroleumlampen, später ergänzt durch propanbetriebene Gaslampen. Sie sind weniger grell und geräuschvoll als Coleman-Laternen, und nachts geben sie einen milden Schein, der zum Lesen, Schreiben und für feine Näharbeiten vollkommen ausreicht.

Der Hüttenbau hatte den ganzen Mai gedauert. Jetzt begann ich, die langen Juniabende nutzend, mit der Inneneinrichtung. Wieder erwies sich die Motorsäge als unentbehrlich zum Bau von Bücherregalen und kleinen Bänken. Ein schwarzglänzender Boston-Schaukelstuhl, echte schwarz-rot-weiße Navajo-Teppiche, ein knallroter Schrank, zwei Aktenschränkchen unter einer langen glatten Schreibplatte und eine antike Kirschbaumkommode bildeten mein Mobiliar. Aus dem großen Einrichtungsfundus in Morgans Hotel nahm ich praktisch nichts.

Der 1. Juli kam heran. Mein Ultimatum lief ab. Ich nahm mir vor: Bis zum 4. Juli bist du aus dem Hotel in die Hütte umgezogen. Durch den radikalen Bruch mit meinem Lebensstil der vergangenen Jahre würde der Unabhängigkeitstag diesmal auch für mich ganz persönlich ein »Tag der Befreiung« werden.

Noch an vieles galt es letzte Hand anzulegen. Die neueingesetzte Tür und die Fenster mußten dunkelgrün gestrichen werden, ehe handgewebte rote und weiße Guatemala-Indianervorhänge aufgehängt werden konnten. Die Pfosten der Hütte mußten gründlich mit Kreo-

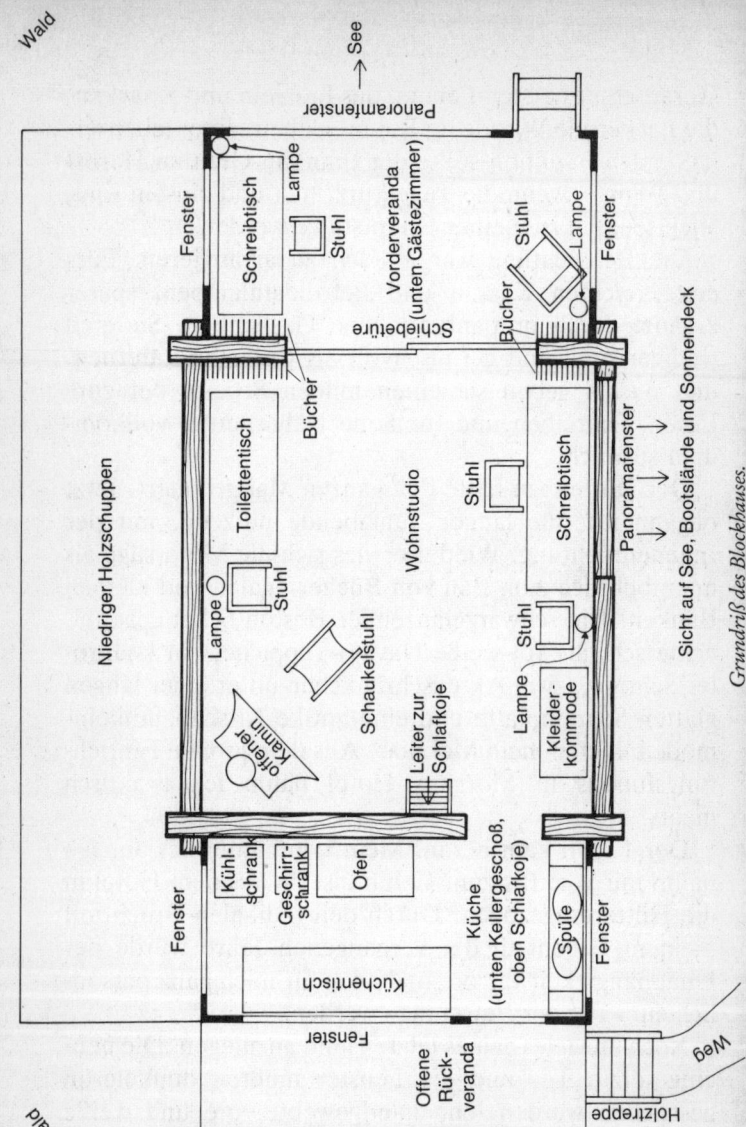

Grundriß des Blockhauses.

sot imprägniert werden, damit sie nicht faulten. Der Küchenboden bekam einen dunkelbraunen Anstrich: schmutzige Schuhabdrücke sollten das Sperrholz nicht verfärben. Auf die Dachsparren kam weißes Zederfurnier, was eine warmgetönte rustikale Decke ergab. An die Wände nagelte ich Geweihsprossen als Kleiderhaken und Gewehr- und Angelrutenhalter. Eine mexikanische Gitarre und ein Kojotenpelz aus Colorado vervollständigten das Wanddekor. Auf der vorderen Veranda wiegten sich zwei Schaukelstühle der Art, wie sie in den Adirondacks üblich sind, und eine brasilianische Hängematte im Wind. Rote Topfgeranien sorgten für fröhliche Farbtupfer. Ich packte Feuerlöscher, ein Barometer, ein Maximum-Minimum-Thermometer und ein Batterieradio aus. Und vor allem richtete ich meine Bibliothek ein – die komplette *Encyclopaedia Britannica*, das *Journal of Wildlife Management*, das *Auk* (Fachblatt des Amerikanischen Ornithologenverbandes), den *New York State Conservationist*, *Webster's Dictionary* und *Roget's Thesaurus* nebst Dutzenden wissenschaftlicher Nachschlagewerke, eine bunte Phalanx auf rustikalen Regalen.

Mein neues Heim, das erste echte Zuhause meines Erwachsenenlebens, war bezugsfertig. Einer meiner ersten Besucher, eine Schriftstellerin, hinterließ mir den denkwürdigen Spruch: »Ihr Blockhaus hat die weichen Linien, das natürliche Braun, die stolze Zurückgezogenheit, das ungebrochen Urwüchsige eines Adirondack-Bären – eines echten, prä-menschlichen, selbständigen Bären.«

Wie weit es mit meiner Selbständigkeit her war, würde sich nun zeigen.

2

Daheim

Nach mehreren Jahren Ehe mit dem Besitzer einer Ferien-Lodge in den Adirondacks, nach all der Hektik und der unaufhörlichen Arbeit mit Sommergästen, Personal, acht Ferienhäusern, einem Speisesaal, vierzehn Kaminfeuern, einem Dutzend Hotelzimmern, Pferden, Booten, Vertretern, Köchen und Bäckern, sah ich dem Umzug in mein Blockhäuschen mit einer Mischung aus Angst und Vorfreude entgegen. Ein dramatischer, einschneidender, allerdings auch therapeutischer Lebensumschwung würde es sein. Ein Rückzug in wirkliches Alleinsein in einer Waldhütte.

Wenige Schritte von meiner Hintertür entfernt begann mein »Hinterhof« – stattliche zwanzigtausend Quadratkilometer groß. Der Adirondack-Park ist größer als jeder andere Staats- und Nationalpark in den Vereinigten Staaten und zweifellos das ausgedehnteste Reststück an Wildnis östlich des Mississippi. Er gliedert sich in zwei etwa gleich große Hälften. Die eine davon ist Staatsland und durch Gesetz seit 1894 als »Wildnis für ewige Zeiten« geschützt. Hier darf kein Haus und keine Straße gebaut, kein einziger Baum gefällt werden, und Jagd und Fischerei werden von der Umweltschutzbehörde des Staates New York streng kontrolliert.

Die andere Hälfte des Adirondacks, wie ein weitläufiges Puzzle mit dem Staatsland verzahnt, ist Privatland und gehört Ortsansässigen wie mir sowie kommerziellen Unternehmen und großen Holzgesellschaften. Aber auch diese Hälfte ist noch sehr naturbelassen und wild. Viele Privatländereien sind von öffentlichen Wanderwegen und Kanu-Routen durchzogen, enthalten Strände, öffentliche Bootsanleger, Jagd- und Fischgründe, nebst den wenigen dünngesäten Siedlungen, Dörfchen und ein paar Kleinstädten. Städte im eigentlichen Sinn gibt es in den Adirondacks nicht. Die verstädterten Ballungsräume außerhalb der magischen »blauen Grenze«, die den Adirondack-Park umzieht, heißen im Mund der Einheimischen abweisend »Draußen«. Diejenigen von uns, die im Park leben und ihn lieben, nennen ihn die »Nordwälder«. Die Adirondack-Parkverwaltung sucht den Charakter des Staatslandes als »Wildnis für alle Zeiten« zu schützen und das Wachstum auf den Privatbesitzungen durch zwei weitsichtige regionale Landnutzungspläne unter Kontrolle zu halten. Diese Landnutzungspläne versprechen den Erhalt der Eigenart dieser außergewöhnlichen Region – für »Eingeborene« und für Leute von »draußen« gleichermaßen.

Dennoch, dumme gespenstische Gedanken wirbelten mir vor dem Einzug durch den Kopf. Rechts und links grenzt mein Grundstück an zwei weitere, jeweils über zwanzig Hektar große bewaldete Privatparzellen. Hinten grenzt es direkt an ein riesiges Wildnisgebiet von zweihundert Quadratkilometern, wo es keinerlei Straßen und Häuser gibt, und jenseits des Black Bear Lake liegt ein weiteres Wildnisgebiet von zweihundertvierzig Quadratkilometern. Würde es gefährlich sein, in solcher Abgeschiedenheit zu leben? Was, wenn nachts ein unerwünschter Vagabund einbrach? Zwar gab es am Seeufer verstreut noch ein paar private Sommerhäuser, aber niemand würde mich hören, wenn ich um Hilfe rief. Dichter Wald, Wind und Wasser schirmten mich wirksam von Nachbarn ab. Was, wenn ein wilder Bär in meine Freiluftküche einstieg, den Kühlschrank aufbrach, Gasleitungen auseinanderriß? Bären sind in den Adirondacks häufig und haben eine notorische Vorliebe für duftende Küchen und Abfallgruben. Was, wenn ich ausrutschte und mir ein Bein brach? Ohne Telefon, Funk oder Auto gab es keine Möglichkeit, Hilfe zu holen. Der nächste Arzt und die nächste Klinik befanden sich vierzig Kilometer entfernt im Dorf Lake Serene, was bei gutem Wetter eine Fahrt von mindestens fünfundvierzig Minuten bedeutete. Bange Gedanken, wie gesagt, die mir vor dem Einzug durch den Kopf gingen.

Andererseits lockten mich unbeirrbar Visionen von ungestörten Vormittagen, am Schreibtisch verbracht, von stillen Abenden im Schaukelstuhl am Ofen, von einem einfachen und zurückgezogenen Leben in mein neues Heim.

Am ersten Abend saß ich draußen im Freien auf der Bootslände, gebadet von einem goldenen Sonnenuntergang. Ein Roststärling krächzte seinen Ruf von einem Erlenbusch, und oben auf einer hohen Tanne sangen zwei Purpurgimpel. Schwalben stießen aufs Wasser hinab, jagten Insekten und stickten mit jedem Schnabelhieb kleine Kreise auf den See. Saiblinge stiegen futtersuchend zur Oberfläche, ihre Mäuler Mittelpunkt kontrapunktisch dagegengesetzter, ebenso träger Kreise. Drüben, am anderen Ufer, vierhundert Meter entfernt, watete eine Hirschkuh mit geflecktem Kalb spielerisch durchs flache Wasser. Ihre Wellen ließen die von den Vögeln und Fischen geschaffenen geometrischen Muster in Stücke bersten. Meine Tiernachbarn schienen sich an meiner Anwesenheit nicht zu stören. Trostvoll war es, sie überall um mich zu sehen. Irgendwann in dieser

Nacht schreckte ich durch das Klatschen eines Biber-schwanzes aus dem Schlaf, und später noch einmal durch das Hämmern eines Spechtes am vorderen Verand-apfosten. Diese »Eindringlinge« waren jederzeit will-kommen.

Nach der ersten Woche Hüttenleben beruhigte ich mich. Es war offenkundig, daß mich kaum jemals Men-schen oder Bären zu belästigen gedachten. Trotzdem hielt ich meine Büchse – eine Savage, Kaliber .300 – und meine 16er Schrotflinte stets geladen bereit und sicherte nachts die Tür mit einer Kette. Jeden Bissen Abfall, der in Versuchung hätte führen können, brachte ich mit dem Boot auf die örtliche Müllkippe fünf Kilometer vor Hawk Hill. Die meisten meiner Besucher waren rei-zend. Kanada- und Karolinakleiber, Kohlmeisen und Ammern begannen zur Futterstelle zu kommen, den ganzen Tag singend und tirilierend. Ein munterer Waschbär kletterte nachts auf einen Stumpf und naschte Talg aus dem Vogelfutterbehälter. Keck saßen bald die Rothörnchen über mir in den Tannen und schimpften. Ist das *dein* Land oder *unseres*, schienen sie zu sagen. Wie kommst du dazu, unter unseren runden Laubne-stern ein klobiges eckiges Holznest zu bauen? Nun, solange immer Sonnenblumenkerne im Futterhäuschen lagen, würden sie mir erlauben zu bleiben.

Eines Morgens überraschte ich einen Schneeschuhha-sen in seiner Sasse, nur sechzehn bis siebzehn Meter von der Hütte entfernt. Er erstarrte. Zehn Minuten ver-brachte ich damit, alle Einzelheiten seines weichen braunen Fells (das sich bis zum Winter weiß färben sollte) und seine komischen großen Pfoten (so herrlich zum Laufen auf weichem Schnee) zu beobachten. Kein Wunder, daß er Schneeschuhhase heißt.

Backenhörnchen huschten durch den Waldsauerklee und die Steinbrombeeren, über bemooste Stämme, unter Sumpfholunderbüsche. Sie wagten sich sogar auf meine Terrasse bis in die Nähe des Geranientopfes, verschmähten die würzigen Blätter aber dann doch. Ganz in der Nähe der Hausrückseite grub sich eines seinen Bau. Drei Wochen dauerte es nach meiner Schätzung, bis die einheimische Tierwelt und ich sich aneinander gewöhnten und ihre Scheu verloren.

So wasserumschlungen mein Land auch war: Die Versorgung der Hütte mit Wasser erwies sich als problematisch. Seewasser, mit dem Eimer heraufgebracht, reichte fürs Trinken, Kochen und Geschirrspülen, aber ich wollte fließendes Wasser zum Wäschewaschen und zum Feuerlöschen. Bei meinem ersten Versuch drang ich mit dem Bohrmeißel in einer kleinen Senke nahe der Hütte in den Boden ein. Eine Handpumpe, die ich anschloß, förderte freilich nur brackiges Biberwasser zutage, das nach Sumpf und faulendem Holz roch. Ich schraubte ein weiteres Rohrstück an und trieb den Meißel noch tiefer. Ein mächtiger Hieb mit dem Holzhammer ließ das Rohr an der Verbindungsstelle brechen, und der Meißel ging verloren. Nur durch Ausbuddeln, drei Meter tief durch Walderde, Geröll und den verhaßten Ortstein, hätte ich ihn wieder heraufholen können. Ich gab den Meißel auf – und den Gedanken an eine Pumpe.

Nun suchte ich meinen Wald nach Quellen, Feuchtmulden, Sickerwasser, Rinnsalen ab. Nichts. Ein Brunnenbauer samt Ausrüstung ließ sich nicht herbringen, so weitab von der Straße. Am Ende erstand ich eine Motorpumpe, ein paar Meter Plastikrohr und einen 190-Liter-Tank, den ich auf einer Anhöhe installierte. Mit Wasser aus dem See vollgepumpt, bildete er fortan meinen privaten Wasserturm, der die Hütte versorgte. Als

Nebeneffekt ergab die Pumpe mit einem langen Wasserschlauch auch eine wirksame Feuerspritze.

Die Einrichtung meines Domizils im ersten Sommer war angenehm primitiv, erfrischend spartanisch. Zwei-, dreimal täglich schwamm ich im See (angefangen mit einem kleinen Morgenbad im Evaskostüm) und wusch mir das Haar in dem reinen, weichen Wasser. In die Freiluftküche baute ich ein Spülbecken mit Kaltwasserhahn ein. Ungefähr siebzig Meter von der Hütte entfernt gab es ein Toilettenhäuschen mit abnehmbarem Sitz (den man im Winter zum Aufwärmen mit in die Hütte nehmen konnte). Zu meiner Überraschung lieferte mir ein wohlmeinender Nachbar, der achthundert Meter seeaufwärts wohnte, eines Tages »frei Bootsanleger« eine riesige Emailbadewanne mit Löwenfüßen (er hatte sie wohl schon seit Jahren loswerden wollen). Zu viert schleppten wir das Ungetüm das Ufer hinauf bis unter die Hütte. Da ich noch keinen diskreten Platz für die Wanne und auch noch keine Heißwasseranlage hatte, degradierte ich sie zunächst zum Lagerbehälter für die Motorsäge, deren Zubehör und den Benzinkanister. Eines Tages würde ich vielleicht ein Heißwassergerät installieren und im Keller ein Bad bauen.

Am ersten klammen Augustmorgen im Gefolge einer kanadischen Kaltfront konnte ich mir ausrechnen, daß sich mein Wassersystem im Herbst und Winter in einen einzigen Eisblock verwandeln würde. Ich mußte mir also ein neues Verfahren zur Wasserversorgung und zum Brandschutz ausdenken.

Eines Abends, als ich in meiner Schlafkoje lag, hörte ich in dem Zwischenraum zwischen Dach und Deckenbrettern ein suchendes Kratzen und Rumoren. Angespannt lauschte ich. Plötzlich ein Luftzug, der mir übers Gesicht wischte, Flügelgeflatter. Eine Fledermaus! Ich wußte, daß sie mich dank ihres hervorragenden Sonarsystems nicht berühren würde, und machte leise das Fenster auf. Einen Augenblick lang schwirrte die Fledermaus ziellos umher, dann fand sie die Öffnung und wischte hinaus. Eine halbe Stunde später das gleiche Spiel mit einer anderen Fledermaus. Es schien, als hätten sie sich hier häuslich eingerichtet. Ich wollte ihren strengen Kotgeruch in der Hütte nicht und hatte keine Lust auf Wiederholung der etwas entnervenden Nachtakrobatik. Am nächsten Tag nahm ich eine Leiter und suchte im Gesims und unter dem First nach Löchern. Damit die Fledermäuse nicht unter dem Dach eingesperrt wurden und dort starben, mußte ich warten, bis sie abends ausgeflogen waren, ehe ich die Löcher zustopfte. Die Versiegelung muß Erfolg gehabt haben, denn nie wieder flogen Fledermäuse durch mein Schlafgemach. Oft habe ich mich gefragt, wohin sie nun geflogen sein mochten, nachdem sie ihr kostenloses Logis versperrt fanden.

Weitere wilde Mitbewohner, gegen die ich etwas hatte, waren Mäuse. Selbst die niedlichen Knopfaugen und der makellose Bauchpelz der kleinen Weißfußmaus und das elegant-plüschige Fell der rotrückigen Wühlmaus weckten bei mir keine Gegenliebe oder Gastfreundschaft. Ich fand ihren Mist in der Zuckerschale und in der Reisschachtel, ihre Nagelöcher in handgestrickten Sweatern und Wolljacken. Mäuse waren eindeutig »persona non grata«. Mausefallen mit Erdnußbutter aufzustellen, gehörte bald zur Abendroutine wie das Zähneputzen. Eine zusätzliche Abdichtung der Außenwandspalten mit Zement machte aus der Mäuse-Dauerabsteige bald ein Mäuse-Motel für höchstens eine Nacht.

Während ich meine tierischen Nachbarn allmählich

kennenlernte, kamen, einer nach dem anderen, auch menschliche Sommernachbarn vorbei, um mich am See willkommen zu heißen und eine Tasse Camp-Kaffee zu trinken. Nach Adirondack-Tradition fallen solche Besuche meist in den Spätnachmittag. Die Besucher kommen mit einem Guideboot, Kanu, Motorboot, Wasserflugzeug, Segelboot oder auf Wasserskiern, wobei es die Etikette verlangt, daß sie am Landesteg warten (nachdem sie sich geräuschvoll bemerkbar gemacht haben), bis der Besuchte zu ihnen herunterkommt und sie ins Haus bittet. Dies ist gleichbedeutend mit der Stadtsitte, zu klingeln und zu warten, bis aufgemacht wird.

Eines Morgens traf zu meiner Überraschung gegen neun Uhr ein Mann an der Lände ein. Er machte das Boot fest und schritt schnurstracks zur Hüttentür. Heftiges Klopfen signalisierte mir, daß es Ärger geben würde. Und tatsächlich: Fünf Minuten später war meine Traumhütte zusammengebrochen. Ich wurde davon unterrichtet, daß der Anwalt, der den Grundstückskauf abgewickelt hatte, gegen mich klagen wollte. In meinem Vertrag, der die Erwerbsurkunde begleitete, stand eine Klausel, wonach kein Gebäude näher als 15,25 Meter (50 Fuß) am Seeufer stehen durfte. Diese Klausel hatte ich gebrochen – meine Hütte lag nur 11,60 Meter vom See entfernt. Ich war wie vom Donner gerührt! Törichterweise hatte ich den Vertrag überhaupt nicht gelesen (er war ellenlang und voller Juristenchinesisch). Das Land war verfügbar, erschwinglich, wild und schön gewesen. Rasch entschlossen hatte ich gekauft und gebaut, um schnell ein Zuhause zu haben. Und dank der Wahl eines baumlosen Bauplatzes hatte ich keine großen Bäume fällen müssen.

Der Anwalt blieb hart. Keine Rechtsbeugung am Black Bear Lake. Die Hütte *mußte* verschoben oder abgerissen werden, sonst drohten gerichtliche Schritte. Bei meiner derzeitigen Seelen- und unsicheren Lebenslage fehlte mir die Kampflust und der Mut, mich vor den Kadi ziehen zu lassen.

Eine rasche Rechnung ergab, daß die Hütte rund dreizehn Tonnen wog – ein gewaltiges Transportgewicht. An den Ecken wurden die Wandblöcke von massiven Eisenbolzen zusammengehalten, so daß man sie nur schwer auseinanderreißen oder demontieren konnte. Weiter zeigte sich, daß drei, vier große Fichten geschlagen werden mußten, wollte man die Hütte vom See wegschieben. Mein Pakt mit den Bäumen würde dann gebrochen. Außerdem: Verschob man die Hütte von der Kuppe weg, würde sie in Hanglage zu stehen kommen, ein Ende hochgestelzt, statt an den Boden geschmiegt wie jetzt. Mir schien, daß sie nur unter außergewöhnlichem Aufwand abgerissen oder verschoben werden konnte und daß in beiden Fällen der Wald und das Land schwere Wunden davontragen würden.

Kein Bitten, keine Argumente zugunsten der Bäume, keine Umweltethik konnte den Anwalt von seiner kleinlichen Forderung abbringen. An diesem Punkt erwarb ich eine tiefe Verachtung für den »Buchstaben des Gesetzes«. Und wenn die Welt einstürzte: Die Hütte mußte, um dem Vertrag Genüge zu tun, um *3,65 Meter* verschoben werden!

Da kamen eines Tages wie durch ein Wunder drei Freunde zu Besuch. Beim Kaffee schüttete ich meine Sorgen aus. Bis zum ersten November hatte ich Frist für den Verschub der Hütte. Der August war schon alt. Meine Freunde, eine Hotelbesitzerfamilie, sagten, sie würden gleich nach dem Labor Day – also nach dem ersten Montag im September – ihren Betrieb zumachen und mir dann sehr gern helfen. Ned, ein fröhlicher Skandinavier von Geburt, hielt mit seinen Söhnen Sven und Brian auf meiner luftigen Vorderveranda gleich ein Fachpalaver. Pläne zum Verschub des Dreizehn-Tonnen-Blockhauses, professionell wie von Ingenieuren ausgearbeitet, nahmen Gestalt an. Man würde neue Fundamentlöcher graben, sie ausgießen, neue Fundamentpfosten zurechthauen müssen. Lange entrindete Stämme, vom alten zum neuen Fundament reichend, sollten eine Gleitbahn bilden. Brian stellte rasch eine Liste der benötigten Werkzeuge zusammen: hydraulisches Hebezeug, Handwinden, Drahtseile und Ketten, Bugsierstangen, Bolzen, Hämmer, Brechstangen.

»Keine Bange!« versicherte er vergnügt schmunzelnd. »Das ganze Zeug haben wir bei uns im Hotel. Wenn du einen Spaten hast, kannst du schon Löcher graben, und wenn du eine Motorsäge hast, schon die Gleitbäume fällen. Und schmiere sie auch gleich ein, wenn du irgendwo altes Fett aufzutreiben vermagst.«

Nach dieser Instruktion fühlte ich mich zum erstenmal seit Tagen wieder frohgemut. Drei Wochen blieben für die Vorbereitungen. Zunächst schlug ich die hohen Fichten, die sich wie Freunde um die Hütte scharten. Jede bekam nach Indianerart ein Gebet mit auf den Weg, ehe sie zu Boden krachte. Bald war der Waldboden von Stümpfen, Wurzeln und Ästen verschandelt. Zeit zum Aufräumen hatte ich nicht. Die acht neuen Löcher waren genauso anstrengend auszuheben, wie es die acht alten gewesen waren. Todmüde schälte ich mich abends aus meiner verdreckten Kluft, fast zu erschöpft, um in die Schlafkoje zu kriechen. Zwei riesige, zwölf Meter lange Gleitbäume wurden gefällt und entrindet. Meine Hände wurden schwielig, schmutzig und harzverklebt.

Danach fuhr ich nach Lake Serene zu einem Restaurant und einer Tankstelle. An dem einen Ort bekam ich eine Zehnkilobüchse altes Fritierfett, am anderen einen großen Eimer Wagenschmiere. Nun konnten Ned, Sven und Brian kommen.

Am Labor Day wurde das Wetter rauh und regnerisch. Dennoch traf die Verschubmannschaft ein und zeigte sich besten Mutes.

»Das haben wir im Handumdrehen«, sagte Ned und gab mir einen tröstenden Klaps auf die Schulter.

»Im Handumdrehen« umfaßte dann: *einen* Tag, um die Hütte von den Fundamentpfählen zu lösen und hochzubocken; einen *zweiten* Tag, um die Gleitbäume zur Hütte zu schleppen und an ihren Platz zu hieven; einen *dritten* Tag, um sie an den alten und neuen Fundamentpfählen zu befestigen, sie einzuschmieren und die Heber und Winden aufzustellen; einen *vierten* Tag, um Hüttenwände, Fenster und Dachkanten mit aufgenagelten Kreuzbalken zu verstärken, damit sie sich nicht verzogen; und einen *fünften* Tag, um die Hütte zu versetzen.

»Heute ist's soweit!« grinste Sven schelmisch und tupfte mir Wagenschmiere auf die Nase. »Paß auf, sie flutscht über die Bahn wie die Schlange über einen heißen Stein. Wirst's sehen.« Er und Brian packten ihre Windenkurbeln und fingen zu drehen an.

Wie ein Vogel Strauß hockte ich während des ganzen Verschubs in der Hütte. Draußen zu sein mit den Männern hätte ich nicht ertragen: das Angespanntsein wie die zitternden Drahtseile, das Horchen auf jedes Knarren und Quietschen, die Erwartung, die Pfähle unter dem Gewicht knicken zu sehen. Aber auch drinnen hatte ich Angst, die Scheiben würden zerspringen oder das Dach falle mir auf den Kopf.

Zentimeter für Zentimeter arbeitete sich die Hütte über die Gleitbäume; acht Stunden brauchte sie für die Strecke von 3,80 Meter (die zusätzlichen fünfzehn Zentimeter waren zur Sicherheit). Alles ging – im doppelten Sinn – glatt. Nichts riß, brach oder kippte, niemand wurde verletzt.

Nun stand mein Heim stelzbeinig im Wald wie ein Sumpfvogel, so hoch, daß darunter, nach Legen des Fußbodens, Platz für einen Keller mit schmalem Gästezimmer, kleinem Souterrain und Rumpelkammer war. Meine lange Zeit zweckentfremdete Badewanne fand einen Aufstellort und einen Gefährten. Sie wurde in eine Ecke des Souterrains gequetscht und an einen Gasboiler angeschlossen. Mein Lebensstil wurde weniger spartanisch. Aber – so entschuldigte ich mich in Gedanken – wie herrlich würde es sein, nach schwerer Aufräumarbeit dann an frostigen Abenden heiß baden zu können. Die ursprünglichen Fundamente und der Fußboden der Hütte saßen noch intakt am alten Platz. Im nächsten Sommer konnte ich sie zu einem Sonnendeck umwandeln, gesäumt von rohgezimmerten Blumenkästen. All dieser zusätzliche Raum erwies sich als unbezahlbar, war jedoch infolge der seelischen und körperlichen Strapazen teuer erkauft.

In meinem Archiv liegt von besagtem Rechtsanwalt ein Brief. Darin bestätigt er mir, daß mein Zuhause nunmehr der Klausel entspreche, die so unerbittlich ihr Recht gefordert hatte – 15,25 Meter vom Seeufer. Er muß heimlich dagewesen sein und nachgemessen haben. Wäre er mir dabei in die Hände geraten, hätte ich ihn mit Fritierfett und Wagenschmiere eingerieben und an einen der neuen Baumstümpfe gefesselt, als Fraß für die Bären oder für die Kriebelmücken. Welche Tierchen ihn verzehrt hätten, wäre mir egal gewesen!

Zum zweitenmal war meine Hütte bezugsfertig.

3

Herbstpracht

Im Herbst zeigen sich die Adirondacks von ihrer prächtigsten Seite. Anfang September ebbt die Geräusch- und Bewegungsflut des Sommers – Außenbordmotoren, Wasserflugzeuge, Wasserskiläufer, Touristenverkehr, Kanufahrer, Wanderer, Sonnenhungrige, Schwimmer – abrupt ab; die meisten der neun Millionen Gäste, die übers Jahr kommen, drängen sich in den kurzen Sommermonaten zwischen Anfang Juli und Anfang September. Dann kehrt zwischen Bergen und Seen Ruhe ein, und die Tiere wagen sich wieder hervor.

An einem nebligen Morgen im September kann ich zum See hinuntergehen und auf dem Anleger feuchte Pfotenspuren und Fetzen von Wasserpflanzen finden. Dreißig Meter draußen spielt vielleicht ein Otterpärchen. Zuerst sehe ich einen glatten Rückenbuckel, dann einen gebogenen Schwanz, dann zwei runde Ohren und helle Augen – nein, vier – nein, sechs. Wie ein einziges sechs Meter langes Tier mit zwei Köpfen sieht es aus. Wo fängt es an und hört es auf? Hat sich das Ungeheuer von Loch Ness in die Adirondacks verirrt? Nebel, in der Morgenbrise treibend, verschleiert die Otter für einen Augenblick. Dann teilt er sich, und ich sehe die drei Tiere behende auf die Felsen vor meiner Bucht springen, jedes mit einem Katzenwels im Maul. In der Stille höre ich Fischgräten knirschen. Nach beendetem Frühstück gleiten die Otter in den See zurück, zu weiteren Loch-Ness-Spielen.

Am frühen Abend kommen die Biber zum Vorschein, die sich nicht mehr in der Uferdeckung vor Motorbooten verstecken müssen. Gegen sechs schwimmt ein großes Männchen nonchalant an meinem Anleger vorbei. Ich versuche, den Zeitpunkt abzupassen, um es still zu beobachten. Ein glatter Wellenkeil breitet sich von seinem Schwanz über das Wasser aus und marmoriert die Spiegelbilder der ebenholzschwarzen Hügel, des blitzblauen Himmels und der rosigen Wolken. Augenblicke später folgt das Weibchen mit drei Jungen im Kielwasser. Ich sitze verzaubert und sehe, wie die schwankenden Farben langsam wieder zu Spiegelperfektion erstarren. Bachaufwärts beginnt ein mampfendes Geräusch. Ich schlüpfe in mein Aluminiumkanu (es trägt einen Tarnanstrich, der wie Birkenrinde aussieht) und paddle leise auf das Geräusch zu. Fünf Biber, halb im, halb über dem Wasser, halten Mahlzeit. Sie haben eine zwanzig Zentimeter dicke Gelbbirke gefällt, deren Krone jetzt im Wasser liegt. Mit seinen starken gelben Zähnen nagt jedes Tier kleine fortlaufende Pfade ins Holz des Stammes.

Das Männchen sieht mich. Sofort taucht es ab, kommt fünf Meter weiter wieder hoch und peitscht mit dem Schwanz aufs Wasser. Einige Tropfen spritzen bis in mein Gesicht. Vorsichtig beginnt es das Kanu zu umkreisen, zischend und prustend. Das Weibchen schließt sich der Erkundung an. Weiter draußen ziehen die Jungen Kreise. Zwanzig Minuten dauert das gegenseitige Beäugen. Ich bin ein schwarzweißer Planet, und sie sind fünf mißtrauische Trabanten, in unablässiger Umlaufbahn. Manchmal könnte ich sie mit dem Paddel berühren. Schließlich breche ich das Patt und ziehe mich zurück, fort von ihrem Futterbaum. Die Biber beruhigen sich und kehren zu ihrer Mahlzeit zurück. In ein paar Tagen, wenn sie die Rinde und das zarte Astwerk verzehrt haben werden, komme ich mit dem Boot zurück und schleppe den Stamm als Brennholz nach Hause. Immerhin ist es *mein* Baum.

Die Herbsttage in den Adirondacks sind um die Mittagszeit meist noch mild genug, daß man ein letztes Mal vor dem Winter sonnenbaden kann. Auf dem Sonnendeck sitzend, bewundere ich meine aus Abfallbrettern gebauten Blumenkästen. Die herbstharten roten und weißen Petunien sind vom Frost noch nicht verschrumpelt. Plötzlich ein Schwirren: Ein Kolibri taucht seinen Schnabel in eine Blüte. Vielleicht ist dies sein letzter Tag, an dem er in den Adirondacks Nektar aus meinen Blumen saugen kann. Bis zum 20. September wird er fort sein. Wie ein winziger Jet wird er nach Süden fliegen, in sein Winterquartier nach Florida, Mittelamerika oder Panama. Und pünktlich, wie nach einem starren Airline-Flugplan, wird er bis zum 15. Mai zurück sein. Dieser titanische Winzling hat einen unglaublich empfindlichen inneren Steuermechanismus, der wahrscheinlich auf wechselnde Sonnenlichtstärken, Erdmagnetfelder und/oder Fixsternpositionen anspricht. Das und eine Vitalität, die ausreicht, sein Zehn-Zentimeter-Körperchen zweimal im Jahr zu festgelegten Zeiten anderthalb bis dreitausend Kilometer über Gebirge und Meer hinweg an einen bestimmten Ort zu treiben.

Die einzigen fliegenden Kreaturen, deren Kraft und Mobilität mich noch stärker beeindrucken, sind die Monarch-Wanderfalter. Wenn ich daliege und die schwachen Sonnenstrahlen aufsauge, sehe ich sie an den düsteren Fichten vorbeischweben, orangeleuchtend wie Herbstblätter, aber unendlich fragiler. Aufwinde werfen sie bis in die Baumkronen, Abwinde wieder hinab bis in die Nähe der Petunien. Trotzdem setzen sie unbeirrt ihren Zug nach Süden fort, manchmal an die zweitausend Kilometer weit. Bei all ihrer biologischen Unterschiedlichkeit und ihrer scheinbaren Verwundbarkeit können sich diese Insekten an Kraft und Wanderausdauer mit den Kolibris durchaus messen.

In klaren frostigen Morgenstunden weckt mich der Stentorschrei der Kanadagänse, die niedrig über meine Hütte hinwegfliegen. Es ist ein etwas heiserer Schrei, als seien sie, gerade aus dem Schlaf erwacht, von einem kalten nebligen See aufgestiegen. Den ganzen Tag, Keilformation auf Keilformation, ziehen sie nach Süden, leicht vom Nordwind nachgeschoben. Jedesmal wenn ein solcher Chor vorüberkommt, laufe ich zur Lände, um sie zu zählen. Auch nachts fliegen die Vögel, dann aber unglaublich hoch. Von der Lände aus höre ich ihnen wieder zu, in eine Daunenjacke gehüllt, und blicke in den Himmel, zwei-, dreitausend Meter hoch. Geisterhaft, wie ferne Waldhörner, klingt ihr Ruf. Mein Geist schwingt sich auf zu ihnen. Ich sehe die mächtigen Adirondacks zu dunklen Klumpen schrumpfen, durchzogen von quecksilbrigen Flüssen und Seen und im Mond glitzernden Sümpfen.

Wie ich mir wünsche, mit den Gänsen wegzufliegen von trüben Novembertagen, von der Seevereisung, dem grausamen Winter. Weg von Einsamkeit, Isolation und Angst, die die Schneestürme bringen. Fast jeder Einheimische, mit dem ich gesprochen habe, gibt diesen leichten Herbstkoller zu. Er gehört zu den psychologischen Eigenarten der Adirondacker. Die Gänse verursachen diese merkwürdige Depression, wenn sie südwärts ziehen, und heilen uns, wenn sie wiederkommen. Dazwischen versuchen wir, mit dem Winter fertigzuwerden, jeder auf seine Weise.

Sobald die Sonne am Nachmittag an Kraft verliert, beginne ich mit dem Holzmachen für den Winter. Zehn bis fünfzehn Klafter braucht der Franklin-Ofen. Kettensäge und Ohrenschützer in der Hand, streife ich durch den Wald, bis ich einen abgestorbenen Laubbaum finde. Am besten ist Gelbbirke; sie hat den höchsten Heizwert aller Adirondack-Bäume und verbreitet einen herrlich holzigen Duft. Finde ich keine Gelbbirke, nehme ich einen Zuckerahorn oder eine Buche. Und ist auch davon nichts Brauchbares vorhanden, fälle ich eine dürre Rottanne; allerdings verharzt deren Holz leicht das Ofenrohr. Gibt es überhaupt keine toten Bäume, muß ich lebendige fällen und das Holz ein Jahr ablagern, ehe es brenntauglich ist.

An einem frischen Herbstnachmittag gibt es keine schönere Arbeit im Freien als Holzsägen und -hacken. Das aufgeregte Knattern der Motorsäge – die frischen Scheite, die sich im Farn stapeln – das Gewicht meiner treuen Axt – die Klinge, wie sie in geradegemasertes Holz fährt – das besondere »Peng« beim Auseinanderspringen der Klötze – all das ruft in mir ein echtes Holzhacker-Gefühl hervor! Nach wenigen Minuten gerate ich in Schweiß und mache mich frei bis auf ein leichtes Hemd oder einen BH. Am Ende des Tages bringe ich vielleicht die Courage für einen reinigenden, kühlenden Sprung in den See auf. An diesem Abend werden meine Muskeln schmerzen und meine Finger kribbeln, aber ich werde tief schlafen.

Das Schwerste am Holzmachen ist der Transport der Scheite zum Holzschuppen. Für einen Handwagen, geschweige denn Pferdewagen ist der Wald zu dicht, der Boden zu uneben. Mich auf einen Brauch der Maya-

Indianer in Guatemala besinnend, befördere ich mein Holz mit einem Tragegurt. Fünf bis acht Scheite staple ich sauber aufeinander, schlinge den Gurt darum und werfe sie mir auf den Rücken. Der pferdelederne Kopfriemen paßt bequem um meine Stirn. So arbeiten die Nackenmuskeln mit und entlasten Rücken und Schultern. Mit diesem Tragegurt kann ich fast zweimal soviele Scheite transportieren wie auf meinen Armen.

Mit großer Befriedigung sehe ich meinen Holzstoß wachsen. Jeder neue Klotz bedeutet Stunden voller Wärme und Behaglichkeit. Das Holzschlagen ist eine hausgemachte Versicherung gegen die Winterkälte, kostet nichts und bringt willkommenes körperliches Training. Oft denke ich an meine Freundinnen, die in der Stadt wohnen. Sie sind schlank und attraktiv, aber beim Treppensteigen geraten sie ins Keuchen, und ihre Arme und Oberschenkel sehen schlaff und unmuskulös aus. Auch dies ein Lohn des Holzhackens: Man braucht sich nicht in enge Gürtel zu schnüren. Auch Wut und Angst lassen sich beim Holzhacken sehr wirksam abreagieren. Jeder Axthieb läßt sich zum Enthaupten eines Feindes, zum Faustschlag ins Gesicht des Steuerkommissars sublimieren.

Nicht nur ums Feuerholz, sondern auch ums Gegenteil muß ich mir Gedanken machen – um Brandverhütung. Zweieinhalb Kilometer von der nächsten Straße entfernt zu leben heißt, daß im Ernstfall kein Feuerwehrwagen zu mir gelangen kann. Feuerlöschboote gibt es auf unserem See natürlich auch nicht. Regelmäßig prüfe und fülle ich daher alle Feuerlöscher – Schaum-, Wasser- und Chemikalienlöscher – und halte in der Hütte stets vier Eimer Wasser griffbereit. Hinter dem Franklin-Ofen schützt Isoliermaterial die Wand. Auch das Ofenrohr ist gut isoliert. Am größten ist die Feuergefahr natürlich im Winter, weil dann der Ofen durchgehend brennt und die Wasserpumpe entleert und nutzlos ist. Halbmeterdickes Eis bedeckt den See, und nur ein einziges Loch, täglich mit der Axt neu aufgehackt, ermöglicht den Zugang zum kostbaren Löschwasser. Zwischen der Seevereisung im November und dem Tauwetter im April steigert sich meine Feuerangst fast bis zum Wahnsinn.

Im Herbst rücken die Einheimischen näher zueinander. Die Kameraderie wird enger, wenn der Ruf der Wildgänse und der klagende Wind uns daran erinnern, wie spärlich besiedelt unsere Berge sind. Tatsächlich haben nur 125 000 Menschen ihren amtlich registrierten Dauerwohnsitz in den Adirondacks. Von den hundertsieben Städtchen und Gemeinden auf Privatland ganz oder teilweise innerhalb der Staatsparkgrenze können sich nur siebzehn einer Einwohnerzahl von mehr als zweieinhalbtausend rühmen. Welch ein Kontrast zu New York, das ganze vierhundert Kilometer entfernt liegt und auf dessen Stadtgebiet acht Millionen Menschen wohnen. Dort hat ein Büroangestellter in einem Zehn-Minuten-Umkreis 220 000 Mitmenschen um sich, habe ich mir sagen lassen. Von meinem Blockhütten-Büro wohnt der nächste ganzjährig Ansässige acht Kilometer entfernt!

Die Forschungsreisenden, Händler und Siedler von früher haben diesen Gebirgsstock umgangen und die leichteren Flußrouten genommen, die die Adirondacks umschlingen und teilweise in sie eindringen. Weil die Berge zu hoch und die Sümpfe zu undurchdringlich waren, folgten sie dem Sankt-Lorenz-Strom, dem Hudson, dem Mohawk und dem Black River. Dort im Hinterland unseres Bundesstaates wuchsen die Großstädte Albany, Utica, Watertown, Massena, Plattsburg und

Amsterdam. Auch in den Adirondacks entwickelten sich Ortschaften an Flußufern und Seen, aber eher als Satelliten, abhängig von den Städten draußen im Unterland in bezug auf Material- und Nahrungslieferungen, medizinische und postalische Versorgung. Die Ortsansässigen verdienen sich den Lebensunterhalt als Holzfäller, Wartungstechniker für Telefon- und Elektroleitungen, Klempner, Schreiner, kleine Ladenbesitzer, Hotelangestellte, Straßenarbeiter und Mechaniker. Ihre Gesellschaft ist seit je dienstleistungsorientiert gewesen: Arbeit für Holzfirmen, Eisenbahnen, Staatsland und Touristen. Dies hat einen Menschenschlag hervorgebracht, der unabhängig ist, dickköpfig, zugeknöpft und mißtrauisch gegenüber Außenseitern, aber herzlich und hilfsbereit zu Freunden. »Locals« oder »Natives« heißen die Einheimischen.

Im Herbst werden meine Einkaufstrips nach Lake Serene dreimal so lang. Niemand ist mehr im Druck, Touristen bedienen zu müssen.

»Na, wie war's denn bei euch draußen?« erkundigt sich weltmännisch der Besitzer des Eisenwarenladens, als hätte ich den Sommer über auf einem anderen Kontinent gelebt.

»Glauben Sie, daß es einen harten Winter gibt?« sinniert düster der Apotheker, als ich Verbandszeug und Salben kaufe (unabdingbar für jemanden, der sein Holz selbst schlägt).

»Wie wär's denn diesen Winter mit einem neuen Schneemobil?« möchte der junge langhaarige Tankwart wissen, als ich an der Zapfsäule halte.

Das sind die unveränderlichen Gesprächsthemen. Und der Klatsch, der einem zugetragen wird, wenn man sich zum Kaffee ins Imbißlokal setzt: »Hast du schon gehört, was letzte Woche mit Bill passiert ist?«

So werden Sommernachrichten ausgetauscht und Bande der Freundschaft und Feindschaft neu gefestigt. In Lake Serene (es hat ungefähr tausend Einwohner) macht jedermann einen freundlichen, entspannten Eindruck – bis zum Beginn der Jagdzeit. Dann setzt die Spannung einer neuen Touristenwelle ein.

Am 25. Oktober wird in den Adirondacks, im Nordteil des Staates New York, traditionell die Großwildjagd eröffnet. Das »groß« darf man hier auch auf die Jägermassen beziehen, die kommen. 150 000 Jäger drängen jährlich in unsere Berge und geben hier schätzungsweise acht Millionen Dollar für Nahrung, Ausrüstung, Unterkunft und Dienstleistungen aus. Diese Invasion sorgt für neue Geschäftigkeit unter den örtlichen Ladeninhabern und Hotelleuten. Beamte der staatlichen Umweltschutzbehörde patrouillieren auf den Straßen und Pfaden und achten auf Wilderer und Schonzeitsünder. Die Ansässigen ölen entweder ihre Gewehre oder verbarrikadieren ihren Besitz.

Für mich wird es Zeit, daß ich die Grenzen meiner neun Hektar Land mit Markierungstafeln abstecke, um übereifrige Sportsmänner abzuschrecken. Abschreckung deshalb, weil es mein privates Tierschutzgebiet ist und weil kein Jäger oder Fischer hier das Wild stören soll. In einer Welt, in der Abermillionen Menschen in Städten und Vorstädten wohnen, ohne Besitz, in einer kleinen gemieteten Wabe bis ans Lebensende, halte ich ein eigenes Stück Land für ein kostbares Geschenk. Städter müssen ihr Revier durch soziales oder auch unsoziales Verhalten und Geldausgeben abstecken; ich kann meins ganz körperlich und sichtbar durch Schilder abstecken, auf denen BETRETEN VERBOTEN steht, wie ein Wolf sein Heimatrevier durch Urinspritzer auf bestimmte Büsche und Steine markiert. In rotweißem

Holzfällerhemd, die Taschen prall von Flachkopfnägeln, den Hammer vom Gürtel baumelnd, schreite ich die Grenze ab. Ungefähr alle dreißig Meter wird an einen auffälligen Baum ein Schild genagelt, damit auch der Allerkurzsichtigste diese Grenze nicht ungewollt überschreitet.

Das Schilderaufstellen gibt mir Gelegenheit, alte Lieblingsplätze wiederzusehen. Am kleinen Birkenteich streife ich entlang, um nach den Sumpfdotterblumen und dem alten Biberdamm zu sehen. Nichts hat sich hier in letzter Zeit getan. Dann wende ich mich einen Hügel hinauf, einen alten Wildpfad entlang. Die Grenze zieht sich hier über Kuppen mit Hemlocktannen und durch bemoostes Sumpfland. Wo sie auf den Biberteich stößt, finde ich die beiden Eckschilder immer von aggressiven Eindringlingen zerfetzt – von Rothörnchen. Warum sie dies tun, werde ich nie erfahren. Ein einsamer Kanada-Reiher stelzt am Ufer entlang, und eine Familie von Bindentauchern plätschert im Schatten. Aus einer kleinen Quelle nehme ich einen tiefen Zug und stecke dann die restlichen achthundert Meter bis zum Haus ab.

Immer wieder gibt es arrogante Jäger, die es nicht lassen können, die Schilder zu mißachten. Am ersten Tag der Jagdzeit während meines ersten Herbstes in der Hütte hörte ich ganz dicht beim Wassertank einen Büchsenschuß. Ich nahm die 300er Savage von der Wand und eilte durch den Wald in Richtung des Schusses. Drei stämmige Iren, ganz in Rot gekleidet, die Gesichter vor Anstrengung gerötet, starrten mich an.

»Meine Herren, dies ist Privatland. Wollen Sie bitte gehen«, sagte ich ernst, das Gewehr in der Armbeuge.

»Aber, aber«, antwortete einer neckisch, »wir wollen doch nur quer durch zum Staatsland.«

»Warum haben Sie dann geschossen?« fragte ich gleichmütig.

»Aber *wir* doch nicht«, sagte ein anderer und nahm *sein* Gewehr in die Armbeuge.

Leichtes Angstkribbeln. Würden sie versuchen, mit Gewalt durchzubrechen? Das Gewehr unauffällig hebend und entsichernd, sagte ich fest: »Hier ist ein Tierschutzgebiet. Mit Schildern abgesteckt. Ist mir egal, ob Sie einen kilometerweiten Umweg machen müssen, aber hier kommen Sie nicht durch.«

Sie zögerten einen Augenblick, kehrten dann unwirsch um und gingen in ihrer Spur zurück. »Als wenn sie'n Haftbefehl hätte«, flüsterte einer. »Biest«, ein anderer.

Ein weit beängstigenderer Vorfall trug sich in einer Nebelnacht im November zu. Ich saß am Tisch und schrieb. Alle Gaslampen brannten, um die gespenstische Düsternis ein bißchen zu zerstreuen. Totenstill war es. Gegenüber am anderen Seeufer lag ein außerhalb der Jagdsaison selten benutztes braungrünes Häuschen. Am Eröffnungstag der Jagdzeit war dort eine Gruppe von Männern eingezogen und war immer noch da. Gegen acht Uhr hörte ich fernes Rufen. »Annie, hallo! Annie, bist du da?«

Ich kannte niemanden aus der Gruppe. Keine anderen Häuser waren an meinem See-Ende noch bewohnt. Konnte es sein, daß sich auf dem See jemand im Nebel verirrt hatte? Aber nur meine engsten Freunde nennen mich »Annie«. Ich löschte alle Lampen und trat leise auf die hintere Veranda. Schwaches betrunkenes Stimmengewirr drang über den stillen See. Ich schlich mich zur Lände hinunter. Mehrere groteske Schattengestalten, von hinten grell beleuchtet, machten sich schwankend auf ihrem Anleger zu schaffen. Es hörte sich an, als würde ein Aluminiumboot zu Wasser gelassen.

Wieder, lauter: »Annie, o Annie, bist du da?«

Diesmal nahm ich die Schrotflinte, mit Rehposten geladen, von der Hüttenwand und setzte mich auf die Bank, von der man den See überblickt. Vielleicht würde der Anblick der dunklen Hütte die Männer davon überzeugen, daß ich ins Bett gegangen war, und sie ihre guten oder bösen Streiche vergessen lassen. Auf jeden Fall wäre es dumm gewesen, zu antworten, und es war niemand da, der mir hätte helfen können. Das Rufen, das Rumoren mit Rudern im Boot, das Gedränge auf dem Landesteg dauerte noch eine halbe Stunde an. Dann trabten die Männer ins Haus zurück und schlugen die Tür zu. Leise tropften die Bäume, der See dampfte, der Nebel wurde dicker, die Novembernacht kühler. Ich hielt meine Wache fast bis Mitternacht, denn betrunkene Jäger hielt ich für ebenso unberechenbar wie tolle Hunde.

Am nächsten Morgen erwachte ich mit einer Wut im Bauch. Nicht nur war meine Schreibarbeit unterbrochen worden, nein, ich hatte auch eine schlaflose Nacht verbracht – auf Horchposten. Es schien mir geraten, den Vorfall im Keim zu ersticken und zugleich ein Bild von mir zu verbreiten, das derlei ein für allemal unterband. Ich wählte einen abgetragenen Stetson, schnallte mir den 38er Revolver um und zog große Stiefel an. Mit dem Boot raste ich über den See, sprang an Land und rannte zu ihrer Hüttentür. Boller-boller-boller. Keine Antwort. Schließlich öffnete ein aufgedunsen aussehender Mann in roter Unterwäsche schlaftrunken die Tür.

Ehe er ein einziges Wort sagen konnte, schrie ich ihn an: »Was, zum Teufel, haben Sie und Ihre Freunde sich letzte Nacht eigentlich gedacht? Meinen Namen über den See zu brüllen! Ich versuche ein Buch zu schreiben und finde Ihr Benehmen unerhört. Damit Sie's wissen:

Wenn irgendeiner von Ihnen ungebeten mein Land betritt oder meinem Anleger zu nahe kommt, schieße ich zuerst und frage dann nach seinem Namen.«

Ich machte auf dem Absatz kehrt und stiefelte davon. Hoffentlich würde ich nun in den Ruf eines Flintenweibes geraten, mit dem nicht gut Kirschen essen ist. Es muß sich wirklich herumgesprochen haben, denn drei, vier Jahre lang traute sich kein Jäger mehr in die Nähe der Hütte. Dann, an einem windigen Spätnachmittag, als ich mit einer Freundin von einem langen Ausflug nach Hause kam, fanden wir ein Stück bachaufwärts ein Motorboot versteckt. Spuren führten über mein Land, genau an den Grenzschildern vorbei. Patsy und ich überlegten, was zu tun sei.

»Die müssen wir uns schnappen«, sagte ich. »Genau unter einem BETRETEN-VERBOTEN-Schild das Boot festzumachen, ist zuviel.«

Wir ruderten das Boot zu meiner Lände, vertäuten es und trugen den Benzintank zu meiner Veranda. So konnten sich die Jäger nicht ungesehen davonmachen. Drinnen tranken wir erst einmal Tee und aßen Plätzchen. Patsy war es etwas mulmig zumute. Es war ihr erster Besuch in den Adirondacks, und die Horden von Jägern mit ihren Feuerwaffen und Autos machten sie nervös. Einem Fremdling aus der Stadt mußte es wie eine bewaffnete Invasion vorkommen.

In der Abenddämmerung traten zwei große, muskulöse Männer aus den Tannen und riefen: »Jemand zu Hause?«

Wir sprangen von den Stühlen hoch. Ich machte die Tür auf, während Patsy dicht hinter mir blieb, die blauen Augen bang aufgerissen.

»Suchen Sie vielleicht Ihr Boot?« fragte ich.

»Ja«, antwortete der Jüngere höflich. Dann sah er den Benzintank. »Haben *Sie* den ausgebaut?«

»Richtig. Können Sie denn nicht lesen? Da war ein Grenzschild keine sechs Meter von dem Platz, wo Sie festgemacht haben. Ich sehe keine Entschuldigung für Ihr Eindringen.«

»Wir sind in den Bach gefahren, weil der See so stürmisch war«, erklärte er ruhig. »Wir haben auf Ihrem Grund und Boden nicht gejagt, Miss, sondern sind nur quer darübergegangen, bis auf unbeschildertes Land.«

Etwas in seiner Art entwaffnete mich. Ich hörte Patsy erleichtert aufatmen.

»Schauen Sie«, sagte er, »wir sind Staatspolizisten und würden doch das Gesetz nicht brechen. Es ist unsere erste Jagdzeit hier oben, und wir wollten auf Nummer Sicher gehen.«

Es endete damit, daß Patsy und ich sie zum Kaffee einluden und eine fröhliche Stunde damit verbrachten, Jägerlatein anzuhören. Als sie gingen, fragte der Ältere: »Braucht Ihr Mädchen Hilfe bei irgend etwas?«

Am nächsten Tag brachten mir unsere beiden neuen Freunde und ihre beiden Kumpel, vier Polizisten insgesamt, meinen Wintervorrat an Propangas (acht Flaschen, die jeweils fast zwei Zentner wogen) zum See und stellten sie mir in die Hütte. Nicht alle Eindringlinge sind schlechte Kerle, sagte ich mir.

Gegen gute Jäger habe ich gar nichts (vorausgesetzt, sie halten sich von Privatland fern). Gelegentlich gehe ich selber auf Hirschjagd und weiß Wildbret ebenso zu schätzen wie jeder Waidmann und jede Waidfrau. Als ausgebildete Tierökologin weiß ich, daß Jäger eine biologisch bedeutsame Rolle dabei spielen, die Wildpopulationen ins richtige Verhältnis zum vorhandenen Nahrungsangebot und zu den Umweltbedingungen ihres Lebensraums zu bringen.

Allerdings ist das Thema Hirschjagd in den Adirondacks ein sehr heißes Eisen. Viele Einheimische glauben, daß die Umweltschutzbehörde des Staates New York das Hirschwild dadurch dezimiere, daß sie zuviele Jagdscheine ausgebe und sich allzu selbstsicher auf Statistiken und Populationsbewegungen verlasse. Umgekehrt machen die staatlichen Tierbiologen für die zurückgegangenen Hirschzahlen hauptsächlich den Mangel an natürlicher Äsung, den tiefen Schnee, die starke Kälte und die eingeschränkte Winterweide (nur zwanzig Prozent der Gesamtweide) verantwortlich. Das Grundproblem: Es gibt mehr Hirschwild, als die Winterweide tragen kann. Viele Tiere sind daher schlecht ernährt und verhungern.

Für den Weißwedelhirsch waren die Adirondacks wegen der dichten alten Wälder kein gutes Habitat. Das änderte sich, als die europäischen Siedler kamen. Rodungen für kleine Farmen und Blockhütten schufen Gras- und Buschland, auf dem das Hirschwild gedieh. Brände hinterließen im Wald weitere Lichtungen. Die großen Räuber – Wölfe und Berglöwen – wurden ausgerottet. Später sorgten rücksichtsloses Abholzen und riesige Waldbrände, verursacht von fahrlässigen Forstarbeitern und Funkenflug aus Lokomotiven, für eine noch weitergehende Entwaldung. All diese Faktoren veränderten den Lebensraum und produzierten mehr und bessere Hirschnahrung.

Unter diesen unnatürlichen Umständen vermehrte sich in den Adirondacks das Hirschwild bis etwa 1890. Dann erfolgte ein Umkipppen: Die Tiere waren zu fruchtbar, überstrapazierten die Winterweide und fingen an zu verhungern. Es kam zu einem Massensterben. Nach Einrichtung des Adirondack-Schutzgebiets im Jahr 1894 begannen sich die Staatswälder vom Holzeinschlag und den Waldbränden zu erholen. Allmählich stellte sich der natürliche Zustand wieder ein, doch bedeutete dieses weniger Äsung für die Hirsche. Seit den 1890er Jahren pendelt die Hirschpopulation bei uns in den Bergen – anders als im Tiefland der südlichen Staatshälfte – zyklisch hin und her. Jahren der Vermehrung folgen in schweren Wintern wieder starke Verluste durch Verhungern, worauf wieder eine Vermehrung eintritt. Diese Pendelschläge sucht die Umweltbehörde durch jagdliche Eingriffe auszugleichen. Etwa fünftausend Hirsche werden alljährlich in den zwölf Adirondack-Counties geschossen. Werden mehr Hirsche, auch Hirschkühe, getötet, so verhungern im Winter weniger Tiere: Man hat gesünderes Hirschwild in einem gesünderen Wald.

In jedem Herbst kommt ein Jäger – der mächtigste Nimrod von allen –, der sich nicht um Grundstücksgrenzen, Schonzeiten und Jagdaufseher kümmert. Anfang Oktober beginnt er am Himmel zu pirschen und steigt an jedem Herbstabend im Osten höher empor. Hell hängt sein Schwert an seinem Gürtel. Mächtig und gebieterisch am Horizont stehend, signalisiert er das Ende der prächtigen Jahreszeit. Die sonnengelben Nadeln der Lärchen – die letzten, die fallen – rieseln zu Boden. Nun sind alle Bäume kahl. Das Geheul der Kojoten dringt durch den froststarren Wald. Keine Gänse schreien mehr am Himmel. Eines Nachts fällt das Thermometer unter Null, und filigrane Eishäute überfliegen die Seen. Orion ist von den Baumkronen auf mein Hüttendach gesprungen. Der Winter ist da.

Weißwedelhirsche auf einer Lichtung bei Hawk Hill.

4

Meine engsten Freunde

In jenen ersten Wochen und Monaten meines Hüttenlebens waren die Bäume meine engen und ständigen Gefährten. Jeden Baum im Umkreis von gut hundert Metern lernte ich persönlich kennen. Was zuerst als dichter, wahllos zusammengewürfelter Mischwald aussah – Ahorn, Fichten, Hemlocktannen, Buchen, Birken, Kiefern –, entpuppte sich bei näherer Bekanntschaft als geordnetes Gemeinwesen unverwechselbarer Individuen.

Die »Vier Schwestern«, eine Reihe Rottannen in enger Berührung, standen fast in Reichweite meiner Schlafkoje. Ein Trio derselben Art gruppierte sich hinter und über dem Anleger, sich nachts als freundliche Navigationshilfe gegen den Himmel abzeichnend. Eine enorme Weymoutskiefer beschirmte das Toilettenhäuschen, eine andere erhob sich kerzengerade wie ein Leuchtturm auf der Landzunge bei den Felsen. Von der Hütte bis fast zum Bach säumte ein junger Tannenwald das hohe Ufer. Fünf weitere stattliche Fichten ragten hinter dem Holzschuppen aus einer Feuchtmulde, unter ihnen streckte sich schütterer Nachwuchs zur Sonne. Mit ihnen allen kam ich in Berührung: durch Pflege, Beschneiden, Ausästen, Anfassen, Bewundern, Lauschen.

Die ersten Bäume, die ich kennenlernte und die mir

später Kraft gaben, waren die reifen, großen Rottannen und Weymoutskiefern. Das waren kampferprobte Veteranen, ausgefuchste Überlebenstechniker. Angefangen hatten sie als schüchterne Sämlinge auf fruchtbaren, sonnengesprenkelten Bodenflecken. Sie waren vom Verbiß durch Schneeschuhhasen, Mäuse, Schneehühner und Hirsche verschont geblieben. Sie hatten ihre Geschwister unter sich gelassen, waren emporgewachsen über das Walddach hinaus in den freien blauen Himmel, wo im Sommer Schwalben schwirrten und im Winter Schneeflocken tanzten. Voll konnte das Sonnenlicht ihre chlorophyllstrotzenden Nadeln aktivieren, konnte Sturmregen ihre dicken Äste waschen. Alle Attacken von Rindenbrand, Blattläusen, Würmern, Schimmelpilzen, Borkenkäfern, Gallmilben, Raupen, Viren und anderen Plagegeistern, die Pflanzen das Leben schwermachen, hatten sie überstanden, waren von fallenden Ästen, Bärenkrallenhieben, umstürzenden Stämmen und fegenden Hirschgeweihen halbwegs verschont geblieben, hatten Waldbrände und Wirbelstürme überlebt. Nun, gut dreihundert Jahre nach ihrem Aufkeimen, ragten sie als unbezwingbare Individuen voller Charakter empor und gaben meinem Land Würde und Schönheit.

Mit der Zeit entwickelte ich ein erstaunliches Baumbewußtsein. Zuerst lernte ich die Geräusche differenzieren. Tannen ließen im Wind ein ernstes, tiefes, trauriges Rauschen hören, Kiefern ein höheres, fröhliches, geschmeidiges Sausen. Erstaunt über diesen Unterschied zwischen den beiden Arten – es war der erste, der mir auffiel –, hörte ich nun auch anderen Bäumen genauer zu. Balsamtannen gaben ein kurzes, präzises, höfliches Zischen von sich, Rotahorn und Zuckerahorn ein ungeduldiges Rascheln, Gelbbirken ein sanftes, ruhiges Seufzen.

Natürlich können diese unterschiedlichen Stimmen von der Baumgröße, von Form und Flexibilität, Nadel- und Blattdicke her erklärt werden. Auch der Wind selbst ruft Unterschiede hervor. Ich bemerkte deutliche Variationen, je nachdem, ob eine frische Westbrise, ein stechender Nordwind, ein böiger Zephyros von Süden oder ein stürmischer Ostwind wehte. Aber der Waldklang ist mehr als das – ebenso wie eine Symphonie mehr ist als die Summe der Instrumente, der Art und Weise ihres Gespieltwerdens und der Spieler.

Dann die Baumdüfte. An heißen trockenen Sommertagen wirkten die Balsamtannen, Fichten und Kiefern wie riesige Räucherstäbchen und erfüllten die Luft in und vor der Hütte mit Wohlgeruch. Der Teppich aus toten Nadeln, die trockene lockere Erde, das rinnende Baumharz, die sonnenwarme Rinde selbst, sie alle gaben leise Düfte ab. Und die lebendigen Baumnadeln verströmten das früher für heilkräftig gehaltene Balsamaroma.

Dieser Balsamduft machte die Adirondacks im späten achtzehnten und frühen neunzehnten Jahrhundert zu einem Mekka für Tuberkulosekranke. Ob nun der Duft selbst die Heilung bewirkte oder die klare kalte Luft, die Muße, der Anblick der schönen Landschaft oder die Anwesenheit von medizinischen Propheten wie Dr. E. L. Trudeau: Viele Todkranke genasen hier. Ich kenne drei Männer, alle rüstig und um die Achtzig, die in den dreißiger Jahren zum Sterben hierher gekommen waren. Sie glauben wie Trudeau, der bahnbrechende Tuberkuloseforscher, daß die harzigen Düfte der Nadelwälder geholfen haben, sie zu heilen. In der Tat haben wissenschaftliche Studien in jüngerer Zeit ergeben, daß die Terpentinausdünstungen der Koniferen einen reinigenden Effekt auf die örtliche Atmosphäre haben und dazu beitragen, die Luft in den Adirondacks sauber und gesund zu erhalten.

Ein weiteres schönes Erlebnis hatte ich in meinem jungen Balsamtannenwald. An Spätsommernachmittagen sah ich das Sonnenlicht schräg durch die Stämme fallen. Es ließ das dichte, dunkle Gehölz golden aufglühen. Ich begann, die toten Äste, so hoch ich reichen konnte, mit der Axt abzuhauen. Wo ich Stammrinde verletzte, strich ich sorgfältig feuchte Erde in die Wunde, damit der Baum möglichst wenig »blutete« und keine Insekten und Krankheitserreger eindrangen. Den ganzen Sommer über setzte ich dieses Ausästen fort, in immer weiterem Umkreis um die Hütte, bis ich den erwünschten Effekt erzielt hatte. Dann, an einem stillen Septemberabend, setzte ich mich auf mein Verandageländer, pickte mir das Harz von den Händen und wartete auf die Illuminierung des Tannenwaldes durch die untergehende Sonne. Die Sonnenstrahlen waren schnurgerade Diagonalen goldgewaschener Luft. So weit ich blicken konnte, standen die Tannen wie schwarze Stäbe und warfen schwarze Schatten auf die kupferglänzende Erde, auf das goldgrüne Moos und bronzierte gefallene Stämme. Mein kleiner Wald war zu einer Studie von Licht und Schatten geworden, ein Kathedralfenster aus grünen und goldenen Scheiben mit schwarzen Einfassungen, durchleuchtet von der untergehenden Sonne.

Eine ganz andere Lichtqualität erlebte ich an einem tristen triefnassen Novembertag. Seit einer Woche hatte es geregnet, der Wald war völlig durchweicht. Holzkohlegrau glänzten meine riesigen Fichtenstämme, und ihre Äste waren graugrün; tintenschwarz schimmerten die Balsamtannen, die Erde teerig braun und die Kiefern zinngrau. Wie Thomas Hardy schrieb: »Braundüster tropfte die ganze Welt.« Gegen elf Uhr vormittags herrschte ein so intensiv wäßriges Licht um die Hütte und zwischen den Bäumen, daß man meinen konnte, irgendwo im Nordatlantik versunken zu sein. Jede Regenbö fühlte sich wie eine Woge an, und der durchnäßte Wald sah wie Seegras aus.

Je baumbewußter ich wurde, desto mehr bewunderte ich die riesige Weymoutskiefer am Weg zum Toilettenhäuschen. Ich legte sogar die Tür des Häuschens so, daß ich von dort diesen zerfurchten Baumgiganten betrachten konnte. Es war viel besser, als das *Time Magazine* zu lesen. Bei starkem Wind schwankte der Stamm mit einer sehnigen Elastizität, in der sich die Biegsamkeit einer Schlange mit der Kraft eines Elefanten vereinte. Nichts Starres war an diesem Stamm. Die dicke Borke, die vielen Holzringe, das Herz des Baumes selbst bewegten sich mit einer Geschmeidigkeit, die eher tier- als pflanzenartig anmutete. Ich ging näher an den Baum heran und stellte mich schließlich dicht an den Stamm, um zu sehen, wie über meinem Kopf tonnenschweres Holz langsam federte. Seine Eleganz und sein Rhythmus faszinierten mich geradezu.

Diese freundlichen Entdeckungen und die Kameradschaft, die sich über die Jahre zwischen mir und den Bäumen entwickelte, hindern mich nicht, sie manchmal zu Überlebenszwecken zu benutzen. Auf sehr handfeste Weise spielen die Bäume in meinem Erwachsenenleben schon länger eine wichtige und manchmal auch gefährliche Rolle.

Früher, ehe ich mein Haus aus Baumleibern baute, hatte ich meinem Mann Morgan geholfen, Holz für das Hotel zu schlagen. Mindestens vierzig Klafter Feuerholz waren jedes Jahr einzubringen; außerdem mußte Stammholz zur Sägemühle geschafft werden, damit wir Bauholz für laufende Reparaturen und für den Ausbau

Der Balsamtannenwald hinter dem Blockhaus im Gegenlicht.

unseres Gebäudekomplexes bekamen. Da wir vierzehn Kamine zu füttern, acht Ferienhäuser, ein großes Haupthaus, Garagen, Ställe, Bootsanleger und Bretterstege zu unterhalten hatten, mußten wir jeden Herbst eine ansehnliche Menge Holz fällen. Und so wurde ich *Lumberjack* und wurde auf der Lohnliste des Hotels sogar als solcher aufgeführt.

Aus einem großstädtischen New Yorker Vorort stammend, hatte ich noch nie im Leben eine Axt geschwungen, eine Motorsäge geführt, eine Quersäge gezogen oder einen Keil eingeschlagen. Nach meinem ersten Herbst in den Adirondacks konnte ich jedoch von den vierzig Klaftern zehn Klafter selber schlagen und spalten, mit der Motorsäge und mit dem Winden-Lkw umgehen. Ich war ein Holzfäller oder »Timberbeast«, wie sie hier heißen. Nach einem kräftigen Frühstück pflegten Morgan und ich stahlarmierte Stiefel anzuziehen, dicke lederne Arbeitshandschuhe mitzunehmen und mit zwei Lastern auf alten Holzfällerstraßen in den Wald zu fahren. Der eine Wagen hatte hinten ein A-förmiges Gerüst zum Anheben der Stämme, der andere eine flache Ladefläche. Meist startete Morgan die Motorsäge und begann sich in einen Baum hineinzuarbeiten, während ich aus der Distanz die Krone beobachtete. Fing der Baum zu zittern an, gab ich Morgan Handzeichen, daß er die Säge stoppen und weglaufen sollte. Er mußte aufpassen, daß der angesägte Baum sich nicht in die falsche Richtung lehnte und die Säge einklemmte und daß er beim Fallen nicht ausschlug oder splitterte. Dann standen wir da und hielten den Atem an, bis der Baum dröhnend zu Boden krachte.

Lag er, lief ich meist am Stamm entlang bis dahin, wo die Äste anfingen, und schlug sie nacheinander mit der Axt ab. Ich arbeitete mich nach oben, bis der Stamm zu knotig oder zu dünn wurde, um noch gutes Brenn- oder Bauholz abzugeben. Inzwischen zerlegte Morgan den unteren Teil in Stücke von 2,50 Meter, 3,60 Meter oder 5 Meter, die auf den Lastwagen kamen. Sie wurden entweder beim Hotel in Halbmeterblöcke zersägt und zu Brennholz gespalten oder direkt zur Sägemühle gefahren und zu rohen Balken, Planken und Schwartenbrettern verarbeitet.

Nachdem die ohrenbetäubende Motorsäge gestoppt war und wir unsere Ohrenschützer abgenommen hatten, setzten wir die Lkw's in Bewegung. Der Windenwagen wurde so nah wie möglich an den zersägten Baum herangefahren, daneben kam der Lastwagen. Ich löste die Windenbremse, zog das 94-Millimeter-Drahtseil vom Wagen herunter bis zum Baum, schlang das Seil um das dicke Ende des ersten Stammblocks und hakte es fest. Morgan bediente die Winde vom Führerhaus des Wagens aus. Sobald ich mich vergewissert hatte, daß das Seil glatt und ordentlich über die Rolle lief, gab ich mit aufwärts gerichtetem Daumen das Zeichen: »Einholen.«

Morgan startete die Winde, und der Block wurde durch den Wald geschleppt. Als wir ihn nahe beim Lastwagen hatten, ließ Morgan das Seil nach, und ich löste es von dem Block. In den Haken am Seilende wurden nun zwei schwere eiserne Zangengreifer aufgehängt, und diese plazierte ich so, daß sie den Block in der Mitte faßten.

Daumen nach oben, beobachtete ich, wie das tausendpfündige Monster sich hob und über mich hinwegschwenkte (hoffentlich riß jetzt nichts!). Mit Hin- und Herschieben wurde der Block über der Ladefläche in die richtige Position bugsiert; dann ließ Morgan ihn herunter. Ich hüpfte auf die Ladefläche und hakte die Greifer los. Untergeschobene Keile sorgten dafür, daß mir der

Block nicht auf die Füße rollte. Nun, ehe der nächste Block eingeholt wurde, kam ein kleines Spielchen, das überhaupt der Grund dafür war, daß ich diesen Teil der Ladearbeit bevorzugte. Ich stellte mich mit den Stiefeln in den Greifer und hielt mich am Seil fest; während Morgan langsam nachließ, schwebte ich vom Wagen zur Erde, schaukelnd wie ein Affe an der Liane.

Eines Morgens, als wir schon sechs Blöcke geladen hatten, wollte ich mein Spielchen wieder spielen. Ich packte das Seil direkt unterhalb der Rolle, und Morgan schaltete die Winde ein. Aus Versehen ließ er das Drahtseil aber aufwärts statt abwärts laufen. Ehe ich wußte, wie mir geschah, wurde meine Hand im Handschuh, Zeigefinger voran, nach oben in die Rolle gezogen. Ich schrie entsetzlich. Morgan riß zu Tode erschrocken an der Windenbremse und würgte den Motor ab. Da hing ich. Weitere Schreie. Morgan erwachte aus seiner Erstarrung, startete den Motor wieder und ließ mich zu Boden. Der Schock, daß ich drauf und dran gewesen war, durch den Fleischwolf gedreht zu werden, ließ mich fast in Ohnmacht fallen. Ich hatte Angst, den Handschuh auszuziehen. Morgan stürzte mit mir zu einem Bach, spritzte mir ein paar Handvoll eisiges Wasser ins Gesicht und steckte meine rechte Hand ins Wasser. Als sie von der Kälte gefühllos geworden war, zog er langsam den Handschuh herunter. Die blutige Wunde ließ nicht erkennen, ob Knochen gebrochen oder Sehnen gerissen waren.

Der Lastwagen war zum schnellen Fahren schon zu schwer beladen, deshalb trug Morgan mich zum Windenwagen, und in holpriger Fahrt ging's über sechzig Kilometer Wald- und Feldwege und Landstraßen bis zum nächsten Krankenhaus mit Röntgengerät. Glück gehabt: kein Finger gebrochen, nichts war bewegungsunfähig geworden. Wenige Wochen später war ich wieder bei der Arbeit – nur bediente *ich* jetzt die Winde und ließ *Morgan* die Stämme handhaben.

Ja, die Holzfällerei kann gefährlich sein; allerdings blieb dies unser einziger Unfall in den mehreren Jahren Holzfällen. Allmählich lernte ich, geschickter mit der Motorsäge umzugehen. Ich konnte Äste über meinem Kopf abschneiden, Bäume lösen, die sich mit anderen Bäumen verkeilt hatten, zusammengeklemmte Stämme mit einem Unterschnitt trennen, Bretter aussägen und sogar einfache Schreinerarbeiten verrichten. Diese Vorkenntnisse haben mir später den Hüttenbau ermöglicht und alles viel leichter gemacht, als ich mir gedacht hatte.

Als Vor- und Nachsaisonkoch beschäftigten wir im Hotel damals Stan, einen ehemaligen Lumberjack-Koch. Viele Stunden verbrachten wir zusammen, er fleischbratend, ich kuchenbackend, und vereint sangen wir Holzfällerlieder.

Stan flößte mir einen Heidenrespekt vor den »Timberbeasts« früherer Zeiten in den Adirondacks ein. Er erzählte mir von dem Wolfshunger dieser sagenhaften Männer, die zum Frühstück ein Dutzend Eier und einen stiefelgroßen Stapel Pfannkuchen verschlangen; von ihrem ungeheuren Energiebedarf – über sechstausend Kalorien täglich –, damit sie stundenlang die Quersäge ziehen, auf glitschigen Baumstämmen flußabwärts reiten, Astwerk abhauen, Holz spalten, Stämme laden und in Zwölf-Stunden-Schichten Pferdegespanne fahren konnten. Stan lachte immer, wenn ich heißhungrig vom Holzhacken hereinkam und mich an Bratenscheiben und zwei Stück Kuchen gütlich tat.

»Du ißt wie ein Cockerspaniel«, sagt er. »Und deine Gäste essen wie Zwergpudel. Du hättest die Mahlzeiten sehen sollen, die ich damals für die Holzfäller zubereitet habe!«

Auch vom Leben in den Holzfällerlagern erzählte er mir. Meist gab es eine Baracke mit schmalen Bettkästen, ein Küchenhaus und einen Eßplatz. Beim Essen durfte nicht gesprochen werden (außer, um den zweiten, dritten und vierten Nachschlag zu bestellen), damit es keine Meinungsverschiedenheiten und vielleicht Schlägereien gab. Abends fielen die Männer auf armselige Strohlager. Oft mußten sie sich am Tage Läuse aus dem Haar klauben. Waschmaschinen gab es im Lager nicht, aber hin und wieder kochte der Koch oder die Köchin die Kluft der Männer über einem Holzfeuer aus, um sie einigermaßen vom Harz, Schweiß und Schmutz zu säubern. Die Holzfäller arbeiteten den ganzen Winter ohne Unterbrechung (und ohne Alkohol). Transportmöglichkeiten nach draußen und von draußen gab es nicht, außer in Notfällen. Dann, während des nächsten Stadturlaubs, verjubelten sie unter Umständen ihren ganzen Verdienst.

»Du lieber Gott!« erklärte Stan. »Diese Saufgelage! ›Adirondack-Haarschnitt‹ nannte man sie. Manche Haarschnitte haben drei Wochen gedauert.«

Von der Mitte des neunzehnten Jahrhunderts an stieß die Holzwirtschaft in die Adirondacks vor. In richtiggehenden Wellen kamen die Holzfäller. Die meisten stammten von außerhalb der Berge, aus den Acker- und Weidetälern und Flußniederungen. Es waren Frankokanadier, Schweden, Deutsche, Iren und Waliser. Sie schlugen das Holz und schleppten es mit riesigen, klugen, geduldigen Pferden aus dem Wald. Der Winter war für den Holztransport mit dem Schlitten die beste Zeit, weil die Waldwege mit Wasser begossen werden konnten und sofort vereisten. Das erleichterte es den kräftigen Gespannen, schwere Lasten zu ziehen. Am nächsten See, Fluß, Kanal oder Bach wurden die Stämme gestapelt und im Frühling in das von der Schneeschmelze hochgehende Wasser geworfen. Gewandte Flößer mit Nagelschuhen, Flößerhosen und Hakenstangen ritten die Stämme flußabwärts zur Sägemühle oder Bahnstation.

»So mancher hat bei dieser Flößerei das Leben verloren«, bedauerte Stan, während er Sauerteig für Biskuits knetete. »Wer einmal in das eisige Wasser fiel, ist entweder ertrunken, hat einen Stamm vor die Rübe gekriegt oder wurde in einer Baumstammverkeilung zerquetscht. Die Verkeilungen waren das Gefährlichste.« Dann setzte er fröhlich hinzu: »Hast du gehört, was mit dem Lumberjack passiert ist, der letzte Woche beim Tupper Lake ins Gras gebissen hat? Die Klammern an seinem Windenseil haben nachgegeben, und er hat einen zwölfhundertpfündigen Stamm auf den Kopf gekriegt. Ja, ja, die Holzfällerei war schon immer eine gefährliche Arbeit!«

Biskuits mit einem Förmchen ausstechend, dachte ich daran, wie viele Stämme schon über *meinem* Kopf geschwebt hatten, und mir schauderte. Dann überlegte ich mir, wieviel leichter und sicherer es die heutigen Holzfäller haben. Das NIOSH (»National Institute of Occupational Safety and Health«, eine Organisation für Arbeitsschutz und Unfallverhütung) wacht über sie; sie leben normalerweise zu Hause, fahren täglich zur Arbeit, bekommen besser zu essen und haben hochentwickeltes technisches Hilfsgerät. Ihre Raufhändel und ihr Trinken können sie am Wochenende erledigen. Adirondack-Haarschnitte sind aus der Mode gekommen. Läuse auch.

Aus der Mode gekommen ist auch die damalige Raubbau-Mentalität. Im letzten Jahrhundert haben Opportunisten in den Adirondack-Wäldern fürchterlich gehaust. Ihr Credo lautete: Was wächst, wird gefällt. Kahlschlag und Holzdiebstahl waren an der Tagesordnung. 1850 hatte der Staat New York den höchsten Holzeinschlag aller Bundesstaaten. Diese Mentalität führte zu rabiater Walddezimierung. Weite Landstriche wurden glattrasiert – erst kamen die hohen Kiefern und Fichten als Masten für Segelschiffe und als schwere Pfähle für Hafenkais an die Reihe, dann die kleineren Nadelbäume als Bauholz, dann die Hemlocktannen wegen der Gerbsäure in der Rinde und schließlich die Laubbäume für Furniere, Möbel, Werkzeuggriffe und andere Holzwaren.

Weitere riesige Verluste entstanden durch Waldbrände. Funken aus Holzfällerlagern und Dampflok-Schloten fielen in zundertrockene Ast-, Stammholz- und Rindenstapel. Brände schwelten im Waldhumus oder sprangen in die Kronen und wüteten wochenlang als Flächenbrand, dem niemand Einhalt gebot. Die Menschen bemerkten, daß die Bäche und Flüsse der Adirondacks »von Jahr zu Jahr schmaler und launenhafter wurden«.

Die Adirondacks mußten gerettet werden. Langsam gewann in der Öffentlichkeit der Naturschutzgedanke an Boden, und Gesetzes-Initiatoren begannen zu kämpfen. 1885 entstand das staatliche Adirondack-Schutzgebiet (Adirondack Forest Preserve). 1894 wurde die Verfassung des Bundesstaats schließlich um die berühmte Zusatzklausel »Wildnis für ewige Zeiten« (Artikel 14) erweitert, zum Schutz der Wälder und Flußeinzugsgebiete.

Der Wortlaut dieser juristischen Perle: »Alle heutigen und später erworbenen Staatsländereien, die das gesetzlich festgelegte Schutzgebiet ausmachen, sollen auf ewige Zeiten als wildes Waldgebiet bewahrt bleiben. Sie dürfen nicht verpachtet, verkauft und getauscht und weder von Staats- noch von Privatfirmen übernommen werden; der Wald darauf darf nicht verkauft, abgeschlagen oder zerstört werden.«

Dieses weitsichtige, damals bahnbrechende weise Naturschutzgesetz hat es überhaupt erst möglich gemacht, daß mein Hüttentraum hier – im zweitvolkreichsten Bundesstaat der USA – realisiert werden konnte. Dank diesem Gesetz habe ich einige hundert Quadratkilometer unberührten Wald als Hinterhof. Welches abgewirtschaftete verwüstete Stück Land ich sonst hätte übernehmen müssen – ich wage nicht daran zu denken.

Viele tausend Festmeter Holz werden auch heute noch in den Adirondacks geschlagen. Die Holzindustrie ist hier oben unser zweitwichtigster Wirtschaftszweig, aber sie operiert nur auf Privatland. Mehrere Papierkonzerne – International Paper, Litchfield Paper und St. Regis Paper – haben eigene Holzfällerbetriebe. Das Holz wird zu großen Mühlen außerhalb des Adirondack-Parks gefahren. Auf der Straße nach Hawk Hill begegne ich oft schwerbeladenen Holzlastern, die zur Ticonderoga-Papierfabrik wollen. Ich mache immer einen weiten Bogen um sie und würde im Ernstfall lieber seitwärts in einen Sumpf flüchten, als einen Zusammenstoß mit einem solchen Zwanzigtonnen-Ungetüm zu riskieren, dessen hohe, wuchtige Ladung meinen kleinen Halbtonner drohend überragt.

Vor Axt und Motorsäge ist der Baumbestand auf Staatsland nun geschützt, nicht jedoch vor Blitz und Sturm. Bei den großen Windbrüchen von 1950 und 1954 knickten ganze Wälder wie Streichhölzer. Diese zwei

Katastrophendaten sind für die örtliche Geschichte immer noch Bezugspunkte. Am Vorabend eines weniger katastrophalen Sturmes bin ich einmal die ganze Nacht durch den Wald gestreift. Es war warm wie in den Tropen. Ein wilder Wind, von Miami hochkommend, blies. Schwüle sättigte die Luft, in den Böen trieben Wolkenberge, und die Düfte des Golfs von Mexiko schienen in der Luft zu liegen. Ich krempelte mir die Ärmel hoch und blieb an einem Bach stehen, um mir den Schweiß vom Gesicht zu waschen. Über mir knarrten und krachten die Äste. Von Zeit zu Zeit brach hohes Holz und stürzte zu Boden. Durch ein kurz aufreißendes Fenster in den blauschwarzen Wolken leuchtete fahl der Dreiviertelmond. Ich war zu begeistert, um Angst zu haben, zu aufgewühlt, um zu ermüden. Gegen fünf Uhr morgens legte sich der Wind. Erst dann ging ich ins Bett, noch immer ohne Bewußtsein der Gefahr, der ich mich leichtsinnig ausgesetzt hatte.

Als ich aufwachte, boten sich mir Bilder der Verheerung. Einige Teile der Adirondack-Wälder waren wie von der Sense niedergemäht worden. Das Trümmergewirr aus gestürzten Stämmen lag bis zu sechs Meter hoch. Einige der schönsten, ältesten Waldbestände des Nordostens waren in diesem Sturm zugrunde gegangen. Solche Windbrüche wirken noch jahrelang nach. An manchen Stellen, wo sich der Wald lichtete, vermehrte sich das Hirschwild rapide; an anderen Stellen, wo die gestürzten Bäume alle Bewegung blockierten, verhungerte es. Die Holzwirtschaft erlitt schwere Verluste, bemühte sich allerdings, möglichst viele gefallene Stämme zu bergen, ehe die Verrottung einsetzt. Wanderer und Kampierer fanden Wege und Lagerplätze zerstört oder versperrt. Zudem trocknete in den Windbrüchen das Holz aus und erhöhte die Feuersgefahr.

Riesenexemplare von Weymoutskiefern sind im Nordosten sehr rar geworden. Diese hier, fast dreihundert Jahre alt, hat drei Meter Umfang.

Es erscheint merkwürdig, daß ich damals in dem starken Sturm überhaupt keine Angst davor empfand, im Wald spazierenzugehen, heute aber Furcht vor fallenden Bäumen habe. Diese Furcht ist jetzt beinahe so stark wie meine Feuersangst. Aber ich gehe hier ganz bewußt ein Risiko ein. Ästhetisch ist es mir wichtiger, die Vier Schwestern in einer windigen Nacht vor dem Sternenhimmel schwanken zu sehen, als um die Hütte eine Sicherheitszone abzuholzen. Wichtiger ist mir auch, die große krumme Fichte artistisch unter dem Sonnendeck hervorlugen zu lassen, als sie zu fällen und eine schöne, sichere Rasenfläche anzulegen. Trotz dieser Entscheidung kann ich in Nächten, in denen der Wind anschwillt, nicht gut schlafen. Dann sehe ich in Gedanken, wie ein monströser Stamm gegen die Hüttenwand stürzt, sie einreißt und überallhin Bücher und Trümmer schleudert. Oder ich liege wach und bilde mir ein, daß schwere Äste auf den Hausfirst krachen, Dachbleche und -bretter durchbohren und mich im Bett aufspießen.

Einmal, ein einziges Mal, wäre es fast so gekommen. Eine starke Winterkaltfront fegte von Norden durch und knickte die lebende Krone meiner herrlichen krummen Fichte ab. Die Krone wurde sechs Meter durch die Luft geschleudert. Sie segelte über den Hüttenfirst, rutschte auf der anderen Seite hinunter und krachte zu Boden, wobei ihr vierzig Zentimeter messendes Stammende das Dach des Holzschuppens streifte. Auch dieser Beinahe-Treffer vermochte indes meine Entscheidung, keine Schutzzone abzuholzen, und meinen ursprünglichen Baumschutzschwur nicht umzustoßen. Nach wie vor fälle ich nur abgestorbene Bäume.

Welch enges, intimes Verhältnis ich zu den Bäumen gewann, mag auch folgendes Erlebnis zeigen. Auf meinem Weg vom und zum Toilettenhäuschen machte es mir immer mehr Freude, die große Weymoutskiefer zu berühren. Eines Morgens überkam mich, die Arme um ihren Stamm geschlungen, ein Gefühl des Friedens und Wohlbefindens. Über fünfzehn Minuten hielt ich den Stamm umarmt, mich ganz auf ihn konzentrierend. Hart preßte sich die rauhe Rinde an meine Haut. Es war, als gieße der Baum seine Lebenskraft in mich aus. Als ich von ihm wegtrat, hatte ich das deutliche Gefühl, wir hätten miteinander irgendeine Energie ausgetauscht. Dieses Gefühl war vor allem in der Gegend zwischen Bauch und Brüsten bemerkbar. Später las ich dafür Erklärungen in Carlos Castanedas »Gesprächen mit Don Juan« und Michael Seranos *Serpent of Serpico*. In diesen Büchern wird erwähnt, daß die Nabel- und Solarplexusgegend eine Art Energiemittelpunkt für den menschlichen Körper ist. Faser- oder fächerförmig strahlt von hier Lebensenergie aus. Ich habe auf Kirlian-Fotos die Energiekorona um Fingerspitzen gesehen und kenne die Polygraphenmeßergebnisse von Pflanzenreaktionen auf Stimuli. All diese Erscheinungen deuten auf das Vorhandensein einer alles durchwirkenden Lebenskraft, für die ich durch mein Bekanntwerden mit den Bäumen empfänglich geworden bin.

Am deutlichsten spüre ich diesen Brückenschlag, diesen merkwürdigen Gleichklang bei großen Weymoutskiefern, etwas weniger deutlich bei großen Fichten, Zuckerahorn, Buchen und Eichen. Weymoutskiefern und ich schwingen eindeutig auf der gleichen Wellenlänge. Was ich den Bäumen zurückgebe, weiß ich nicht. Hoffentlich bekommen sie etwas zurück, denn Bäume gehören zu meinen engsten Freunden.

5

Inca, Mapuche und Pitzi

Ich wollte ein Tier, das ich liebhaben, das ich streicheln, mit dem ich in der Hütte spielen, das ich auf Ausflüge mitnehmen konnte. Gewiß, ich hatte Hunderte von Bäumen als Gefährten, jede Menge Wildtiere zur Gesellschaft. Backenhörnchen sammelten sich an meiner hinteren Veranda und bettelten um Erdnüsse. Kleiber, Kohlmeisen, Eichelhäher und Spechte bedienten sich ohne Scheu an meinem Futterhäuschen. Jeden Abend landete mit einem leichten Plumps ein knopfäugiges Flughörnchen neben dem Küchenfenster und naschte an der Erdnußbutter, die ich manchmal zum Abendessen auslegte. Hin und wieder ließ es mich seinen seidigen Rücken streicheln, ehe es wieder in die Luft sprang, über das Verandageländer segelte und an einem nahen Baum landete, alle viere von sich gestreckt, flach wie ein pelziger Pfannkuchen.

All diese Tiere tolerierten mich wegen der Fütterung, nicht aufgrund innerer Zuneigung. Außerdem widerstrebte es mir grundsätzlich, sie zu Haustieren zu machen. Ich glaube, daß Wildtiere ihre Würde und ihre Überlebensfähigkeit in ihrer natürlichen Umwelt verlieren, wenn sie zahm genug werden, um vom Menschen Nahrung oder irgend etwas anderes anzunehmen. Mein Land sollte ein Refugium für Wildtiere sein, keine Suppenküche. Der Gedanke an ein Haustier war daher naheliegend.

Im zweiten Hüttensommer schaffte ich mir eine ebenholzschwarze Katze mit jadegrünen Augen an. Ich nannte sie prompt »Inca«. Rasch lebte sie sich in der Hütte ein. Inca schaukelte an den Vorhängen, kippte Bücher von den Regalen, fing Mäuse und jagte Backenhörnchen. Sie verschleppte meine Sachen in den Wald und boxte mit meinen Stiefeln. Sie stieß Bleistifte vom Schreibtisch und drückte Tasten auf meiner Schreibmaschine. Ihr Lieblingssport war, an der Wand von Stamm zu Stamm zu springen und dabei Isoliermaterial aus den Ritzen zu reißen.

Ich fand das ganz amüsant, bis ich einmal mehrere Tage weg mußte. Es war unmöglich, sie an eine Leine zu legen oder unter dem Arm zu tragen. Wenn ich sie ins Boot setzen wollte, verwandelte sie sich in einen rasenden Dämon, sprang ins Wasser und wäre jedesmal fast ertrunken. Schließlich steckte ich die Katze in einen Rucksack und verschnürte die Öffnung. Ich schwang den Rucksack auf den Rücken oder legte ihn unten ins Boot. Aber egal, ob ich auf eine Wanderung ging, das Boot benutzte oder mit Schneeschuhen über den gefrorenen See lief: Inca, die Katze im Sack, fauchte, kratzte und rumorte wie der Teufel.

Sie hat nicht lange bei mir gewohnt. Trotz aller liebevollen Erziehungsversuche wurde sie wilder und wilder. An manchen Abenden tobte Inca in der Hütte herum wie ein elektrischer Mixquirl in der Rührschüssel. Unvermittelt sprang sie dann auf den Schreibtisch, fixierte mich mit ihren klaren Jadeaugen und saß still wie eine Statue. Aber sobald ich zu schreiben anfing, sprang sie mir auf die Hand. Es war unmöglich, in ihrem Beisein zu arbeiten. Als sie schließlich das Flughörnchen angriff und begann, am Futterhäuschen Vögel zu belauern, war ihr Schicksal besiegelt. Ich ließ sie sterilisieren und verschenkte die Katze an eine fröhliche alte Dame auf einer Hundertzwanzig-Hektar-Farm außerhalb der Adirondacks. Dort konnte sie nach Herzenslust jagen und herumstrolchen und es sich abends – mit drei Gefährtinnen und der katzenverliebten alten Dame – am Holzofen gemütlich machen.

In den folgenden Jahren verbrachte ich zwei Winter an einer Universität, wo ich für meine Promotion in Wildtierökologie arbeitete. Unsere Vorlesungen und Seminare über Wildtierkrankheiten fanden am Institut für Tierheilkunde statt. Dort lief gerade eine Tollwut-Versuchsreihe mit Wildfüchsen als Kontrolltieren. Eines Tages ging ich an den Zwingern vorbei und sah ein junges Silberfuchsmännchen im Schnee angepflockt. Sein Pelz war dicht und glänzend, sein Schwanz herrlich buschig. Wir standen und starrten einander an – er mit geschlitzten gelben Augen, so wild wie am Tag seiner Geburt, ich mit einem Blick der Zuneigung und Bewunderung. Durch einen kleinen Umweg auf meinem Gang zum Seminarraum war ich in der Lage, diesen Fuchs mehrmals in der Woche zu besuchen. Ein Name fiel mir ein, hängengeblieben aus einer Vorlesung über Indianerstämme: »Mapuche«. So hieß ein Indianerstamm in Südchile, der ebenso unbezwingbar wie die Augen dieses Fuchses war.

Eines Tages hörte ich, man brauche viele der Kontrollfüchse nicht mehr und werde sie wohl töten. Bei einem Veterinärprofessor erkundigte ich mich, ob mein kleiner Freund dazugehören würde. Es hatte mir schon vorgeschwebt, welch schönes Haustier er abgeben, wie frei er sich in der Hütte fühlen würde. Noch vor Ende der Woche hatte ich den Silberfuchs gekauft, wußte aber nicht, wohin mit ihm.

Da ich die meisten Wochenenden in der Hütte verbrachte, hatte ich nur ein kleines Zimmerchen in einem Studentenheim. Haustiere zu halten, war verboten. Meine Freunde wohnten größtenteils zur Untermiete, wo ähnliche Regeln galten. Meine Professoren hatten Häuser voller Kinder, Katzen, Hunde und Wellensittiche. Nach hektischer Suche fand ich vor einem Ornithologie-Labor einen großen leeren Vogelkäfig. Auf der einen Seite kollerten wilde Truthähne, auf der anderen putzte sich ein seltenes japanisches Kranichpärchen. Ein aufreizendes, appetitanregendes, allerdings nur temporäres Zuhause für Mapuche.

Im Februar brachte ich ihn dorthin. Und nun begannen die entmutigendsten Tage, die ich je mit einem Tier verbrachte. Mapuche ließ mich nicht an sich heran. Sobald er meinen Wagen kommen hörte, verkroch er sich in eine Ecke. Wenn ich durch das Türchen hineinschlüpfte, zog er die Lefzen hoch und fletschte die Zähne. Bot ich ihm frisches Wasser, Pferdefleisch oder Knochen an, zischte und knurrte er. Der Zwinger stank nach Urin und nach dem vom Fuchs verspritzten Moschus. Meine Kleider und Stiefel rochen so entsetzlich, daß ich eine spezielle Fuchskleidung nur für Besuche im Zwinger bereithalten mußte. Sonst hätten mich meine Kommilitonen bald hinausgeworfen.

Dieses deprimierende Verhalten setzte sich einen ganzen kalten und schneereichen März fort. Bibbernd blieb ich, so lange es ging, im Zwinger, trotz dicker Handschuhe mit eiskalten Fingern, und hoffte, der Fuchs würde auftauen und eine zögernde erste kleine Freundschaftsgeste machen. Doch tagaus, tagein hockte er nur in seiner Ecke, mich anstarrend und knurrend.

Der April kam und mit ihm wärmeres Wetter. Eines Nachmittags konnte ich Mapuche ohne Handschuhe und dicke Jacke besuchen. Die Sonne schien so warm, daß ich mich ein paar Minuten im Zwinger auf einen Holzklotz legte und die Augen zumachte. Da fühlte ich plötzlich ein leises Zupfen an meinem Pferdeschwanz. Ich drehte den Kopf ein bißchen und öffnete vorsichtig ein Auge. Mapuche stand hinter mir, eine Pfote gehoben, sprungbereit zum Rückzug. Sein Maul war geschlossen, die Ohren gespitzt. Schnurgerade und regungslos die Lunte mit der weißen Spitze. Dies war keine Angriffs- oder Angsthaltung. Ich lag mucksmäuschenstill. Minuten später wieder ein Zupfen. Ich machte beide Augen auf und sah den Fuchs voll an. Furchtlos hielt er meinem Blick stand, aber mit einem neuen Ausdruck in seinen Augen – Schalk. Verblüfft sah ich, wie er vorrückte, die Spitze meines Pferdeschwanzes zwischen die Vorderzähne nahm und sanft zupfte. Mapuche wollte spielen!

Langsam, ganz langsam, streckte ich eine Hand zu ihm aus. Nach Ewigkeiten berührten meine Fingerspitzen endlich den Fuchs. Instinktiv berührte ich ihn unter dem Kinn, Handfläche nach oben, wie man es mit fremden Hunden tut. Mein Handgelenk war dadurch allerdings völlig ungeschützt. Würde Mapuche mir mit seinen scharfen Zähnen die Adern aufschlitzen?

Er zitterte leicht. Ich begann, sein Kinn zu kraulen, dann seine Kehle, dann Hals und Ohrengegend. Eine bemerkenswerte Verwandlung ging mit ihm vor. Das Zittern hörte auf, und die wilden gelben Augen wurden sanfter und schlossen sich halb. Seine Ohren hörten auf, wie nervöse Antennen vor- und zurückzuzucken. Sein Fell glättete sich. Still wie ein Haushund stand Mapuche, während ich ihm die wohl erste menschliche Zuwendung und Zärtlichkeit schenkte, die er je erfahren hatte. Jedenfalls war dies nach sechs Wochen unser allererster Körperkontakt.

Nun wandelte sich Mapuches Verhalten dramatisch. Wenn er meinen Wagen kommen hörte, sprang er aufgeregt gegen die Drahtwand des Zwingers mit den Krallen klammernd wie eine Katze, schwanzwedelnd wie ein Hund. Jetzt knurrte er nicht mehr, sondern grinste, wenn ich durch das Türchen kam. Fleisch und Knochen nahm er aus der Hand an. Seine Zähne benutzte er nur, um mich spielerisch an der Jacke, den Hosenbeinen oder am Haar zu zausen. Er sprang gegen die Käfigwände, um sich auszutoben, wie es die Katze in der

Mapuche, mein zahmer Silberfuchs, beim Spiel, ehe ich ihn ins Blockhaus mitnahm.

Hütte getan hatte. Und am besten war, daß der Zwinger jenen aus Furcht und Angst geborenen Gestank verlor. Wir verbrachten bezaubernde Stunden zusammen.

In diesem Frühling erfuhr ich am Tiermedizinischen Institut Aufschlußreiches. Als kleiner Welpe war Mapuche von einem Mann mit dicken Handschuhen aus dem Bau geholt worden, und im Labor hatten Studenten und Wissenschaftler, ebenfalls mit Handschuhen, an ihm gearbeitet. Ich hätte deshalb Mapuche nicht mit Handschuhen besuchen sollen. Zudem hatte ich zu wenig Zeit mit ihm verbracht. An beidem aber war eigentlich das bitterkalte Winterwetter schuld.

Jetzt war Mapuches ganzes Wesen mir zugewandt, und sein Tag bestand daraus, auf mich zu warten. In Mapuche vereinten sich Katzen- und Hundezüge auf seltsame Weise. Er war von blitzartiger Gewandtheit und schlauer als jeder Hund, den ich je kannte. Mitte Mai konnte ich ihn an der Leine spazierenführen! Ende Mai, am Semesterschluß, war ich sicher, daß ich ihn nun in die Hütte mitnehmen konnte.

Ich packte meine Bücher und meine Siebensachen, borgte mir einen kleinen Käfig, ließ Mapuche eine Beruhigungspille schlucken und fuhr zurück zum Black Bear Lake. Es war ein klarer warmer Frühlingstag, als wir ankamen. Ich stapelte die Sachen ins Boot und versuchte so sanft wie möglich mit Mapuches Käfig umzugehen. Seine Augen wurden glasig vor Angst, als er den Bootsmotor anspringen und die Bugwelle rauschen hörte. Prompt roch ich auch wieder den vertrauten erstickenden Moschusgeruch.

Bei der Hütte band ich ihn sofort an meine große krumme Fichte. Mapuche schnupperte in die kiefernduftende Luft und wühlte kurz im feuchten Humus. Hier roch es nicht nach Truthähnen, Kranichen, Autoabgasen und muffigen Exkrementen. Dies war die natürliche Welt, in der er geboren war. Wieder vollzog sich ein schöner Wandel: Ich beobachtete, wie sein Silberpelz sich glättete und sich den sonnengesprenkelten Schatten unter den Fichten anpaßte. Seine Bewegungen wurden ruhiger, sicherer. Er scharrte sich eine kleine Kuhle zum Lagern. Nur seine beiden Bernsteinaugen blieben immer wach, fragend, vorsichtig.

Mapuche entdeckte Rothörnchen, neue Vögel, Schwarzbären, wilde Füchse, Biber, Backenhörnchen und Hirsche. Den ganzen Tag suchten Augen, Ohren und Nase wie Radarantennen die Luft nach Informationen ab. Ich hielt den Fuchs an einer Kette und machte ihn rings um die Hütte nacheinander an immer neuen Bäumen fest. Nachts schlief er unter einem kleinen Schutzdach. Ich hatte vor, ihn an die Adirondack-Umwelt zu gewöhnen, mit ihm spazierenzugehen und ihn jeden Abend freizulassen, damit er jagen lernte. Meine Hoffnung war, daß er einerseits Fühlung mit mir behielt, andererseits selbständig genug wurde, um allein in der Wildnis zurechtzukommen. Im September lief der Fuchs schon jeden Abend mehrere Stunden frei herum und kam doch bis zum Morgen immer zurück.

Eines Tages kam er nicht zurück. Ich wartete drei Tage. War er dem »Ruf der Wildnis« gefolgt, oder war er in Not? Durch den Wald zu laufen, zu pfeifen oder zu rufen, war sinnlos. Des Rätsels Lösung präsentierte sich mir in Gestalt eines üppigen Pelzes, den ein Staatspolizist in der Hand trug.

»Ich weiß, daß Sie einen Silberfuchs hatten«, begann er verlegen. »Ich glaube, das hier war er.«

Tränen stiegen mir in die Augen, und meine Hände wurden kalt.

»Drüben in Hawk Hill haben ihn vorgestern ein paar Leute geschossen«, fuhr er fort. »Sie sagten, der Fuchs habe es auf die Kaninchen abgesehen gehabt, die sie für die Kinder im Stall hatten. Er habe sich sonderbar benommen, überhaupt nicht menschenscheu. Sie befürchteten, daß er Tollwut haben könnte, und da haben sie mich geholt.«

»Nein, er war nicht menschenscheu«, sagte ich leise und dachte daran, wie sein dickes seidiges Fell sich unter meinen Fingern angefühlt hatte, wie fein und elastisch seine Knochen und Muskeln unter meinen Händen gewirkt hatten.

»Und tollwütig auch nicht«, fügte ich hinzu, als mir die böse Ironie aufging. Von klein auf bis zu seinem Ende hatte sich in Mapuches Leben alles um die Tollwut gedreht. Er hatte sie nie gehabt, und dennoch war sie der Grund für seine Gefangennahme und jetzt für seinen Tod gewesen.

Wortlos stand der Polizist da und bemerkte die Tränen in meinen Augen. »Schauen Sie«, sagte er, »ich *mußte* eine Tollwutuntersuchung vornehmen lassen. Ich *mußte* den Kopf nach Albany ins Labor schicken.«

Er hielt einen Augenblick inne und fuhr dann fort: »Der Fuchs war so schön, daß ich es nicht über mich brachte, den Kadaver zu begraben. Da habe ich ihn abgehäutet. Ich dachte mir, daß Sie vielleicht den Pelz gerben lassen und als Andenken behalten wollen.«

Mir wirbelte der Kopf. Ich war zugleich dankbar und angeekelt. Ein Teil von mir wollte, daß der Fuchs für immer verschwand, damit meine Trauer kurz sein würde; ein anderer Teil war sich klar, wie es kam, daß in bestimmten Kulturen Skalps, Totenschädel, Schrumpfköpfe, Asche und andere Überbleibsel von Menschen- und Tierkörpern zu Kultgegenständen erhoben werden. Es ist ein Versuch, bestimmte Eigenschaften des geliebten Wesens in Ehren zu halten und weiterleben zu lassen. Ich wollte ein Andenken an Mapuche in meiner Hütte. Tränenblind nahm ich das Fell an.

Heute hängt Mapuches Pelz neben meinem Schreibtisch, wobei sein Schwanz die Stuhllehne streift. Von Zeit zu Zeit greife ich nach oben und fahre durch das silberglänzende Fell. Fast ist es, als lebte er noch, nur der etwas strenge Fuchsgeruch und die wilden Bernsteinaugen fehlen.

Die Augen, die mich heutzutage anschauen, sind ebenfalls bernsteinklar und stolz, aber auch treu und liebevoll. Sie gehören einem riesigen deutschen Schäferhund namens »Pitzi«. Pitzi heißt in der Cakchiquel-Mayasprache »kleines Hündchen«. Das war Pitzi auch, als ich ihn an einem kleinen See im Hochland von Guatemala fand. Er und vier Geschwister lagen an ihre Mutter geschmiegt, eine kleine, hellgraue, sanftmütige Hündin. Zwei Jahre hatte ich an diesem See für meine Doktorarbeit geforscht. Täglich war ich auf dem Weg zu meinem Boot an diesem Haus vorbeigekommen, und seine Bewohner waren gute Freunde. Pitzis Vater – ein stämmiger schwarzbrauner Rüde – hatte mich oft bei meiner Arbeit auf dem See begleitet. Jetzt hatten die beiden Nachwuchs, und es war Zeit für mich, Guatemala zu verlassen.

»*Llevese un perrito*«, bot Don Carlos, der Besitzer des Hundes, großzügig an, »*como un recuerdo de Guatemala.*«

Ich überlegte. Wie konnte ich einen Welpen als Souvenir an Bord dreier verschiedener Flugzeuge und durch Zoll- und Paßkontrolle schmuggeln und gleichzeitig zwölf Gepäck- und wissenschaftliche Ausrüstungsstücke

über eine Distanz von dreitausend Kilometern befördern?

»*Si Dios quiere, tu puedes*«, meinte achselzuckend der
Besitzer. Wenn Gott will, dann geht es. Er muß es
gewollt haben. Impulsiv pickte ich mir den einzigen
Welpen mit einem weißen Kinnfleck heraus. Ihn in mei-
nen indianischen Schultersack packend, dankte ich Don
Carlos überschwenglich auf spanisch.

Mein erster Versuch als Schmuggler wäre fast geschei-
tert. Als wir in Miami am *Migration*-Schalter Schlange
standen, wachte Pitzi auf. Er steckte sein Köpfchen aus
dem Sack und begann an einer amerikanischen Fahne zu
knabbern, die neben dem Eingang hing. Kaum hatte ich
ihn in den Sack zurückgeschoben, lugte er schon wieder
heraus. Mit Paß, Gesundheitskarte, Feldstecher, Kameras und Pitzi jonglierend, schaffte ich es, in dem Augenblick durch den Zoll zu kommen, da der Hund gerade
im Sack blieb. So ging es weiter, rein und raus, die ganze
Reise. Nur ein einziges Mal wurde er entdeckt: auf dem
letzten Flug zum Staat New York. Er krabbelte aus dem
Sack und hüpfte den Mittelgang entlang. Fast wäre er
mit einer Stewardeß zusammengestoßen. Sie schnappte
ihn sich und kam stirnrunzelnd zu mir.

»Hunde als Handgepäck sind gegen die Vorschriften«, begann sie mit strenger Stimme. »Er gehört in
einen ordentlichen Käfig, und seine Passage muß
bezahlt werden. Ich muß das dem Captain melden.«

Ich sah es schon vor mir: langwierige Verzögerungen
mit der Fluggesellschaft und Auseinandersetzungen mit
den Quarantänebeamten wegen der notwendigen
Papiere und Impfungen. Ich stellte mir sogar vor, der
Kleine würde verbrannt, zusammen mit anderem konfis-
ziertem Schmuggelgut – ausländischem Obst, Samen,
Blumen, Insekten und Tieren, die eine Bedrohung für

Amerikas Wälder, Nutzpflanzen und Tierwelt darstellen könnten.

Da rettete Pitzi die Situation. Er gähnte herzhaft, so daß man seine kleine rosa Zunge über weißen Zahnperlen sehen konnte, streckte sich in den Armen der Stewardeß aus und begann an ihrem Daumen zu nukkeln. Gerührt krabbelte sie ihn am Bäuchlein und gab ihn mir zurück. Minuten später brachte sie eine Schale Milch, Stückchen von einem Huhn-Sandwich und ein winziges Eckchen einer Schlaftablette. Noch etwas benommen, aber wohlbehalten, kam Pitzi am Black Bear Lake an. Ich stopfte ihn in einen roten wollenen Kinderpullover, damit er nicht fror, und verfrachtete meine Konterbande zur Hütte.

Gegenüber: Pitzi beim Blockhaus, zwei Monate alt.
Unten: Pitzi bringt stolz meinen Postsack zum Boot.

Pitzi wuchs rasch aus dem Pullover heraus. Seine Pfoten gingen in die Breite wie Spateln; ihre Größe hätte mich warnen sollen. Mit neun Monaten war Pitzi größer als seine Mutter, mit zwölf größer als sein Vater. Mit achtzehn Monaten konnte er sich auf die Hinterbeine stellen, die Vorderpfoten auf meine Schultern legen und mir gerade ins Auge blicken. Wenn er neben mir im Auto saß, wandte man sich nach ihm um; auf der Straße wichen Passanten auf die andere Straßenseite aus. Von ferne sah Pitzi furchteinflößend aus, aber aus der Nähe leuchtete seine wahre Persönlichkeit aus den warmen braunen Augen. Pitzi war leutselig. Er pflegte sich an die Beine von Leuten zu lehnen, damit sie ihn hinter den Ohren kraulten, brachte sie aber durch sein Gewicht oft zu Fall. Sein rechtes Ohr, ein Schlappohr, blieb – außer wenn er Bären hetzte oder Eichhörnchen jagte – immer nach vorn geklappt, was ihm ein verwegenes Aussehen verlieh. Ganz erwachsen geworden ist Pitzi nie; er blieb in Teilen seines Wesens immer der verspielte Welpe.

Obwohl er gerne spielte, richtete ich ihn doch bald für bestimmte Arbeiten ab. Im Sommer wird meine Post mit dem Boot gebracht, mit einem der wenigen Postboote, die in den Adirondacks noch fahren. Dann läuft Pitzi jeweils zur Lände, meinen Sack mit ausgehender Post im Maul. Nach stürmischer Begrüßung des Postboten bekommt er meinen neuen Postsack ausgehändigt. Stolz wie ein Lipizzanerhengst die Pfoten hebend, tanzt er zur Hütte zurück. Meist bringt er mir die Post direkt zum Schreibtisch, wo ich mit einem Hundekeks auf ihn warte. Gelegentlich, wenn er unterwegs ein Eichhörnchen sieht, läßt er den Sack aber auch fallen und hetzt hinterdrein. Einmal hat er ihn sogar im Wald vergraben (mit zwei Schecks im Gesamtwert von fünfundsiebzig

Dollar). Jetzt behalte ich ihn, wenn die Post kommt, genauer im Auge.

Im Herbst hilft mir Pitzi Brennholz zum Schuppen tragen. Kleine Äste, die zum Anzünden dienen, schleppt er im Maul und wartet am Holzstapel auf einen Keks, bis ich herantrotte, den Tragegurt voller Scheite. Mit zwei Hundesatteltaschen hilft er mir auch in der Zeit, wo der See gerade zufriert und auftaut, Vorräte am See entlang durch den Wald zu befördern.

Im See selbst hat Pitzi sich ebenfalls etwas Nützliches angewöhnt. Jedesmal wenn ich schwimmen ging, lockte ich ihn ins Wasser. Bald sprang er mit gekonntem Bauchklatscher vom Anleger und paddelte zu mir heraus. Nach einer kompletten Umkreisung, mit Bellen und kleiner Balgerei, schwamm er zum Anleger zurück. Und ich schnappte seinen Schwanz und ließ mich heimschleppen. Dies ist zum Ritual geworden, kann aber eines Tages mein Leben retten.

Pitzi liebt Boote. Fürs Leben gern fährt er Motorboot, mit windgestrecktem Schlappohr. Auch den Balanceakt in meinem Segelboot vollführt er nicht ungern, geduckt unter dem hin- und herschwingenden Baum, und achtet darauf, daß er sich nicht in die Leinen verwickelt. Wenn wir kentern, schwimmt er allerdings mit eigener Kraft zum Ufer zurück. Am liebsten hat mein Hund das Kanufahren. Ich setze ihn in die Bootsmitte direkt hinter den Bugsitz. Seine fünfundvierzig Kilo helfen das Kanu in Wind und Wellen stabilisieren, wenn ich paddle. Noch nie hat Pitzi das Kanu zum Kentern gebracht, auch nicht, wenn wir an Biberburgen und Bibern vorbeifahren, obwohl er dann von Kopf bis Fuß zittert.

Auch das Schneemobil liebt er. Mehrere Winter hatte ich, auf Schneeschuhen über den gefrorenen See marschierend, versucht, Pitzi zum Schlittenhund abzurichten, doch es war vergeblich. Er setzte sich oft hin und zitterte vor Kälte. Schließlich schaffte ich ein Schneemobil an. Rasch lernte Pitzi, sich flach auf dem Sitz auszustrecken, Schwanz hinten herunterhängend, die Nase fast im Vergaser. Ich stand grätschbeinig über ihm, mit den Füßen auf den Trittbrettern und mit den Händen an der Lenkstange. Wenn er nicht mit dem Schneemobil fährt, beißt er gern in die Vorderskier.

Dies Fasziniertsein von Dingen, die sich bewegen, erstreckt sich auf sämtliche Verkehrsmittel. Pitzi knabbert an Schneeschuhen und Skispitzen, am Bug meines Segelboots, Motorboots und Kanus, sogar an Autoreifen. In einem Sommer hatte ich einmal an einem Wochenende einen jungen Professor in die Hütte eingeladen. Pitzi begrüßte ihn, indem er den rechten Vorderreifen seines Sportwagens durchbiß. Mein Freund war hochintellektuell, aber kein guter Handwerker. Er hatte weder Werkzeug noch Reserverad. Fünfzig Dollar mußte er schließlich ausgeben für einen neuen Reifen und einen Mechaniker, der achtzig Kilometer weit herfahren mußte, um den Reifen wechseln zu helfen.

Solche Vorfälle sind freilich selten. In fast jeder Hinsicht ist Pitzi sonst ein hervorragender Gefährte und Beschützer. Der Ton seines Bellens informiert mich genau, wer vorbeikommt, sei es Postboot oder Kanu, Wanderer, Rothörnchen, Hirsch oder Kaninchen. Eines Herbstnachmittags kam wieder sein Bellen aus dem Wald, aber mit einer neuen Note, wie rasend. Zuerst dachte ich, er hätte ein Eichhörnchen in die Enge getrieben und verbelle es. Aber das Gebell nahm kein Ende und hatte einen warnenden Unterton. Ohne sonderliche Eile ging ich in meinen Tannenwald, um nachzuschauen. Dort saß auf einer großen Hemlocktanne ein junger Bär und war im Begriff, herabzuklettern; unten sprang ihm der Hund entgegen. Pitzi hatte einen Bären gestellt – ein prekäres Patt. Wenn der Bär herunterkam, war Pitzis Leben in ernster Gefahr. Ein Prankenhieb an die richtige Stelle konnte ihn sofort töten.

Ich erkannte den Bären als ein zweijähriges Männchen, das in diesem Sommer schon mehrfach an unserem See gesichtet worden war. Vom Grill eines Nachbarn hatte er Hamburger stibitzt, an Häusern Mülltonnen umgeworfen. Dieser Bär war an Menschen und an

Pitzi liebt Seifenschaum und leckt mir immer Shampoo vom Kopf, wenn ich mir im See die Haare wasche.

menschliche Futterquellen gewöhnt. In drei Wochen sollte die Jagdsaison beginnen, und zweifellos würde eine solche halbzahme Kreatur dem ersten Jäger zum Opfer fallen, dem sie vor die Büchse kam.

Eilends holte ich meine 300er Savage. Als ich zum Baum zurückkam, war der Bär ein gefährliches Stück tiefer geklettert. Aus seinem Verhalten und seinem Brummen war klar, daß er liebend gern heruntersteigen und in den Wald verschwinden wollte. Pitzi kratzte wie toll am Baum und kläffte. Ich hatte keine Zeit, um lange zu überlegen. Es hieß Bär oder Hund. Ich legte an, zielte direkt hinter die Augen und schoß. Der Bär fiel Pitzi fast genau vor die Füße und starb sofort.

Unter beträchtlichen Schwierigkeiten schleppte ich das Siebzig-Kilo-Tier zur Hütte, während Pitzi es von oben bis unten beroch. Ich band dem Bären ein Seil um die Hinterfüße, warf es über einen Ast und zog den Bären in die Luft. Dann schlitzte ich ihm die Kehle auf, damit er ausblutete. Am nächsten Tag sah ein sehr neugieriger Hund zu, wie ich den Bären abhäutete. Nichts wurde verschwendet. Das Fell ging zu demselben Gerber, der Mapuches Pelz bearbeitet hatte. Es wärmt jetzt die Lehne meines Schreibtischstuhles. Die Krallen wurden für eine Halskette aufgehoben. Den Schädel vergrub ich einige Monate, holte ihn dann blitzblank aus der Erde und nagelte ihn an die Hüttenwand. Das Beste von allem war, daß Pitzi und ich eine Zeitlang herrliche Schwarzbärensteaks und -eintöpfe zu schmausen hatten. Freunde, die ich zum Essen einlud, fragten, wo ich denn das köstliche »Rindfleisch« her hätte.

Seelisch hatte ich beim Zerteilen des Bären einige Hürden zu nehmen, denn seines dicken, schwarzbraunen Pelzes entkleidet, sah das Tier einem Menschen bedenklich ähnlich. Aber ich wußte, ich hatte das Richtige getan. Ich hatte meinem Hund das Leben gerettet und dem Bären vielleicht erspart, daß ein Jäger ihn krankschoß. Die meisten Bärenjäger in den Adirondacks schießen nur aus »Sport« und lassen den Kadaver, Fleisch und Pelz, im Wald liegen. In meinen Händen wurde alles verwertet, und der Bär starb ohne Angst und Schmerz.

War dieser Bär Pitzis gefährlichster direkter Gegner gewesen, so gab es in unseren Wäldern einen indirekt nicht minder gefährlichen Kontrahenten: den Baumstachler. Pitzis Scharmützel mit den wehrhaften Stacheltieren sind an unserem See legendär geworden. Mit fünfen hat er sich bisher eingelassen und hat es immer noch nicht gelernt, sie in Ruhe zu lassen.

Fast jeden Winter kriecht ein solcher Baumstachler unter die Hütte und schläft unter altem Holz (alleinstehende Häuser sind bevorzugte Winterquartiere). Und jedes Frühjahr, wenn er herauswatschelt, wartet Pitzi darauf, ihn zu belästigen. Bei seiner ersten Begegnung mit einem Baumstachler bekam er einen Schwanzhieb mitten ins Gesicht. Zweiundsiebzig Stacheln zählte ich in Nase, Zahnfleisch, Zunge, Gaumendach, Kinn und Wangen. Wie durch ein Wunder waren seine Augen verschont geblieben. Pitzi sah wie ein rauhbärtiger Waldläufer aus, der sich ein paar Monate nicht rasierte, und jaulte wie eine bedrängte Filmheldin in den alten Tonfilmen. Mit den Pfoten versuchte er, sich die Stacheln aus dem Gesicht zu wetzen. Der nächste Tierarzt war achtzig Kilometer entfernt. Eilends fuhr ich mit dem Boot über den See zu einem Freund. Zuerst wickelten wir den Hund in eine dicke Decke und fesselten ihm die Beine. Dann steckten wir ihm einen runden, glatten Stock zwischen die Zähne. Während ich mich spreizbeinig über Pitzi stellte und ihn mit dem Schnauzenstock festhielt, begann mein Bekannter mit einer Zange die Stacheln herauszureißen. Der arme Pitzi stöhnte jämmerlich. Alle meine Kraft war nötig, ihn niederzuhalten, damit er uns nicht biß. Ein paar Augenblicke lang war er buchstäblich von Sinnen. Zweiundsiebzig Stacheln später ließen wir den Hund los und zogen uns vorsichtig zurück. Er schüttelte sich, trabte zum See, trank und kam schwanzwedelnd zurück. Weiter geschah nichts. Trotz Tierärzten, trotz Betäubungsmitteln, trotz Ratschlägen, daß man die Stachelköpfe abzwicken oder mit Essig aufweichen soll, glaube ich fest, daß es das Beste ist, die mit Widerhaken versehenen Stacheln so bald wie möglich herauszuziehen. Jetzt habe ich auf allen Wanderungen und beim Zelten immer eine Zange und ein Stück Strick mit, denn ähnliche Malheure können immer wieder passieren, wenn Pitzi einen Baumstachler zu Gesicht bekommt.

Könnte Pitzi über sein ungewöhnliches Leben hier in den Adirondacks – so fern von seiner Heimat Guatemala – sprechen, würde er vielleicht sagen: »Am schönsten ist es immer, wenn ich vorn im Kanu sitze und sie paddelt. Wir fahren an einer Biberburg vorbei, und ich höre drinnen Fiepsen. Dann wittere ich einen dicken Hirsch, der am Ufer entlangstreift. Ich möchte gern ins Wasser springen, aber Sie läßt mich nicht. Und dann kehren wir heim, und Sie gibt mir ein herrliches Abendessen aus Wildbretresten. Auf dem Bärenfell am Feuer rolle ich mich zusammen und döse, während Sie im Schaukelstuhl liest. Ich muß aufpassen, daß mein Schwanz beim Träumen nicht unter den Schaukelstuhl kommt. Das tut weh. Manchmal lehnt Sie sich herüber und krabbelt mich am Bauch. Das tut gut.«

Hast recht, du Hund meines Lebens. Diese Zeiten zählen wirklich zu den schönsten.

6

Ich werde Waldfrau

Meinen ersten Blick auf die Hügelketten der Adirondack-Wildnis warf ich an einem Junitag, als ich ans Ufer des Lake Serene trat. Bergbuckel auf Bergbuckel, hintereinander gestaffelt in verblassenden Blaugrünschattierungen; um den klaren See dichter Wald, Sommerhäuser, ein paar Hotels. Etwas so Schönes, Urtümliches hatte ich auf meinen Reisen noch nie gesehen. Die Wirklichkeit war besser als alle Naturgedichte und Fotos, die ich bewundert hatte. Leicht benommen sagte ich mir: Das ist genau das, wonach du dich dein Lebtag gesehnt hast. Wie Hunderte andere geldbeutelschwache College-Studenten war ich hergekommen, um in einem Touristenort in den Adirondacks zu arbeiten und Lohn und Trinkgelder aufzusparen für Bücher und Studium.

Plötzlich stand mein gutaussehender Boß neben mir. »Gefällt Ihnen der Ausblick?« fragte er und ließ die Augen über den See schweifen. »Glauben Sie, daß es Ihnen Spaß machen wird, einen Sommer so weit weg von New York City zu verbringen?«

Konnte er das Glück in meinen Augen entdecken? Spürte er die Freude, die in mir aufgestiegen war?

»Mr. Brown, ist das wirklich noch Urlandschaft?« fragte ich ernst. »Ich meine, keine Häuser in den Bergen da drüben, keine Farmen, keine Straßen?«

»Ganz richtig«, erwiderte er, ein Lächeln in den Fältchen seiner braunen Augen. »Was Sie da sehen, ist Staatsland. Es gehört Ihnen und mir und zwanzig Millionen anderen New Yorkern. Am oberen Ende, zehn Kilometer von hier, läuft der See in einen großen Sumpf aus, und nördlich und östlich liegen noch viel mehr Wälder und Seen. Jeder darf in diesem staatlichen Schutzgebiet kampieren.«

»Was, in den Bergen und an den Seen darf man wandern und kampieren?« fragte ich ungläubig.

»Ja. Wollen Sie's mal versuchen?«

»Würde ich sehr gern«, sagte ich eifrig. »Ich hab's aber noch nie versucht. In der Stadt gab es ja für so etwas keinen Platz. Und meine Mutter hätte es eh nicht erlaubt«, kam es als gemurmelter Nachgedanke. »Aber jetzt werd' ich's bestimmt probieren!« erklärte ich im Vollgefühl meiner neuen Unabhängigkeit als achtzehnjährige College-Studentin mit Sommerjob.

»Na, arbeiten Sie erst mal tüchtig«, sagte Mr. Brown, »dann werden wir sehen, ob wir Sie an ein paar ruhigen Tagen in die Wälder beurlauben können.«

Eine Welle der Dankbarkeit stieg in mir auf, denn eine der Hauptbedingungen für den Job in diesem Hotel war: KEINE FREIEN TAGE zwischen 4. Juli und Labor Day. Meine Arbeit – Versorgung von vier Pferden, Reitunterricht geben, Naturwanderwege anlegen und unterhalten, Aushilfe als Kellnerin bei vollem Haus – versprach, mich tagtäglich voll in Trab zu halten.

Mr. Brown stand noch einen Augenblick und schaute unter den hohen Fichten hindurch auf den See. Geistesabwesend klopfte er sich mit einer Rohrzange in die hohle schwielige Hand. Ich rückte unruhig hin und her und wußte nicht so recht, was ich zu ihm sagen sollte.

Da murmelte er, fast wie im Selbstgespräch: »Die letzten beiden Zeilen aus Joseph F. Gradys Buch *The Adirondacks* drücken es sehr schön aus. Sein großer, hagerer Waldmensch sagt am Schluß: ›Vor fünfundfünfzig Jahren bin ich hergekommen, und die Wälder sind noch so herrlich wie am ersten Tag. Mein Gott, ein wunderbares Land!‹« Immer noch stand er neben mir und sinnierte. »Ich bin erst fünfunddreißig«, sagte er, »aber ich hänge genauso an diesen Bergen.«

Mit großen Augen schaute ich ihn an und spürte, wie sich trotz des Altersunterschieds ein feines Band zwischen uns spann, ein Band der Natur. Das war das einzige Mal, daß ich Mr. Brown in diesem Sommer in entspannter Haltung sah. Augenblicke später ging er, die Rohrzange schwingend. Noch wußte ich nichts davon, daß meine ersten – beängstigendsten, verrücktesten und romantischsten – Kampier-Erlebnisse sich in den folgenden Jahren hier in den Adirondacks abspielen würden, und die besten mit Mr. Brown, dem Mann, den ich einmal heiraten sollte.

Der Boß hielt Wort. In der Woche vor dem Labor Day zu Anfang September fügte es sich, daß alle Hotelgäste entweder älteren Semesters oder reituninteressiert waren. An einem Montagabend verkündete mir Mr. Brown: »Meinetwegen können Sie von Dienstagmittag bis Donnerstagabend weg, wenn Sie kampieren wollen. Nehmen Sie eins von den Hotelkanus, und bitten Sie den Koch um Verpflegung.«

Ich starrte ihn verblüfft an. »Aber die Pferde«, begann ich, »wer füttert und tränkt sie, wer macht den Stall sauber?«

»Die lassen wir auf der Weide«, antwortete mein Boß. »Die Ruhe wird ihnen gut tun. Das viele Reiten im Sommer hat sie ohnehin ganz schön mitgenommen. Wenn

Sie kampieren wollen – jetzt ist die einzige Zeit, wo ich Sie entbehren kann.«

Das ließ ich mir nicht zweimal sagen. Als Schlafunterlage borgte ich mir eine alte Zeltplane, die im Stall zum Abdecken von Heuballen diente. Zwei Flanelldecken und ein Dutzend Sicherheitsnadeln bildeten meinen Schlafsack. Ein kleiner Pfadfindertornister nahm meine Ausrüstung auf: Streichhölzer, Hemd zum Wechseln, Taschenlampe, Proviant. Unfreundlich aber gab sich der französische Koch.

»Fünfundfünfzig Gäste und fünfzehn Angestellte habe ich zu bekochen, und da soll ich dir ein Drei-Tage-Menü machen?« raunzte er. »Gott im Himmel! Geh in den Keller, nimm dir ein paar Konserven und mach, daß du aus meiner Küche kommst!«

Bei den meisten Konserven handelte es sich um Großpackungen. Wie sollte ich eine 3,8-Liter-Dose Stew oder Fleischhaschee schleppen! Schließlich gab ich mich mit ein paar kleinen Dosen Suppen zufrieden, eine für jede Mahlzeit. Ich dachte, die Suppe würde sich konzentriert aus der Dose essen lassen, ohne daß man sie verdünnen und erhitzen mußte, als kräftigende, füllende Mahlzeit.

Vorfreude und Angst kribbelten in mir, als ich am nächsten Nachmittag um drei von der Hotel-Lände ablegte. Auf ins Abenteuer, drei Tage allein in den Adirondacks, ohne Radio, Telefon und sonstige Kommunikationsmittel. So lange war ich noch nie im Leben ohne Kontakt zu Menschen geblieben. Was, wenn ich im Wald irgendwelchen Bösewichten begegnete? Was, wenn ich stürzte und mich verletzte? Oder mit dem Boot umschlug und ertrank?

Mein Traum vom Alptraum wurde von Mr. Browns Abschiedsgruß unterbrochen. »Also, wenn Sie bis Donnerstag abend nicht wieder da sind, schicken wir eine

Suchmannschaft. Haben Sie Kompaß, Karte, Messer und Streichhölzer?«

Nickend, auf – wie ich hoffte – nonchalante Weise, stieß ich vom Anleger ab. Leise schaukelte das Old-Town-Kanu auf den Wellen.

»Wollen Sie auch die Sumpfgegend erforschen?« fragte mich der Boß beiläufig. »Damit wir wissen, wo wir Ihre Knochen suchen müssen.«

»Da will ich zuallererst hin«, antwortete ich, »mich umschauen, dann zum Sea Gull Lake, Balsam Pond, William's Creek und zum Terror Lake.« (Schon der Name ließ mir einen Schauer über den Rücken laufen.)

Mr. Brown nickte und legte den braungelockten Kopf auf die Seite. In etwas skeptischem Ton, wie mir schien, rief er: »Na, dann haben Sie ja allerhand vor, Daniel Boone. Viel Spaß!«

Entschlossen lospaddelnd, war ich bald außer Rufweite. Drei Stunden ging's über den Lake Serene, wobei Westwind und Westwellen mich nachschoben. Gegen Abend erreichte ich die schmale Einfahrt zum Sumpf. Hier war der Seezufluß, doch die Strömung war nur schwach. Ich glitt in stilles Wasser. Der Zufluß weitete sich zu einem ausgedehnten seichten Sumpfgebiet. Weiße Seerosen und Sumpfdotterblumen kitzelten den Kiel meines Kanus, Wasserhahnenfuß strich an seinen Seiten entlang. Das Wasser war braun wie Tee, verfärbt von der Gerbsäure der Schuppenzedern und Lärchen, die sein Ufer säumten.

Ich sehnte mich danach, einen Elchbullen knietief im Wasser waten und Wasserpflanzen abweiden zu sehen. Elche würden sich hier sicherlich sehr wohl fühlen, aber ich wußte, daß die letzten Tiere gegen Ende des vorigen Jahrhunderts in den Adirondacks geschossen worden waren. Teilweise waren sie von übereifrigen Jägern, teilweise von einer bösartigen Elchkrankheit dezimiert worden. Erreger dieser Krankheit ist ein schmarotzender Fadenwurm *(Pneumostrongylus tenuis)*. Er befällt auch die Weißwedelhirsche, ist aber bei ihnen relativ harmlos, Elche können sich jedoch bei Hirschen anstecken. Beim Elch verursacht der Wurm dann eine tödliche Gehirnerkrankung. Als vor der Jahrhundertwende die Hirsche in den Adirondacks zunahmen, drängten sie die Elche zurück und trugen so zu ihrem Aussterben bei.

Hier und dort dekorierten Biberburgen wie riesige Bienenstöcke das Ufer. Plötzlich ein hartes Klatschen, das die Stille des Sumpflandes zerriß. Vor Schreck sprang ich fast vom Sitz, bis mir klar wurde, daß nur ein Biber seine Sippe vor meinem eindringenden knallroten Kanu warnte. Der Biber und die Wildheit der Szene gaben mir das Gefühl, irgendwo in einer entlegenen Ecke von Saskatchewan zu sein. Zufrieden und gespannt seufzte ich tief. Endlich allein in den Adirondacks!

Schon wurden die Schatten länger, und ich paddelte zum Land, um einen Lagerplatz zu finden. Ich merkte sofort, daß es in den Adirondacks im Wald sehr rasch dunkel wird. Während die Sonne auf dem Wasser noch die Seerosen vergoldete, war es im Wald bereits gespenstisch düster. Viel Zeit, um mich nach einem guten Lagerplatz umzuschauen, hatte ich nicht mehr.

Ich suchte mir den erstbesten Fleck aus und trug meine Sachen aus dem Kanu herauf. Ungeschickt begann ich mein erstes Lager aufzubauen und Feuer zu machen. Als ich fertig war, war es schon fast dunkel. Meine ersten Lektionen in Sachen »Kampieren mit Komfort in den Adirondacks« hatte ich gelernt. In Sumpfnähe wimmelt die Luft von stechenden Plagegeistern. Sumpfwasser sieht schlimm aus und schmeckt noch schlimmer. Unter niedrigen Balsamtannen und Lärchen ist der Grund feucht. Trockenes Nadelholzreisig brennt viel schneller als Hartholz von Birke, Buche oder Ahorn.

Ich kuschelte mich näher ans Feuer. Gefräßig wie eine Kreatur mit Eigenleben verzehrte es mein mageres Bündelchen Brennholz. Schon war es fast aufgebraucht. Im Tornister kramte ich nach der Taschenlampe und wollte noch ein bißchen Holz sammeln, ehe ich mich in den Schlafsack rollte. Ich merkte, daß die Lampe unterwegs aus Versehen eingeschaltet gewesen war und nur noch ein mattes Glimmen von sich gab. Das nächstemal galt es, die Batterien umzudrehen, damit das nicht mehr passieren konnte. Ohne Lampe in den pechschwarzen Wald zu gehen, traute ich mich noch nicht.

Ich fügte mich in die Nacht. Im letzten glimmenden Feuerschein machte ich eine Dose Suppe auf und löffelte den dicken Inhalt ohne Wasser. In Flanelldecken gewickelt, mit Insekten-Abschreckungsmittel eingerieben, ohne das tröstliche Knistern des Feuers, begann ich die Geräusche der Nacht zu hören. Bedrohlich drangen sie auf mich ein. Etwa sechzig Meter entfernt rumorte irgendein großes Tier durchs Gebüsch. Ein Hirsch? Ein Bär? Auf dem Wasser das Klatschen eines Biberschwanzes. Kam ein Kanu? Auf der anderen Seite des Sumpfes begann ein Streifenkauz sein fanatisches Gekreisch. Direkt über meinem Kopf antwortete ein Artgenosse. Mysteriöses Gehusche, Geraschel, Gequiekse und Gekratze: Mäuse, Wasserratten, Hasen, Eulen, Füchse, Flughörnchen, Maulwürfe, Fledermäuse, Insekten, voreinander fliehend und übereinander herfallend im ewigen Kampf ums Dasein. Ich hatte Angst, eine Heidenangst.

Dann meldete sich der Durst. Konzentrierte Bohnensuppe ist das denkbar schlechteste Abendessen, wenn man nur einen Sumpf neben sich hat. Zum See zu laufen, traute ich mich nicht; das dunkle, brackige Sumpfwasser zu trinken, traute ich mich auch nicht. Eine schlechte Kombination!

Alles in allem war es die lehrreichste Nacht meines Lagerlebens. Natürlich habe ich sie heil überstanden, doch am Morgen war der Entschluß gefaßt: Fortan kampierst du auf hohem, trockenem Grund, in der Nähe eines klaren Baches, mit einem tüchtigen Stapel Feuerholz, mit nichtgesalzenem Proviant – und genug Zeit vor Sonnenuntergang zum Lageraufschlagen. Der Rest der Fahrt verlief gut. Zwar hatte ich nicht alle geplanten Orte aufsuchen können, aber es war genug, um mir erst einmal Mut zu machen und meine Kampier-Leidenschaft zu wecken. Als das rote Kanu am Donnerstagabend bei sinkender Dämmerung zum Hotelanleger zurückkehrte, fühlte ich mich auf subtile Weise wie ein anderer Mensch.

»Hilf mir mal mit dem Geschirrspüler, Daniel Boone!« rief der Boß, als ich ihn in der Küche traf. Als wir mit flinken Händen schmutzige Teller auskratzten und stapelten, fragte er: »Wie war's denn?«

»Oh, herrlich. Das Kampieren hat solchen Spaß gemacht«, sagte ich etwas lahm, aber mit einem Leuchten auf dem Gesicht.

»Gut«, sagte er beruhigt, amüsiert über die Mückenstiche, die schmutzigen Fingernägel und den Rauchgeruch. »Sie fallen ein bißchen aus dem Rahmen, wissen Sie. Nicht viele Mädchen würden sich so allein in den Wald trauen. Ich muß Ihnen eine bessere Ausrüstung besorgen und Sie mal in eine richtig einsame Wildnis mitnehmen.«

Ungläubig stapelte ich weiter Teller. Der Boß hatte

den Ruf eines exzellenten Waldläufers. In der Dachkammer des Hotels türmte sich seine Ausrüstung: Skier, Schlafsäcke, Zelte, Parkas, Moskitonetze, Armee-Hängematten, Bodenplanen, Kochzeug. Welch ein Erlebnis würde es sein, mit ihm kampieren zu gehen!

Der Hochbetrieb am Labor Day, meine Rückkehr zum College und der Semesterbeginn drängten dann alle Gedanken an weitere Ausflüge in den Hintergrund. An Wochenenden freilich trampte ich in die Adirondacks zurück, um im Hotel auszuhelfen. Immer waren da Wanderer, Fotografen, Reiter und Naturliebhaber, die den Wald im Herbstkleid genießen wollten. An einem Wochenende Anfang Oktober blickte mich Mr. Brown über das Stallgeländer hinweg an. »Können Sie nächste Woche ein paar Tage freinehmen?« fragte er mit einem Funkeln in den braunen Augen. »Samstag abend mache ich den Betrieb dicht. Jeder fährt an diesem Nachmittag weg. Ich dachte, wir könnten ein Wasserflugzeug chartern, an einen entfernten See fliegen und Montag und Dienstag kampieren. Mittwoch früh fahre ich Sie rechtzeitig zum Unterricht zurück.«

So begann der herrlichste Kampier-Trip meines Lebens. Am frühen Montagmorgen kam eine Cessna 170 auf Schwimmkufen vor das Hotel geschnurrt. In Packkörben wartete auf der Lände bereits ein Stapel Kampierausrüstung. Seit Morgengrauen hatten wir auf dem Dachboden sortiert und gepackt. Großzügig hatte mir der Boß einen leichten Schlafsack, eine Bodenplane und ein altes leinenes Jagdjackett geschenkt. In einer Speisekiste befand sich reiche Beute aus der Hotelküche, nämlich Grillfleisch vom Feinsten, sahniger Kartoffelsalat, eine selbstgebackene Pastete, reiner

Adirondack-Ahornsirup, Apfelauflauf, Milch, Butter, Kakao, Aufschnitt, frisches Brot. Nicht zu vergleichen mit meiner spartanischen Speisekarte vom erstenmal.

Wir luden alles mitsamt einer eisernen Bratpfanne und einem Grill in die Maschine und schnallten uns neben dem Buschpiloten an. Mike war gut fünfzig und in den Bergen wegen seiner langjährigen gekonnten »Hosenboden«-Fliegerei berühmt. Sein verwittertes Gesicht zersplitterte zu einem Grinsen, als er den Gashebel nach vorn schob und über den glatten See rauschte.

»Machst mal Ferien zur Abwechslung, was, Morgan?« fragte er. »Na, hast's verdient.«

Plötzlich wurde mir klar, daß dies wohl der erste freie Tag war, den mein Boß seit Öffnung seiner Lodge Anfang Juni gehabt hatte. Vier Monate praktisch pausenloser Arbeit – dies reparieren, das in Ordnung bringen, alles entscheiden, Gästewünsche erfüllen, Personal leiten – lagen hinter ihm. Ferien im tiefsten Sinn mußten das für ihn sein. Einen Blick auf Morgans sonnenbraunes Gesicht werfend, merkte ich, daß er entspannter aussah als je zuvor.

»Wieder zum Deep Lake?« fragte der Buschpilot und stellte das Trimmruder richtig, während das Flugzeug elegant über die Uferlinie in den Himmel stieg.

»Ja«, antwortete Morgan. »Du kannst uns bei der felsigen Landzunge am Südufer absetzen. Anne und ich tragen unser Gepäck dann landeinwärts zu dem alten Lagerplatz unter den großen Kiefern. Da sind wir windgeschützter.«

»Guter Gedanke«, sagte Mike. »Das Barometer fällt, und mein gebrochenes Schlüsselbein tut weh; da wird wohl eine von diesen herbstlichen Kaltfronten im Anmarsch sein. Wann wollt ihr zurück?«

»Morgen nachmittag. Kannst du uns gegen vier abholen? Diese junge Dame muß wieder die Schulbank drükken, und ich muß mein Hotel verriegeln und verrammeln.«

Meilenweit glitt unter dem Flugzeug ein Farbenkaleidoskop dahin: in allen Rottönen leuchtende Laubwälder, gelbbraune Biberwiesen, grüngoldene Sümpfe, blaue Seen und Tümpel, graues Gestein, dunkle Flecken Nadelwald. Staunend nahm ich dieses von Straßen, Ortschaften, Fabriken und Einkaufszentren unverschandelte Panorama in mich auf.

In weitem Bogen schwenkte das Flugzeug auf den Deep Lake ein. Wir landeten mit röhrendem Rauschen auf dem schwarzen Wasser. Minuten später standen Morgan und ich auf der Landzunge, umgeben von Gepäck, und verabschiedeten uns von Mike.

»Wenn das Wetter richtig zuschlägt«, rief er uns von der Schwimmkufe zu, »solltet ihr besser zu Fuß nach Hause wandern. Das Gepäck hole ich dann später. Solang's aber noch Lücken in den Wolken gibt, komme ich wie geplant. Viel Spaß.«

Er kletterte ins Cockpit, schlug die Tür zu und winkte. Mr. Brown faßte eine Flügelspitze und schob ihn in tieferes Wasser. Ich hörte das anschwellende Motorgeheul, das Wasserrauschen an den Kufen, das Sausen des Windes an den Flügeln. Das kleine Flugzeug sprang von der Seeoberfläche hoch, und zwei silberne Wasserstreifen zogen sich wie Perlenketten von den Kufen durch die Luft. Möwengewandt schwang sich das Maschinchen über einen niedrigen Hügel und verschwand. Rasch verebbte sein Brummen.

Ebenso rasch stieg die heiße Erkenntnis in mir auf, in welch brenzlige Lage ich mich da eigentlich begeben hatte. Ich war mit einem älteren Mann allein an einem einsamen See in den Adirondacks, auf ihn angewiesen zum Überleben. Ich hatte nicht die leiseste Ahnung, wo ich war oder was ich als nächstes tun sollte. Ein eigenartiges Zittern lief durch meinen Körper, bewirkt von der Vorfreude aufs Kampieren, von der Sturmwarnung, von der Präsenz meines vielbewunderten Bosses und von meiner neuen Rolle als Partnerin und nicht mehr als Angestellter.

Morgan schulterte bereits zwei Packkörbe, einen in jeder Hand. Unter seinem karierten Flanellhemd spiel-

Wasserflugzeuge machen viele abgelegene Seen in den Adirondacks zugänglich.

ten die Muskeln. Meine Verwirrung schien er nicht zu bemerken.

»Schnappen Sie sich ein paar Teile«, sagte er geschäftsmäßig und ging auf die Weymoutskiefern zu. »Ich zeig' Ihnen, wie man das Lager aufschlägt. Im Sommer, wissen Sie, würden wir unter diesen Kiefern nicht kampieren. Da würden wir mehr nach vorn auf die Landzunge gehen, wegen der frischen Brise, die die Insekten wegweht. Außerdem können die hohen Kiefern bei einem Gewitter gefährlich sein, weil sie Blitze anziehen.«

Wir arbeiteten den ganzen Nachmittag, schnitten Stangen zurecht, bauten kleine Bänke und ein rohes Holztischchen, hingen Säcke und Kleidung zum Auslüften auf eine Leine und sammelten Brennholz. Morgan riet mir, Reisig und trockene Rinde im Zelt zu stapeln, falls es regnen sollte. In der Nähe plätscherte eine kleine Quelle, aus der wir alle unsere Töpfe mit Wasser füllten. Gegen sechs war das Lager fertig eingerichtet, und Zwielicht senkte sich über den See.

Ich zog mich einen Augenblick zurück und legte meinen Schlafsack auf der Bodenplane bescheiden unter einer großen Kiefer aus. Es wäre mir nie eingefallen, mit dem Boß in einem Zelt zu schlafen.

»Da draußen werden Sie im Schlafsack aber frieren«, warnte mich Morgan. »Es ist nur ein Sommersack, und heute nacht werden wir wohl kalten Wind oder Regen kriegen.«

»Oh, das macht nichts«, sagte ich verlegen. (Ich hatte noch nie allein mit einem Mann geschlafen, weder im Zelt noch sonstwo.)

»Sie können ruhig mit ins Zelt, wenn Sie wollen«, fuhr er fort, als hätte er meine Gedanken gespürt. »Kampierer teilen ihr Quartier. In den staatlichen Schutzhütten im Park verlangt es die Etikette, daß jeder Wanderer, männlich und weiblich, aufgenommen wird, solange noch Platz ist.«

»Nein, es ist schon gut«, versicherte ich hartnäckig, »nachts friere ich nicht.«

»Wie Sie wollen, Daniel Boone«, sagte er und lächelte. »Denken Sie nur daran, daß das Zelt da ist, wenn Sie's brauchen. So, und jetzt wollen wir uns um das Abendessen kümmern.«

Ein spektakulärer Sonnenuntergang überglühte den Deep Lake und spiegelte sich im ebenholzschwarzen Wasser. Safrangelbe, scharlach- und lachsrote Streifen wechselten mit langen grauen Wolkenbändern. Böiger Wind fuhr durch die Bäume und schüttelte Laub ab, das raschelnd durch das Geäst fiel. Am Lagerfeuer legte Morgan Fleischscheiben auf den Grill. In einem großen Emailtopf brodelte es. Aluminiumteller, Tassen und Bestecke tauchten auf. Die Temperatur fiel stetig. Wieder rann dieses eigenartige Zittern durch meinen Körper. Ich rückte näher ans Feuer.

Wir aßen herzhaft und ließen uns Zeit. Kein launischer französischer Koch rief Befehle durch die Küche, keine Kellnerin flatterte unter seinem Blick wie eine verängstigte Wachtel herum. Keine schmutzigen Geschirrberge warteten neben der dampfenden Spülmaschine. Als wir uns sattgegessen hatten, glänzten schon die Herbststerne über den Spitzen der Kiefern. Kein Mond schien. Hin und wieder zog ein dünner Wolkenschleier über den Himmel, geschoben von einem fernen hohen Wind, den wir nicht spürten. Verglichen mit meiner ersten Nacht im Freien neben dem Sumpf war hier alles totenstill. Nur eine einsame Grille zirpte hinter dem Stamm einer riesigen Kiefer.

Ich fröstelte wieder in meinem Leinenhemd. Morgan zog seine schwere Wolljacke aus und legte sie mir sanft über die Schulter. »Spielen Sie mir ein Lied, Anne?« fragte er und zog eine alte Gitarre aus seinem Packkorb.

»Woher wußten Sie, daß ich spielen kann?« fragte ich, immer noch unfähig, ihn beim Vornamen zu nennen.

»Ich hab' Sie den ganzen Sommer beobachtet«, gestand er freimütig. »Wie gesagt, Sie fallen etwas aus dem Rahmen. Sind anders als die meisten, die kommen und in meinem Hotel arbeiten. Sie lieben wirklich die Natur, und es ist schön, diesen Zug bei einer Frau zu finden.«

Nervös schlug ich die Gitarre an und fragte mich, ob mein Erröten wohl im Feuerschein zu sehen war. Den ganzen Sommer über hatte ich Mr. Brown meinerseits beobachtet, gefesselt von seiner selbstverständlichen Kompetenz, seiner körperlichen Kraft, seinem Humor und seiner Charakterfestigkeit. Aber nie hätte ich mir träumen lassen, daß ich ihm unter dem Dutzend Mädchen, die bei uns arbeiteten, aufgefallen war. Die Zunge war mir gebunden. Unmöglich, jetzt zu singen.

Morgan muß meine Verwirrung bemerkt haben, denn er begann, die Arme um die Knie geschlungen und den Blick aufs Feuer geheftet, zu erzählen. Er erzählte von seinem ersten Kampierausflug als Junge, von Jagdtouren mit seinem Vater, als er in die Adirondacks kam, und vom Erwerb seines Hotels. Allmählich entspannte ich mich. Jetzt sah ich meinen Brotherrn als Menschen, als Mann mit einer großen Liebe zu diesen Bergen und zu der Unabhängigkeit im Lebensstil, den sie erlaubten.

Gegen Mitternacht erhob sich leichter Wind, und ein Funkengestöber stieg in den Nachthimmel. Ich blickte nach oben und merkte, daß der Himmel sich völlig bedeckt hatte. Draußen an der Landzunge begann leichter Wellenschlag.

»Zeit zum Schlafengehen«, sagte Morgan und legte mir den Arm um die Schulter. »Sie können es sich immer noch überlegen und ins Zelt kommen.«

Ich erhob mich steif und zitterte stärker als zuvor. Aber nun wußte ich, daß es nicht nur die Kälte und das Vorgefühl des Sturmes war, sondern das Bewußtsein tiefer Zuneigung für diesen Mann. Schüchtern schüttelte ich den Kopf, zog mir sein Jackett von den Schultern und reichte es ihm zurück. Er nahm es, und dann, zu meiner völligen Entgeisterung, streifte er mir mit den Lippen über die Stirn und flüsterte: »Schlaf gut, Daniel Boone.«

Keine Rede von gutem Schlaf. Gegen drei begann ein durchdringender Nieselregen durch die Kiefern zu sickern. Um vier war mein Schlafsack feucht, und ich bibberte vor Kälte. Ich kroch aus dem Sack und schleifte ihn steifbeinig zum Zelt hinüber. So geräuschlos wie möglich zog ich die Zelttür auf, um Morgan nicht zu wecken. Aber er setzte sich sofort auf und half mir den Schlafsack hineinzuziehen.

»Hab mir schon gedacht, daß du jetzt kommst«, lachte er vergnügt. »Armes Kind, zitterst wie Espenlaub.«

Ganz ruhig machte er seinen großen Daunenschlafsack auf; ganz sanft schob er mich hinein; ganz natürlich zog er mich in die warme Höhlung seines Körpers und deckte meine feuchte Kluft mit dem trockenen Schlafsack zu.

»So«, sagte er leise, »jetzt trocknest du schnell. Schlaf nur. Wie es sich jetzt einregnet, kann uns morgen eine lange, nasse Wanderung bevorstehen. Wir werden unsere Kraft nötig haben.«

Viel geschlafen hat keiner von uns, in dieser plötzlichen akuten Nähe des anderen, seines Körpers, Atems, Geruchs, seines Wesens. Schlaf vortäuschend, genoß ich die wilde Adirondack-Nacht, den pladdernden Regen auf dem Zelt, den Wind, der klagend durch die Kiefern fuhr, die fernen Wellen, die starken Arme um mich. Nie zuvor in meinem Leben hatte ich mich bei irgend jemandem so geborgen und glücklich gefühlt. Allmählich legte sich mein Zittern. Beim ersten Morgengrauen schliefen wir fest.

Ein Ast, der in der Nähe aufkrachte, weckte uns. Schlagartig sahen wir unsere prekäre Lage. Ein rauher Herbststurm blies. Morgan prüfte den aufgewühlten Himmel und bezweifelte, daß Mike uns abholen konnte. Wir hatten so viel Gepäck mit, daß wir es zu Fuß auf keinen Fall mitnehmen konnten. Und ich mußte unbedingt zurück, denn morgen hatte ich an der Uni eine Prüfung. Wir hielten Kriegsrat und schlossen einen Kompromiß. Ich sollte auf einem Wanderweg zurücklaufen und, wenn ich auf die Straße stieß, per Anhalter zum Hotel fahren. Morgan würde am Deep Lake warten, in der Hoffnung, daß das Flugzeug durchkam und alles in einer Ladung mitnehmen konnte. Wenn er nicht am Hotel auftauchte, sollte ich mir seinen Wagen nehmen, zur Uni fahren und am Wochenende zurückkommen. Wenn er es schaffte, müßten wir ungefähr gleichzeitig beim Hotel ankommen. Dann konnte er mich in die Stadt fahren. Es war ein schmerzlicher Abschied, nachdem wir uns erst kurz zuvor so nahegekommen waren. Nur noch fünf Stunden Tageslicht blieben.

Morgan ging mit mir zum Anfang des Wanderweges. »Du kannst dich nicht verlaufen«, versicherte er mir. »Der Weg ist alt, ausgetreten und ungefähr alle hundert Meter mit einem roten Zeichen markiert. Acht Kilometer mußt du laufen«, erklärte er und malte mit dem Stock eine Skizze in den Sand, »also müßtest du spätestens gegen vier den Fahrweg erreichen. Dort wendest du dich nach rechts und gehst einen knappen Kilometer bis zur Staatsstraße. Da läufst du südwärts und hältst ein Auto an. Hab keine Angst, bei Fremden einzusteigen. Zu dieser Jahreszeit sind es alles Einheimische, die dich gerne mitnehmen. Wenn du bis fünf die Straße erreichst, fahren Leute von der Arbeit nach Hause, da müßtest du spätestens um sechs beim Hotel sein.« Er gab mir ein Sandwich, einen Apfel und einen Schoko-Riegel, in Aluminiumfolie verpackt. »Wenn Mike es schafft, bin ich kurz vor Einbruch der Dunkelheit am Hotel-Anleger.«

Er küßte mich zum Abschied, und ich machte mich leichtfüßig auf den Weg durch einen Tamarack-Sumpf. »Paß gut auf dich auf, Daniel Boone«, hörte ich, als ich um eine Wegbiegung verschwand. In meinem Zustand begeisterter Aufregung schien mir jede Farbe, jeder Duft, jedes Geräusch doppelt schön und intensiv, mochte es auch in Strömen regnen. Gefallene Blätter bildeten einen Teppich von der Farbenpracht eines Persers, warme, tiefe Farbtöne, wie von guten Weinen und Schnäpsen: Burgunder, Claret, Rosé, Pfirsich, Aprikose, Pflaume. Kalte Windstöße schüttelten die Bäume und ließen neue bunte Laubschauer herabregnen.

Ein kecker Kanadischer Unglückshäher schoß über den Weg und begann heiser zu krächzen. In den Tannen war ein zirpender und futtersuchender Kohlmeisenschwarm versammelt. Ein Rothörnchen machte mir den

Auf einer Wanderung baden der Hund und ich in den klaren, kalten Wassern des Sacondoga River.

Weg streitig. In der Luft lag ein unverbrauchter, konzentrierter Duft, wie man ihn genießt, wenn man eine Packung frischgemahlenen Kaffee oder eine frische Dose Pfeifentabak öffnet.

Singend und springend brachte ich acht wunderbare Kilometer hinter mich, naß bis auf die Haut, aber glühend warm, verliebt in die Wälder, ins Leben, in Morgan. Zwei frankokanadische Holzfäller nahmen mich im Auto zum Hotel mit, und ich ging hinein, um mich trockenzufrottieren und zu packen. Bei hereinbrechender Dunkelheit ließ mich ein schwaches Dröhnen zum Anleger laufen. Da erschien durch ein Fenster in den trüben Regenwolken die silberne Cessna, bockend im starken Wind.

Mike ließ den Motor laufen, als Morgan an Land sprang. Ich faßte eine Flügelspitze, wie ich es am Vortag Morgan hatte tun sehen, und hielt die Maschine von der Lände ab. Das Gepäck wurde achtlos aus der Tür geworfen.

»Muß durch die Lücke wieder raus«, schrie Mike und deutete auf ein perlgraues Himmelsstück. Er schlug die Tür zu. Wir stießen ihn beide ab, und der Propeller spuckte Regen und Wasser in unsere Gesichter. Das Flugzeug raste über die stürmische Seeoberfläche, sprang in die Luft und verschwand durch den Schlitz in den Wolken. Wie froh war ich, meinen geliebten Kampiergenossen wiederzuhaben.

In den nächsten paar Jahren – ich arbeitete sommers weiter im Hotel und beendete winters mein Studium – hatte ich weitere Kampier-Erlebnisse. Der bloße Name »Terror Lake«, die Größe und die Form dieses Sees auf der Karte, reizte mich immer mehr. Der See lag zehn Kilometer landeinwärts, doch war der Weg in einem großen Sturm verschüttet worden. Ich konnte niemanden finden, der in den letzten fünf, sechs Jahren da gewesen war. Morgan hatte zuviel zu tun, um das Hotel zu verlassen, und so entschied ich mich, den Terror Lake mit meiner besten Freundin Betsy zu erobern. Betsy – eine Sportstudentin – war robust, gutmütig und voll gesundem Menschenverstand. Wir konnten uns drei Tage Urlaub vom Hotel erwirken und dasselbe rote Kanu borgen. Betsy arbeitete als Kellnerin, und Morgan schärfte ihr ein, wie wichtig es war, bis Freitag abend zum einsetzenden Wochenendbetrieb zurück zu sein.

Unser Startpunkt lag am oberen Ende des Sumpfes. Auf einer topografischen Karte planten wir unsere Route. Zuerst ging es fünf Kilometer am Catamount Creek entlang, dann über eine ausgedehnte Biberwiese, durch einen engen Einschnitt zwischen dem Jagged Mountain und einem namenlosen Berg und schließlich noch anderthalb Kilometer durch den Wald bis zum Ufer des Terror Lake. Es sah einfach aus. Wir planten, bei Dunkelheit dort zu sein und an dem Engpaß zu kampieren.

Zunächst kamen wir gut voran. Dann aber stießen wir auf Feuchtniederungen, wo Balsamtannen- und Fichtendickichte uns stachlige Barrieren in den Weg legten. Unter unseren Packen schwitzend, blieben wir an einem Bächlein stehen, um zu trinken und einen Schoko-Riegel zu essen. Dessen Verpackung ließ ich, als ich mich zum Wasserschöpfen vorbeugte, aus Versehen fallen, ohne es zu merken. Nach zweistündigem Kampf durchs Tannengestrüpp beschlossen Betsy und ich, einen Umweg zu machen und direkt über den Jagged Mountain zu steigen. Zu unserer Bestürzung hatte hier der Sturm ganz besonders schlimm gewütet. Immerfort mußten wir riesige gefallene Stämme und tote Kronen überklettern oder unter ihnen durchkriechen, mußten wir springen und balancieren. Ein Gewitterschauer, der spätnachmittags auf uns herabprasselte, machte die Sache nicht leichter. Als wir uns der Berghöhe näherten, versperrte uns zu unserer Überraschung ein von Bibern neugeschaffener Sumpf den Weg. Die Dämmerung brach herein, und so gingen wir in unserer Spur zurück, um ein offenes und ebenes Stück Erde als Lagerplatz zu finden. Nichts.

Nach zwanzig Minuten mühsamer Sucherei entschieden wir uns verzweifelt für einen abfallenden Felssims, der etwa 1,80 Meter breit und 2,10 Meter lang war und auf dem triefnasses Moos wuchs. Auf allen Seiten waren wir von gestürzten Bäumen eingekeilt. Der einzige Vorteil bestand darin, daß unser Feuer sich nicht in den Waldboden fressen konnte. Schlimmer als auf Stein zu nächtigen konnte nur noch sein, hier von einem Waldbrand überrascht zu werden.

Betsy und ich verbrachten einen Abend zum Heulen. Fünfundvierzig Minuten brauchten wir, bis das Feuer endlich brannte, und dann sengten wir Löcher in unsere Socken, die wir zum Trocknen zu nahe an den Flammen aufgehängt hatten. Keine Süßwasserquelle weit und breit, nur saures Sumpfwasser. Kein Platz, ein Zelt aufzubauen; wir legten unsere Schlafsäcke auf einen Poncho und hofften, es würde aufhören zu regnen. Schräger, knochenharter Felsuntergrund ist keine gute Grundlage für einen gesegneten Schlummer. Und nasse Stiefel über halbverbrannte Socken zu ziehen, ist keine glückliche Art, den Tag anzufangen. Der Sumpf ließ uns nicht weiter. Nach zweistündigem Ringen, ihn zu überschreiten, gaben wir auf. Die Hälfte unseres Weges hatten wir zurückgelegt. Am nächsten Abend warteten unsere Hotelpflichten auf uns, also machten wir kehrt und marschierten zum Lake Serene zurück. Der Terror Lake mußte warten – ein anderes Mal vielleicht.

Uns durch die Windbrüche zurückkämpfend, verloren Betsy und ich uns oft völlig aus den Augen, obwohl wir nur wenige Meter voneinander entfernt waren. Wo die alten Bäume auf dem Boden lagen, wucherte dichtes, fast undurchdringliches junges Fichtengestrüpp. In diesem Irrgarten verloren wir die Orientierung. Als wir am Fuß des Berges ins Freie traten, hatten wir uns gründlich verlaufen. Zu unserer Konfusion trug bei, daß der Himmel mit einem einheitlichen Grau bezogen war und keine Richtungspeilung zuließ.

Zum erstenmal in meinem Leben ergriff mich hirnlose Panik. Am liebsten wäre ich blind losgerannt, so lange, bis ich irgendeinen vertrauten Punkt wiedererkannt hätte. Nur meine nassen Lederstiefel, die sich an Fußblasen rieben, und meine Freundin Betsy hielten mich zurück. Sie packte mich am Arm.

»Bloß nicht durchdrehen«, stammelte sie. »Wir müssen einem Bach folgen. Man muß immer Wasser folgen, das bergab läuft«, rezitierte sie monoton, wie auswendig gelernt.

»Aber hier *ist* kein Bach«, protestierte ich. »Nur diese verdammten Tannenwälder.«

»Dann nehmen wir unsere Kompasse und gehen in Quadraten. Wenn wir an jeder Ecke einen Neunzig-Grad-Schwenk machen und die Augen offenhalten, müssen wir Wasser finden.«

Wir begannen, durch dichtes Gehölz zu brechen, wobei sich unsere Rucksäcke immer wieder in Ästen verhakten. Bald merkten wir, daß wir mehr und mehr im Kreis liefen. Die Balsamtannen sahen alle gleich aus, gleich alt, gleich hoch. Nicht lange, und wir waren außer Atem und der Verzweiflung nahe.

Holzsägen fürs Lagerfeuer

auf dem Algonquin Mountain.

»Das ist doch sinnlos«, keuchte ich, immer noch gegen die Versuchung kämpfend, panisch draufloszulaufen. »Wir gehen jetzt schnurgeradeaus. Du bleibst hier und dirigierst mich mit dem Kompaß, bis du mich fast nicht mehr sehen kannst. Dann markiere ich einen Baum und warte, bis du nachkommst.«

Das probierten wir, und allmählich arbeiteten wir uns in offeneren Laubwald hinein.

»Horch! Wasser!« rief Betsy.

Wir liefen dem Geräusch nach und fanden einen kleinen klaren Bach. Die Packen abwerfend, tranken wir tief. Als ich mich aufrichtete, fiel mein Blick auf ein leuchtendrotes Papierstückchen. Verwundert hob ich es auf. Es war die Verpackung eines Schoko-Riegels.

»Ist das vielleicht...«, begann ich.

Betsy unterbrach, heilfroh und erleichtert: »Ja, sicher, da sind unsere Fußspuren. Meine Stiefel! Nun wissen wir wieder, wo wir sind. Oder jedenfalls, wo wir gewesen sind.«

Am Spätnachmittag erreichten wir das rote Kanu und kurz vor der Dunkelheit das Hotel. Wir paddelten wie die Wilden, denn wir wußten, daß wir unsere Abendarbeit versäumt hatten. Das Paddeln half den großen Adrenalinschwall abarbeiten, der sich durch die Angst in unseren Körper ergossen hatte. Nur ein paar Stunden hatte unsere Orientierungslosigkeit gedauert, aber sie hatte uns nachhaltig gebeutelt. Jetzt konnte ich nachfühlen, was ich von Verirrten im Wald gelesen hatte: ihre Panik, ihre Angst, ihr irrationales Handeln.

»Wir sagen niemandem, daß wir uns verlaufen haben«, flüsterte Betsy, als wir das Kanu entluden.

»Aber sie werden wissen wollen, warum wir zu spät kommen, wie's am Terror Lake aussieht und was wir da gemacht haben. Wir wären doch die ersten gewesen, die da seit Jahren hingekommen sind.«

»Ja, und jetzt wissen wir auch, warum's kein anderer geschafft hat«, lachte Betsy.

Das Problem, was wir erzählen sollten, löste sich von selbst, als Morgan Brown uns sah.

»Ihr kommt zu spät!« polterte er. »Wir haben ein volles Haus, im Restaurant schaffen sie's hinten und vorn nicht. Betsy, du schaust, ob du der Kellnerin beim Abräumen helfen kannst«, befahl er. »Und du, Anne, gehst mir beim Geschirr zur Hand.« Er knallte den Deckel der Spülmaschine zu und gab mir einen Schaber. Eine Stunde lang leerten, stapelten und wuschen wir Geschirr. Als die letzten Teller ins Regal hinter den Herd wanderten, zwinkerte mir Morgan zu und fragte: »Wie war's denn, Daniel Boone?«

Ich machte eine Pause, ehe ich antwortete. Die Küche war leer. Meine immer noch feuchten Stiefel scheuerten schmerzhaft an den wunden Zehen. An den Händen hatte ich vom Paddeln Blasen, die von den heißen Tellern doppelt weh taten. »Es war grauenhaft«, stotterte ich, von unserem Kampiererlebnis ebenso niedergeschlagen wie von Morgans Zorn. Tränen stiegen auf.

»Habt ihr euch verlaufen?« fragte er mitfühlend.

»Ja, ja, wir haben uns verlaufen! Wir sind überhaupt nicht zum Terror Lake gekommen.«

»Gut!« rief mein rätselhafter Boß. »Dann bist du jetzt keine Anfängerin mehr. Du bist auf dem Weg, eine richtige Waldfrau zu werden. Von nun an wirst du den Wald respektieren und nicht mehr so leichtsinnig sein. Du wirst deine Risiken kalkulieren. Und weißt du was? Du wirst am Kampieren mehr Spaß gewinnen als je zuvor.«

Er beugte sich vor und wischte mir eine Träne vom Augenlid. »Weißt du noch was?« fragte er leise. »Du hast mir gefehlt, und ich habe mir Sorgen gemacht.« Er nahm mich in eine tiefe Bärenumarmung, die die Erschöpfung, den Frust und den Schmerz wie durch ein Wunder auslöschte.

Wie recht Morgan hatte. Das Kampieren ist zu einer meiner liebsten Beschäftigungen geworden. Heiße Freude erfüllt mich, wenn ich mir meinen Rucksack aufschnalle oder ihn ins Kanu lege, und wenn's losgeht in die Berge oder an die Seen. In meinen Augen ist das die schönste Verwirklichung freien Willens und persönlicher Unabhängigkeit, die schönste Entfaltung innerer Fähigkeiten und Reserven, die in unserer industrialisierten, verstädterten Zivilisation noch möglich ist. Gleichgültig, wie herrlich oder wie schlecht im Einzelfall die äußeren Umstände sind: Das Kampieren ist ein Erlebnis, das sich immer lohnt.

7

Mein erster Winter

(Oder: Von einer, die auszog, das Fürchten zu
verlernen)

Wenn im November die erste körnige Eishaut, noch von
unsicherer Dicke, den Black Bear Lake von Ufer zu
Ufer überzog, begann für mich die Zeit der großen
Wald-Trecks. Zwei bis drei Wochen lang, bis das Eis
fest genug geworden war, mußte alles auf dem Rücken
durch den Wald herein- und herausgeschleppt werden:
Proviant, Milch, Post, Abfälle, Kerosin, Vorräte. Ohne
Schnee dauerte der Gang eine halbe Stunde, im Schnee
eine Stunde. Das Leben und Arbeiten war sicherlich
anstrengender und zeitraubender als im Sommer und
Herbst; andererseits machten die zusätzlichen Mühen
körperlich sehr fit und gaben mir Gelegenheit, das Seeufer am Black Bear Lake besser kennenzulernen.

Eine der komischsten Episoden meines Hüttenlebens
trug sich in dieser Zeit zu. Ein namhaftes Magazin
wollte eine Story über die Adirondacks bringen. Die
Redaktion beschloß, einen ihrer Star-Fotografen zu
schicken, der Bilder von einer »Frau, die in einer Blockhütte wohnte und schrieb«, machen sollte. In einem langen Telefongespräch versuchte ich dem Mann klarzuma-
chen, daß er das letzte Stück Weges zu Fuß kommen
mußte. Kleines Gesprächsprotokoll:

»Hallo«, begann er energisch. »Also hören Sie, ich
miete heute einen Hubschrauber und bin dann gegen elf
bei Ihnen, um die Bilder zu schießen.«

»Hier gibt es aber keinen Landeplatz.«

»Keinen Landeplatz?« protestierte er. »Sind denn keine Felder in der Nähe?«

»Nein, nur Wald.«

»Und beim Haus haben Sie keine Wiese?« fragte er. »Kein freies Plätzchen?"

»Nein, nur Bäume.«

»Und eine Farm? Gibt es in der Nähe eine Farm?«

»Nein, keine Farm.«

»Aber hören Sie mal, es muß doch irgendeinen Durchschlupf geben. Was ist denn mit dem See? Wir können auf dem Eis landen.«

»Ich fürchte, das Eis ist erst ein paar Zentimeter dick. Es trägt kaum einen Menschen, geschweige denn einen Hubschrauber.«

»Wir *müssen* was finden. So viel Zeit, die ganze Strecke mit dem Auto hinzufahren, habe ich nicht.«

»Der nächste Landeplatz für einen Hubschrauber, der mir einfällt, ist ein Tennis-Court bei einem Hotel, dreizehn Kilometer entfernt. Ich könnte Sie da abholen und zum Black Bear Lake fahren. Für den Rest von zweieinhalb Kilometer wird Ihnen aber ein Fußmarsch nicht erspart bleiben.«

Pause. »Fußmarsch? Zweieinhalb Kilometer? Soll das heißen, daß es zu Ihrer Hütte keine Straße gibt?«

»Ja. Es gibt nur eine zum gegenüberliegenden Seeufer. Im Sommer fahren wir mit dem Boot rüber, und im Winter verwenden wir Schneemobile oder Schneeschuhe. Sie haben sich aber die schlimmste Jahreszeit ausgesucht, wo man überhaupt nicht über den See kommt. Also muß man zu Fuß gehen.«

»Geht's nicht mit dem Schneemobil?« fragte er bittend.

»Nur ungefähr fünfhundert Meter. Dann wird der

Pfad zu schmal und zu steil, und streckenweise gibt es überhaupt keinen Pfad.«

»Na, dann besorgen Sie bitte ein Schneemobil. Es spart ein *bißchen* Zeit.«

Geld schien für ihn keine Rolle zu spielen, Zeit dafür um so mehr. Also lieh ich mir ein Schneemobil. Damals fingen diese Maschinen gerade an, populär zu werden, und ich hatte noch nicht daran gedacht, mir eine anzuschaffen. Ich holte den Mann ab, forderte ihn auf, sich festzuhalten, und knatterte mit ihm und seinen Kameras fünfhundert Meter näher zu meiner Hütte.

Die Kameras und die Fotoausrüstung waren schrecklich schwer. Der Fotograf sah zwar ausnehmend gut aus, war aber völlig außer Form. Die zwei Kilometer brachten ihn heftig ins Schwitzen und ins Keuchen.

»Ein Königreich für einen Hubschrauber«, schnaufte er augenzwinkernd und stöhnte auf, als von einem Tannenast Schnee in seinen Jackenkragen fiel.

Trotzdem kamen wir hervorragend miteinander aus. Der Anblick meines rustikalen Häusleins mit den Büchern, Teppichen, Tierfellen und Reisesouvenirs richtete ihn wieder auf. In den nächsten zwei Stunden schoß er eine Menge Bilder, und der Abschied schien ihm schwerzufallen. Ob's daran lag, daß er den langen Rückmarsch fürchtete, oder ob er gern einen gemütlichen Abend am Kamin verbracht hätte, weiß ich nicht. Ich glaube, es war beides, und ich hätte es nicht ungern gesehen, wenn er geblieben wäre.

Sobald ein ins Eis gehacktes Testloch sieben bis acht Zentimeter Dicke zeigte, traute ich mich wieder zu Fuß aufs Eis. Zunächst schnitt ich mir eine gerade, etwa zweieinhalb Meter lange Fichtenstange, und trieb durch das eine Ende einen Nagel. Wenn ich einbrach, konnte ich die Stange quer übers Eis legen und mich daran aus

Postgang zu Fuß, während der See zufriert. Ein frühwinterlicher Schneesturm hat Laub- und Nadelbäume verzuckert.

dem Loch ziehen, oder ich konnte den Nagel wie eine lange Kralle ins Eis hauen und mich heraushangeln. Das andere Ende der Stange diente der Schallprüfung. Beim Gehen klopfte ich damit vor mir aufs Eis. Gutes Eis gibt ein festes, nachklingendes »Pang«, schlechtes Eis ein dumpfes »Bupf«, dünnes Eis ein hohes, kurzes »Tap«.

In den ersten ein, zwei Wochen war ich mit der Eisgeherei äußerst vorsichtig. Einige meiner stärksten Einsamkeitserlebnisse am Black Bear Lake hatte ich an diesen blaugrauen, froststarren Dezemberabenden, wenn es schon um halb fünf dämmerte und aus tiefhängenden Wolken Schneeschauer stoben. Über graues Spiegeleis wanderte ich schwerbepackt mit meiner Stange heimwärts und fragte mich, ob mir wohl noch Zeit für einen zweiten Atemzug bliebe, wenn ich jetzt einbräche – oder jetzt – oder jetzt.

Zu Weihnachten freilich hatte der Schnee schon den ganzen See bedeckt, und das Eis maß einen halben Meter. Nun kamen meine Bärentatzen-Schneeschuhe zum Zug. Jeder Gang mit den Schneeschuhen war anders und auf seine Weise schön. Auf der leeren weißen Riesenleinwand des Sees zog ich Muster wie ein Fingermaler. Manchmal sah ich zierliche, um die Inseln kurvende Fuchsspuren oder ein Gewirr von Hirschhufabdrücken um ein offenes Quelloch, die Rutschspur eines Otters an der Uferböschung oder das Nebeneinander von Falkenflügeln und Hasenpfoten nahe beim Ufer. Der Wind hatte rhythmische Schneewellen modelliert, dazwischen lagen spiegelnde Eisstreifen. Eine blutrot untergehende Sonne konnte immense blaue Schatten von Kiefernbäumen über den perlweißen Schnee werfen, während die gleißende Mittagssonne die Decke in ein riesiges blitzendes Diamantenfeld verwandelte.

Meinen ersten Heiligabend verbrachte ich allein in der Hütte; eine Familie, zu der ich gehen konnte, hatte ich nicht, und zu wohlmeinenden Freunden oder Nachbarn wollte ich nicht. Auf meiner hinteren Veranda fiel das Thermometer auf minus zweiunddreißig Grad! Es war Vollmond. Ich trat in diese herrliche Nacht hinaus, angetan mit langen Unterhosen, drei Paar Wollsocken, zwei Paar Handschuhen, Turtleneck-Hemd, wollenem Islandpullover, schweren Holzfällerhosen und Jacke mit Kapuze. Ich schnallte mir die »Bärentatzen« unter und machte im Wald hinter der Hütte einen kurzen Spaziergang. Kleine Tannen waren zu Puderzuckerhügeln geworden, der Bach zum murmelnden Rinnsal unter Eis. Schneewehen waren ziseliert wie Hochzeitskuchen. In der schweren Kälte knirschte meine Montur, und meine Fingerspitzen kribbelten. Schneeschuhhasen schlummerten in dunklen Höhlen unter schneebeladenen Fichten. Die schwarzen Tannendickichte schienen Fabelwesen und sonderbare Schneegeschöpfe zu beherbergen. Birken und Buchen warfen parallele Schatten auf den blauweißen Schnee. Alle paar Minuten krachte es wie ein Gewehrschuß, wenn sich Baumholz in der strengen Kälte zusammenzog. Über dem kahlen Waldbaldachin funkelnde Sterne, aufgereiht an brüchigen Ästen. Eine magische Nacht – so richtig wie für Weihnachten geschaffen.

Am nächsten Tag beschloß ich, essen zu gehen. Gegen Mittag verließ ich die Hütte. Das Thermometer stand auf minus dreißig Grad, und ein Nordwind blies mir mit dreißig Stundenkilometern in den Rücken. Das ergab einen Windauskühlfaktor von minus siebenundfünfzig Grad. Damals wußte ich noch nicht, daß man sich dadurch schwere Erfrierungen an freiliegenden Hautpartien einhandeln kann. Ich zog alle Kleidungsstücke von gestern abend an, dazu Schneebrille, Schal und gefütterte Gummistiefel. Auf Schneeschuhen machte ich mich auf den Weg über den See. Keiner meiner Sommernachbarn hatte sich übers Fest hierher gewagt; ich war allein am See. Auf halber Strecke hörten Zehen und Finger auf zu kribbeln und begannen gefühllos zu werden. Einen Augenblick innehaltend, zwang ich meine Arme aus den Jackenärmeln heraus und steckte die Hände unter die Achseln. Für meine Füße aber gab es keine Hilfe. Richtig schnell zu laufen, traute ich mich nicht, weil ich meine Lunge nicht unterkühlen wollte; also setzte ich mich mit mittelschnellem Trott wieder in Bewegung. Als ich drei Viertel des Weges zurückgelegt hatte, waren die Füße bis zu den Knöcheln empfindungslos, und meine Nase fühlte sich merkwürdig an. Unfaßbar, wie rasch mein Körper im Griff des Frostes erstarrte. Beim Erreichen des Parkplatzes spürte ich die Beine nur noch als zwei Klumpen, und die Finger waren kaum noch beweglich.

Als ich den Schlüssel in das Schloß an der Autotür zu stecken versuchte, wurde mir schlagartig die Gefährlichkeit meiner Lage bewußt. Das Schloß war zugefroren. Wenn ich nicht ins Auto kam, den Motor starten und mich aufwärmen konnte, drohte mir der Kältetod. Alle Häuser um den Black Bear Lake waren für den Winter dichtgemacht. Umzukehren und *gegen* diesen arktischen Wind zurückzulaufen, verbot sich. Über den Berg nach Hawk Hill, zu meinen nächsten Nachbarn, waren es fünf Kilometer.

Ich fand ein Streichholzbriefchen und versuchte, Streichhölzer unter dem Schlüssel anzuzünden. Entweder blies der Wind sie aus, oder meine schwer behandschuhte Hand ließ sie zu Boden fallen. Aber einen anderen Weg, das Schloß aufzutauen, gab es nicht. Mit Ausdauer schaffte ich es, den Schlüssel zu erhitzen, und er schmolz sich ins Schloß hinein. Die Tür ging auf. Ich zitterte heftig.

Schon erhob sich eine neue Schwierigkeit. Das Getriebe war derart unterkühlt, daß sich der Schalthebel nicht rührte. Das hieß, daß ich mit dem Fuß auf der Kupplung sitzenbleiben mußte, bis Motor und Heizung die Kabine erwärmten – falls der Motor ansprang. Ich zog den Choke voll heraus und drehte den Schlüssel. Unheilverkündendes heiseres Krächzen unter der Motorhaube. Noch einmal. Noch einmal. Endlich sprang er an, spuckte, hustete und lief dann rund. Nie im Leben bin ich einer Maschine so dankbar gewesen.

Sobald ich den Ganghebel in den Leerlauf bekam, stieg ich aus und rannte auf dem Parkplatz auf und ab. Ich fror bitterlich. Nach zehn Minuten war die Fahrerkabine warm genug, daß ich mich darin auftauen konnte. Das tat allerdings so weh, daß mir alle Lust aufs Abendessen verging. Um Haaresbreite war ich um Frostbeulen und vielleicht schwere Erfrierungen herumgekommen. Ich beschloß, sofort zur Hütte zurückzukehren, obwohl mich der Gedanke, bei Nacht, bei noch kälterer Luft, über den See zurücklaufen zu müssen, in Angst und Schrecken versetzte. Ein einziger Fehltritt – ein verrenkter Fuß, ein Einbrechen ins Eis, ein Wadenkrampf – konnte dann töten. Rasch töten. Wieder hatte ich einen Begriff bekommen von der Unerbittlichkeit und Schonungslosigkeit des Winters. Er kennt keinen Pardon.

Dieser Weihnachtsspaziergang dämpfte meine isolationistische Hüttenbegeisterung ein wenig. Er weckte in mir den Wunsch, aus meiner selbstgewählten Abkapselung Kommunikationsfühler in die Welt hinauszustrecken, irgendeine Verbindung nach draußen zu haben. Ein Telefon kam nicht in Frage, da der nächste

Anschlußpunkt acht Kilometer entfernt lag. Aber mit einem CB (Citizen's Band)-Funkgerät und einer großen Antenne würde ich in Notfällen Hawk Hill und vielleicht sogar Lake Serene erreichen können, wo eine freiwillige Feuerwehr und ein Krankenwagen stationiert waren.

Ich erstand ein kompaktes Transistor-Funkgerät und krönte den Dachfirst mit einer 2,7 Meter hohen Antenne. Eine 12-Volt-Autobatterie lieferte Strom. Am ersten Abend schaltete ich den Apparat ein und stellte ihn auf die einzige Frequenz ein, für die ich einen Kristall besaß. Es handelte sich, wie ich wußte, um die Notruffrequenz für unseren Teil der Adirondacks. Von der freiwilligen Feuerwehr und von einigen engagierten privaten CB-Funkern wird sie ständig abgehört.

Knistern, Knacken. Ich justierte die Störunterdrükkung und hörte einen Bekannten in Hawk Hill einen Abschleppwagen rufen, der ein Auto aus einer Schneewehe ziehen sollte. Plötzlich schien die Hütte nicht mehr ganz so entlegen, der Winter nicht mehr ganz so trist. Ein Schimmer Kameradschaft, an dem ich mich wärmen konnte. Stimmen und Störknacken füllten die Luft, Instruktionen wurden gegeben. Als wieder Stille herrschte, drückt ich meinen Mikrofonknopf und sagte: »Hier ist Anne am Black Bear Lake, rufe Hawk Hill; Black Bear Lake ruft Hawk Hill.«

Schwaches Summen, dann heftiges Knacken. Eine tiefe Stimme antwortete: »KBX-5213 in Hawk Hill ruft Black Bear Lake. Verstehe Sie. Was gibt's denn, Anne?«

»Ich probier' nur mein neues Funkgerät. Kann Sie prima hören«, sagte ich stolz. »Wie geht es Ihnen?«

»10-4. Hier ist KBX-5213. Over and out.«

Der Apparat schwieg. Ich war von der kurzen, unfreundlichen Abfertigung verblüfft. Am nächsten Tag erklärte sich das, als ich einiges über die Vorschriften erfuhr, denen die CB-Funkerei unterliegt. Man muß eine Lizenz beantragen, bekommt eine Rufnummer und Buchstabenkombination und muß eine Gebühr entrichten. Die Notfrequenz darf nicht zum Schwatzen benutzt, sondern muß immer für dringende Rufe offengehalten werden.

Ich beantragte meine Lizenz und kaufte noch ein paar Frequenzkristalle. Viele faszinierende Stunden bescherten mir die »Einstreuungen«. In Stakkato-Stößen, wahllos reflektiert von der Ionosphäre, kamen Signale aus der großen weiten Welt zum Black Bear Lake. Morgens hörte ich vielleicht texanische Garnelenfischer vor der Küste Yucatans rüde miteinander streiten; mittags kamen oft spanische Wortbrocken aus Havanna und San Juan; abends funkten Biber-Trapper aus Neuschottland oder Fischer vor Georgia an ihre Frauen, sie möchten Kabeljau mit Salzkartoffeln zum Abendessen. Aber die Einstreuungen waren nicht nur vergnüglich, sondern manchmal richtig ärgerlich. Oft störten sie die Meldungen, die ich übermitteln wollte oder mußte. Häufig war es unmöglich, durchzukommen. Dann war das CB-Gerät praktisch nutzlos. Trotzdem ließ ich es jeden Abend eine Stunde laufen. Alle ein, zwei Monate schleppte ich die Batterie mit dem Schlitten zu meinem Auto und tauschte sie gegen die geladene aus. So hatte ich immer Strom, als Nebeneffekt meiner Autofahrten.

Zu der Zeit, da ich mein Kommunikationssystem verbesserte, experimentierte ich auch mit Toiletten- und Badeeinrichtungen. Zuerst nahm ich nachts einfach einen Nachttopf und trottete tags zum Toilettenhäuschen. Im Winter aber fror ich dann buchstäblich am Thron fest. Darauf begann ich, den Sitz mit in die Hütte zu nehmen und warmzuhalten, damit ich ihn angewärmt nach draußen nehmen konnte. Aber es war doch sehr umständlich, jedesmal die Winterkluft und Schneeschuhe anzuziehen und fünfundsechzig Meter zu laufen. Schließlich installierte ich in der Küche eine Art Chemie-Klo mit großen Plastiktüten und einer geruchstötenden und zersetzungsfördernden Speziallösung. Jetzt lag mein Örtchen in relativer Wärme, und nur noch einmal am Tag begab ich mich mit der Tüte auf den Marsch zum Toilettenhaus.

Noch nie war ich mir des Funktionierens des menschlichen Körpers bewußter gewesen, besonders des konstanten und berechenbaren Flusses der Abfälle. Das waren nicht Stoffe, die man nonchalant durch eine weiße Schüssel wegspülte, damit sie den nächsten Fluß verdreckten. Das waren Teile von mir, die geplant und umweltfreundlich – wie man so schön sagt – entsorgt werden wollten. Dieser feinst ausbalancierte magische Akt der Physis – bei dem Nahrung, Luft und Wasser hineingelangten, Glukose, Pyruvat, Milchsäure und Sauerstoff kettenreagierten, Energie und Wärme frei wurden und Kot, Urin, Kohlendioxid und andere Abfälle hinausgingen – hielt meinen Körper in Betrieb wie ein Präzisionsuhrwerk. So konnte ich warm bleiben, atmen, mich bewegen inmitten der todesähnlichen Winterstarre, inmitten lebloser Schneehaufen, gefrorener Bäche, Eisflächen, unbeweglicher Bäume, regungsloser Felsen, auf betonähnlichem Boden. Ich glaube nicht, daß der Mensch in der Stadt, in einer umgekrempelten Umwelt, sich für ein physiologisches Meisterwerk halten kann. Aber hier in den Wäldern im Winter entwickelt man für seine Lebensfunktion ein nahes, intensives Gespür.

Zum Baden versuchte ich alle möglichen Techniken, vom Abreiben mit dem Schwamm bis zur schwedischen

Im Winter muß ich mein Trinkwasser durch ein ins Eis gehacktes Loch aus dem See herausschöpfen.
(Foto: David Allen Harvey, Chimera)

Sauna. Die beste Methode war, einen runden Pferde-trinktrog aus Metall mit drei Eimern Wasser zu füllen, mich hineinzuquetschen und einen gummierten Poncho, aus dem mein Kopf oben herausschaute, über den Trog-rand zu ziehen. Dadurch blieben Wärme und Dampf drinnen. Diese Roßbäder nahm ich meist auf der hinte-ren Veranda, oft unter fallenden Schneeflocken. Wurde es richtig kalt, nahm ich zwei Eimer, eine Schöpfkelle und eine kleine Plastikwanne voll siedend heißem Was-ser, trug alles ins Freie in den Schnee, stellte mich in die Wanne, damit meine Füße warm blieben, und goß mir das brühheiße Wasser über Kopf und Körper. Jedes Fleckchen Haut dampfte. Ungefähr eine Minute hatte ich, um mich abzuseifen und die Haare zu waschen, ehe die Kälte durchdrang. Eine Schöpfkelle, und mir war wieder warm. Gießen. Haare spülen. Hände und Füße schrubben. Gießen. Spülen. Genau zwei Eimer reich-ten. Solange kein Wind wehte, hielt das heiße Wasser meine Hauttemperatur erträglich hoch. Dann ein biß-chen im Schnee gewälzt und rasch zum Feuer geeilt. Sol-che Bäder habe ich bei minus dreiundzwanzig Grad genommen und mich hinterher kannibalisch wohlge-fühlt.

Winterzeit, einsame Zeit – selbst bei gelegentlichen Ausflügen in die Stadt, Vogelbesuch am Futterhäus-chen, einem Baumstachler unter der Hütte, Mäusen in den Schubfächern und dem CB-Gerät auf dem Tisch. Einsamkeit hat hier in den Bergen eine durchdringende Qualität. Manche Menschen leiden darunter mehr als andere. Am schlimmsten ist es für Kranke, Alte, Geschiedene, Verwitwete und Isolierte. Ich habe beim Warten darauf, daß ein Schneesturm endlich abklang, unerträgliche Stunden in meiner Hütte erlebt. Die Stra-ßen sind dann blockiert. Die Post funktioniert nicht mehr, und die Telefon- und Stromleitungen sind unterbrochen. Rasende Winde machen das Autofahren gefährlich und verhindern Besuche.

Ich kenne einen achtzigjährigen Freund, der dann stundenlang die Straße hinabstarrt und nur vom Wind aufgewirbelte »Schneeteufel« sieht. Trübsinnig murmelt er: »Winter – ich liebe ihn nicht, ich mag ihn nicht einmal. Man muß ihn ertragen lernen – oder nach Florida fahren.«

Im Winter versuche ich immer möglichst aktiv zu bleiben. Ich schreibe, besuche gute Freunde, berate, reise. Es ist ein bewußter Kampf gegen die Einsamkeit. Viele Überwinterer gehen in den örtlichen Bars und Kneipen auf Suche nach Geselligkeit, Unterhaltung, Nestwärme. Hier wird der Ortsklatsch ausgetauscht, werden Aktualitäten diskutiert, werden Wetten abgeschlossen, wann auf welchem See das auf dem Eis liegende Testfaß durch die Decke bricht. Manche Überwinterer kommen nur, um eine Tasse Kaffe zu trinken; bei anderen artet's zum Adirondack-Haarschnitt aus, und sie bleiben ein paar Tage. Wir alle suchen Zuflucht vor der Einsamkeit.

In jenem ersten Winter erschien ein Artikel von mir in einer regionalen Zeitschrift mit einem Schnappschuß und dem Hinweis, ich lebte in einer Blockhütte. Von einer kurzen Reise zurückkehrend, fand ich fremde Schneeschuhspuren, die zu meiner Tür führten. Im Türspalt ein Brief. Ich machte ihn auf und fand ein siebenseitiges Dokument, das auf meinen Artikel Bezug nahm, und ein Liebesgedicht! Die Absenderadresse war ein winziges Nest in den Adirondacks; der Absender wohnte ebenfalls in einer Blockhütte.

Überrascht erkundigte ich mich in Hawk Hill, Lake Serene und an anderen Orten nach meinem ungebetenen Besucher. Er hatte überall in den Adirondacks nach mir herumgefragt, um mich zu finden. Damals, ehe Schneemobile populär wurden, war jedes fremde Gesicht im Winter eine Neuigkeit. Es gelang mir, eine recht ausführliche Beschreibung meines Besuchers zusammenzubekommen. Ein netter junger Mann, anständig in alte Waldläuferkluft gekleidet, dunkles Haar, blaue Augen – so wurde er geschildert.

Mit Zurückhaltung beantwortete ich seinen Brief. Ich schrieb, ich bewunderte zwar seine Beharrlichkeit, mit der er sich auf die Suche nach einer Seelenverwandten gemacht habe, die in einer Blockhütte im Wald lebe, doch hätte ich mich über sein Eindringen in meine Privatsphäre auch geärgert. Er antwortete mit einem weiteren Gedicht. Wir korrespondierten eine Zeitlang, aber es schien, als suche er eine Traumperson, eine abgehobene Einsiedlerin und Philosophin. Schließlich schlief der Briefwechsel ein. Ich habe diesen romantischen Schneeschuhgänger nie kennengelernt. Vielleicht war das besser so, denn ich hätte sein Traumbild zerstören können. Aber ich fühle mich ihm immer noch verbunden. Er war einsam, wie ich.

8

Winter heute

Der Winter heute ist freier, vergnüglicher. Er beginnt, wenn die erste Schneedecke liegt und wenn das erste Schneemobil schnurrt. Statt sich wie die Waldmurmeltiere zu verkriechen und am Hüttenkoller zu leiden, können die Einheimischen jetzt hinaus, können ein Sozialleben pflegen. Viele Ortschaften haben sich dadurch von Grund auf verwandelt. In wintermüde Dörfchen bringt das Schneemobil frische Gesichter, Geselligkeit, Enthusiasmus und Trubel. Die Fans kaufen Essen, Getränke, Kleidung, Benzin und Öl; sie brauchen Unterkünfte und Reparaturdienste. Flirts werden beflügelt, im doppelten Sinn. Binnen weniger Jahre hat das Schneemobil das Winterleben in den Adirondacks – besonders mein Winterleben – tiefgreifend beeinflußt.

An einem guten Schneemobil-Wochenende ist jedes Gasthaus im Nordland von Touristen bevölkert. Sie bringen ihre Maschinen, Wohnwagen, Kleinlaster, Schlitten, knallbunte Schneemobil-Kluften, Stiefel, Helme, Handschuhe, Brillen und Armschoner. Karawanen dröhnen über Straßen und Wege. Menschen stampfen in schweren Gummi- und Fellstiefeln durch Pub- und Restauranttüren. Ganze Klubs rasen über die Seen: die Northwood Snowtravelers, die Motor Mushers, die Polar Bears, die Driftbusters, die Boondog Boganeers, die Winter Weasels, die Paul Bunyan Riders und Rump Bumpers.

Familien planen sonntägliche Schneemobil-Safaris. Gruppen reisen auf glattem Eis von See zu See, halten zum Lunch, machen Feuer, kochen Hot Dogs, machen ein Fäßchen auf, singen Lieder.

Eine Bekannte in Lake Serene, Mutter von fünf Kindern, vertraute mir an: »Ich weiß noch, vor sechs, acht Jahren sah ich, wenn ich aus dem Küchenfenster schaute, nur Schneeflocken. Dan hatte den ganzen Tag den Wagen. Ich saß im Haus fest. Wochenlang Minustemperaturen. Jetzt kann ich mit dem Schneemobil zu Freunden zum Kaffee fahren, kann einkaufen, mit den Kindern spielen und an Wochenenden mit meinem Mann Ausflüge machen, Kneipenbummel, Besuche.«

Auf dem Black Bear Lake vor meiner Hütte sind die ersten Schneemobile vor acht Jahren aufgetaucht. An einem düsteren Januarabend kam das erste Pärchen von ihnen über das Eis gefahren, gemessen und majestätisch. Am See-Ende schlugen sie einen weiten Bogen und brummten ebenso majestätisch wieder zurück. Sie hatten Geschichte gemacht und wußten es nicht. Jahrhunderte- und äonenlang war man zu Fuß über das Eis gegangen, und nun hatte man einen fahrbaren Untersatz, der auf Schnee und Eis bis zu hundertsechzig Stundenkilometer laufen konnte. Die roten Rücklichter glühten wie kleine Ufos. Ich hatte das Gefühl, als seien zwei Raumschiffe gerade auf dem See gelandet.

Exotischer Besuch – Besuch, der mich nachdenklich stimmte. Ich überschlug, wieviel Zeit ich mit dem Marsch über den See verbrachte, um die Post zu holen: jedesmal mindestens anderthalb bis zwei Stunden. Ich dachte an die schweren Ladungen, die getragen oder mit dem Schlitten geschleppt werden mußten: Lebensmittel,

Fünfzig-Pfund-Säcke Hundefutter, Kerosin, Bücher. Ich dachte an die Versorgungsgüter, die vor dem Zufrieren mit dem Boot herübergebracht werden oder bis zum Frühjahr warten mußten: Benzin, Kisten mit Konserven, Propangasflaschen. Ich entsann mich der Horror-Weihnachten, als meine Füße gefühllos wurden und ein falscher Tritt den Tod hätte bedeuten können. Mir schien, daß ein Schneemobil dem Winter – und mehr noch der Einsamkeit – vieles von ihrer Härte nehmen konnte.

Das hat sich bewahrheitet. Meine kleine »Rupp Sprint« (mit 15-PS-Motor) nimmt mir manche Winterstrapaze ab. Fast genauso leicht wie mit meinem Außenbordmotor-Boot und mit kaum mehr Geräuschentwicklung komme ich über den See – nur daß es eben ganz gewaltig kälter ist. In meinen Gedanken verknüpfe ich Kanu und Schneeschuhe, Außenborder und Schneemobil zu zwei verschiedenen, beide für mein Leben notwendigen Fortbewegungsweisen. Ich toleriere Schneemobile in den Adirondacks, weil sie hier weniger Schaden anzurichten scheinen als anderswo.

Eines Abends war ich mit Bekannten aus Lake Serene verabredet und fuhr kilometerweit über den See zu einer Hütte, die sich unter alte Schuppenzedern schmiegte. Innen glühte ein Bratrost mit Wildbretsteaks und Kartoffeln. Auf dem Eis brannte mit übermannshohen Flammen ein röhrendes Feuer. Ein Picknicktisch stand in der Nähe, beladen mit Feuerwasser, Bierkästen, Tellern, Besteck, heißem Kaffee, Bechern. Schneemobile umgaben die Hütte und das Lagerfeuer wie geduldige Pferde, die man um eine Wagenburg herum angebunden hat. Vor uns streckte sich straffgespannt der See zu kohlschwarzen Hügeln. Dämmeriges Leuchten hing über den Bergen - ein aprikosenfarbenes Band, überge-

hend in Blaßgrün, Lavendel, schließlich Königs-
purpur, die letzte Stufe vor der schwarzen Nacht. Ein
paar Sterne glommen schon. An der Art ihres
Funkelns konnte ich ablesen, daß uns eine Nacht mit
starken Minustemperaturen bevorstand. Jedermann
aß und trank nach Herzenslust. Wir sammelten uns
ums Feuer, führten gute Gespräche und wärmten
uns, von vorn, von der Seite, von hinten. Grotesk
streckten sich unsere Schatten in die Nacht, wie die
Silhouetten von Raumfahrern – verhüllte Gestalten in
massiger Montur, mit Helmen, klobigen Stiefeln und
Handschuhen. Nach Einbruch der Dunkelheit
nahmen einige Männer ihre Maschinen und fuhren
Kreise, Wettrennen, Kapriolen auf dem See. Heiseres
Motorengeröhre, hallend und widerhallend; Scheinwerfer und Rücklichter glitten durcheinander und
tanzten wie ein Schneemobil-Ballett. Es war ein
wunderschöner, geselliger Abend, der bis Mitternacht
dauerte. Das schmutzige Geschirr, die leeren
Flaschen, das heruntergebrannte Feuer, die Töpfe
und Schüsseln ließen wir bis zum nächsten Morgen
stehen. In der arktischen Nacht würden sie niemanden stören und von niemandem gesehen werden.
Über den See zurückfahrend, fühlte ich mich winzig
klein vor den flackernden grünen und rosafarbenen
Fingern, die am Nordhorizont züngelten. Das Nordlicht zeigte sich in dieser Nacht besonders schön und
gab zum Schneemobil-Picknick ein passendes Finale
ab.

Freilich haben die Schneemobile viele militante
Gegner. Ein Mann aus Hawk Hill explodierte, als ich
auf meiner neuen Rupp angeritten kam: »Um Himmels willen, Anne, hast du jetzt auch eine von diesen
verdammten umgebauten Motorsägen?«

Nachteile und Widersprüche sind nicht zu leugnen. Fahrer vergessen ihre Manieren und wecken Nachbarn nachts um drei mit heulenden Motoren. Ein Hausbesitzer geriet so in Rage, daß er den Führer eines Schneemobilrudels mit dem Gewehrkolben verprügelte.

»Wenn ihr um diese Uhrzeit hier noch mal auftaucht«, donnerte er, »gebrauche ich das andere Ende vom Gewehr!«

Zwar gibt es Gesetze im Staate New York, die für Schneemobile zwischen Mitternacht und sechs Uhr früh langsames Tempo und dreißig Meter Mindestabstand zu Häusern vorschreiben, aber das hat solche aggressiven Revierkämpfe nicht verhindert.

Rücksichtslose Schneemobil-Fahrer hinterlassen auch Müll und Umweltverschmutzung. Mitten auf dem Black Bear Lake habe ich schon Bierdosen aufgelesen. An windstillen Tagen sieht man Kolonnen von Maschinen richtige blaue Abgasfahnen hinter sich herziehen. Neue synthetische Öle sollen den Ausstoß an unverbrannten Kohlenwasserstoffen etwas vermindern, aber es hängen immer noch Abgaswolken in unserer klaren Adirondack-Luft.

Das Hauptübel ist der Lärm. Er ist es jedenfalls in meinen Augen (beziehungsweise Ohren). Die Motoren sind ausgesprochen gehörschädigend. Bei neuen Modellen soll durch bessere Schalldämpfung der Lärm etwa auf den Pegel eines Staubsaugers reduziert worden sein. Welch ein Unterschied, wenn ich heutzutage an Winterabenden die Tür meiner Hütte aufmache: die ungeheure Stille gibt es nicht mehr. Immer summen, schnurren, röhren oder heulen irgendwo Schneemobile durch die Nacht.

Der vielleicht einschneidendste und kritikwürdigste Nachteil der Schneemobile ist die Leichtigkeit, mit der sie in bisher unberührte Wintergebiete vordringen können. Jemand, den ich vom Square Dance kenne und der in dem entlegenen Ort Beaver River geboren ist – der keine Straßenverbindung zur Außenwelt hat –, sagte zu mir: »In meiner Jugendzeit konnte ich im Winter vor die Tür treten und die Stille *hören*. Kein Laut im Umkreis, nur hin und wieder ein Baum, der knackte, oder Eisknistern. Das gibt's nicht mehr. No, Sir!« Er verzog sein hageres sympathisches Gesicht, stieß beide Arme nach

Wettrennen zwischen Schneemobil und Hund auf dickvereistem See.
(Foto: David Allen Harvey, Chimera)

vorn, als ob er die Lenkstange eines Schneemobils packte, und brüllte: »Jetzt geht es nur noch: Bruuuuuuuumm, Bruuuuuuuumm, Bruuuuuuuumm!«

Dennoch: Die Schneemobile werden sich nicht wieder abschaffen lassen. Allein im Staate New York sind mehr als 180 000 registriert, im gesamten nordamerikanischen Schneegürtel mehr als 1 600 000. In Kanada und USA zusammen gibt es weit über zwei Millionen Maschinen.

Die Umwelt- und Naturschutzbehörde des Staates New York unterhält in den Adirondacks schätzungsweise anderthalbtausend Kilometer offizielle Schneemobilwege. Und die Städtchen Webb und Inlet, die sich beide »Schneemobil-Hauptstadt des Nordostens« nennen, haben allein fast achthundert Kilometer befestigte Schneemobilpisten.

Von der besten Seite zeigt sich das Schneemobil in Notfällen, wenn es Menschenleben rettet und Verletzten in abgelegenen und isolierten Gebieten Hilfe bringt. Im zweiten Winter, in dem ich mein Schneemobil hatte, trug sich ein beängstigender Vorfall zu.

Es war ein strahlend schöner, ruhiger Februartag, der erste nach rund zehn Tagen Schneetreiben, Eisregen und schneidendem Wind. Frühnachmittags kam ich von der Post zurück und blieb noch ein bißchen draußen im Freien. Die Sonne schien mir auf den Rücken, als ich mich über die Haube meines Schneemobils beugte, die Zündkerze prüfte und Benzin nachschüttete. Gerade hatte sich der Tank gurgelnd gefüllt, meinte ich einen fernen Ruf oder einen Schrei zu hören. Ich setzte den Einfülltrichter ab und lauschte. Wieder: »Anne, Anne, komm...« Der Rest verschwamm. Der Ruf kam aus ungefähr achthundert Meter Entfernung von einer Landzunge am gegenüberliegenden Seeufer. In der kristallklaren Frostluft trug er erstaunlich weit.

»Anne, komm schnell! Mit deinem Schneemobil!«

Ich blickte über den See. Keiner da, keine Hunde, keine Tiere, nichts. Da entsann ich mich, daß zwei Männer im Auftrag der Besitzer dort mehrere Sommerhäuser abgingen und Holz hackten und stapelten. Konnte einer von ihnen verletzt sein?

Ich reagierte schnell. Wie durch ein Wunder war alles zum Aufbruch bereit, die Maschine aufgetankt und noch warmgefahren. Mit Vollgas raste ich zur Landzunge hinüber. Ein großer Mann kam aus dem Wald gehumpelt, so rasch er konnte. Jede Bewegung verriet Panik, verriet, daß er verletzt war. Ein Hosenbein war bis zum Knie aufgerissen, Blut sickerte aus seiner langen Unterhose.

»Hab mir mit der Axt eine Schlagader aufgehauen!« schrie er. »Es blutet stark – werde vielleicht ohnmächtig. Um Himmels willen, fahr mich hier weg!«

Der Mann maß etwa 180 Zentimeter und wog vielleicht neunzig Kilo. Kurz dachte ich an mein einsitziges Maschinchen, an die Mühe, den Verunglückten festzuhalten und weiterzutransportieren, sollte er tatsächlich auf dem Eis umkippen. Da ich nie einen Erste-Hilfe-Kurs absolviert hatte, wußte ich nicht, was tun. Das Vernünftigste schien mir, den Mann so rasch wie möglich in die Klinik von Lake Serene zu bringen.

»Steig auf!« rief ich. »Halt dich gut an meinen Schultern fest und versuche, nicht ohnmächtig zu werden.«

Nie hatte die kleine Rupp so lange gebraucht, um über den See zu kommen; das Extragewicht machte ihr schwer zu schaffen. Unterwegs fiel mir plötzlich etwas ein. In der Nähe des öffentlichen Anlegers bog ich zu einem Sommerhaus ab, das elektrischen Strom und ein CB-Gerät hatte. Notfalls würde ich dort einbrechen, den Strom einschalten und den Krankenwagen herbeifunken. Vielleicht brauchte der Holzhacker Blut. Vielleicht brauchte ich Hilfe, um ihn zu transportieren. Wieder ein Wunder: das Haus war bewohnt. Nur drei Minuten waren nötig, um Anweisungen zu geben, die Situation zu erklären und einen Helfer zu rekrutieren. Zusammen schafften wir den Mann – der immer noch bei Bewußtsein war – zum Anleger und zu meinem Kombi.

Auch der Kombi-Motor war von meinem Trip zum

Schneemobil-Picknick bei Minustemperaturen: In der Pfanne brutzeln Wildbretsteaks.

Postamt noch halbwegs warm und die Straße frisch geräumt. Über den Berg schnurrten wir nach Hawk Hill, dann über die Asphaltstraße in Richtung Lake Serene, das dreißig Kilometer entfernt lag. Mit aufgeblendeten Scheinwerfern und laut hupend nahm ich die Kurven dieser verschneiten Straßen schneller als je zuvor. Blut befleckte den Boden des Wagens, unsere Stiefel, den Sitz. Mit Stoffetzen vom zerrissenen Hosenbein band mein Begleiter das Bein ab. Acht Kilometer hinter Hawk Hill kam uns in ebenso rasendem Tempo der Krankenwagen entgegen. Beide Fahrzeuge bremsten heftig, schlidderten, stoppten, setzten zurück. Der Holzhacker fiel vor Angst fast in Ohnmacht. Aber schon wurde er von kompetenten Händen auf eine Bahre verladen und ins Krankenhaus geschafft. Ein paar Nähte und eine Blutübertragung stellten ihn rasch wieder her. Mein Begleiter und ich stärkten uns inzwischen mit Steak-Sandwiches und heißem Kaffee; dann halfen wir unserem Patienten heim. Es war noch einmal glimpflich abgegangen. Der Mann genas und konnte noch vor der Eisschmelze seine Arbeit zu Ende bringen.

Unfälle, immer wieder Unfälle gab es in den letzten Wintern auch mit Schneemobilen. Es kann ein gefährlicher Sport sein, mit Kniebrüchen, Hüftverrenkungen, Bandscheibenschäden und Schnittwunden im Gesicht. Auf dem Black Bear Lake, dem Lake Serene und anderen Seen sind Maschinen durchs Eis gebrochen, in bis zu fünfundzwanzig Meter tiefes Wasser, wobei die Fahrer sich wie durch ein Wunder durch Absprung retten konnten. Maschinen wurden bei Straßenüberquerungen von Autos erfaßt. Maschinen kollidierten auf engen Pisten miteinander. Schlimmes Beispiel: Ein Vater von vier Kindern machte auf einem Waldweg Fahrkunststücke und raste in gefährlicher Schräglage um Biegungen. In einer scharfen Kurve prallte er mit dem Oberkörper gegen einen beladenen Kleinlaster. Sein Schneemobil bekam keinen Kratzer ab, aber der Fahrer starb an zahlreichen Knochenbrüchen.

Auf demselben Waldweg hätte auch ich um ein Haar einen Unfall gehabt. Eine Freundin aus Boston war zu einem Winterwochenende hergeflogen. Da sie noch nie mit einem Schneemobil gefahren war, lud ich sie zu einer Tour über den gut befestigten Waldweg ein. Wir zogen uns dick an, denn es war sehr kalt. Beverly setzte sich hinter mich und faßte mich um die Taille, ich fuhr die Rupp. Nachdem sich Beverly an die Bewegungen und an die Straße gewöhnt hatte, fing ich an, Unsinn zu machen. Wir schossen die rechte Schneeböschung hoch, kurvten wieder herunter, über die Straße und die linke Böschung hoch, die Zentripetalkraft und den Schwung beim Abwärtsfahren ausnutzend. Plötzlich, in einer Kurve, sah ich einen schwerbeladenen Holzlaster auf uns zukommen. Wir waren gerade auf der *linken* Straßenseite; ich gab Vollgas und lenkte mit allen Kräften nach rechts; der Lastwagenfahrer, ebenfalls in seiner Fahrtrichtung weit links, kurbelte verzweifelt am Lenkrad, um seine Fuhre nach rechts zu ziehen und uns nicht aufzuspießen. Greifbar nahe flog sein weißes erschrockenes Gesicht mit aufgerissenen Augen an uns vorbei. Glück gehabt – aber es fehlten wirklich nur Zentimeter.

Nach überstandenem Schock und beim Gedanken daran, welches Gesicht der Fahrer gemacht hatte, als ihm zwei panda-ähnliche weibliche Wesen auf einem Schneemobil entgegenrasten, packte uns ein Lachkrampf. Mitten auf der Straße fielen wir von der Maschine. Ich wälzte mich vor Lachen im Schnee, als dicht neben meinem Kopf ein Auto hielt, das Auto des örtlichen Beamten der Umweltbehörde.

154

»Was um Himmels willen geht hier vor?« fragte er fassungslos.

Ich beeilte mich, dem Wildhüter zu erklären, daß wir keineswegs betrunken waren, sondern nur erleichtert nach dem Schrecken einer Beinahe-Kollision. Beklommen schüttelte er den Kopf und empfahl uns, doch künftig im Wald spazierenzufahren, wo wir höchstens mal einen Baumstamm rammen konnten.

Die Wildhüter fahren im Winter nicht nur mit dem Auto, sondern auch mit dem Schneemobil Patrouille. Im Gegensatz zur Situation in anderen Gegenden Amerikas wird bei uns das Wild und das Waldwachstum nur sehr selten von Schneemobilen gestört. Zu tief ist der Schnee, zu dicht der Wald, als daß man viel abseits der Pisten fahren könnte; in den meisten Fällen ist es einfach nicht möglich, Hirsche, Kojoten, Luchse und Füchse über offenes Gelände oder durch Buschland zu jagen. Und zum anderen frequentiert dieses Wild nicht die vereisten Seen, auf denen ein Großteil der Maschinen läuft. Da die Schneemobilpisten meistens gut ausgeschildert und gut unterhalten sind, werden sie von den auswärtigen Besuchern bevorzugt und sind stark befahren. Es gibt daher wenig Querwaldein-Fahrerei. Nur sehr selten belästigt oder hetzt jemand Hirschwild in seinem Bereich.

Allerdings hat die Medaille auch eine Kehrseite. Ich bin im Winter in Hirschrevieren gewesen und sah bedrückt das bittere Los der Tiere. Meist drängen sie sich in kleinen Balsamtannengehölzen zusammen, wo sie von eisigen Winden abgeschirmt und auch etwas vor Schnee geschützt sind. Aber Nahrung gibt es hier fast überhaupt nicht. Wenn die erwachsenen Tiere das bißchen Grün an den Laub- und Nadelbäumen abgeäst haben, ist nichts mehr übrig. Und ins Freie trauen sich die Hirsche bei tiefem Schnee nicht mehr. Schneemobil-pisten in der Nähe können ihnen zuweilen trittfeste Pfade bieten, wo sie mit ihren scharfen Hufen weiter-kommen und eventuell neue Futterquellen erreichen. Eine solche Unterbrechung des Dauerfastens kann der winterlichen Hungerdezimierung des Hirschwilds entge-genwirken.

Was den Lärm betrifft, scheint er kaum schädigende Auswirkungen zu haben. Wenn sich Hirsche wenige hundert Meter neben dichtbefahrenen Autobahnen wohlfühlen, wird sie hier oben auch der Lärm der Schneemobile kaum stören.

Einschneidenden Effekt haben die Schneemobile für die Pelztiere. Von alters mußten die Trapper ihre Aus-rüstung in Packkörben heranschleppen und die Entfer-nungen zu den Fallen so halten, daß sie sie auf Schnee-schuhen bewältigen konnten. Heute fahren die Trapper mit dem Schneemobil in der gleichen Zeit drei- bis vier-mal so weit. Wer hart zu arbeiten bereit ist, kann also viel größere Beute machen. Kojoten, Füchse, Wiesel und Luchse sind derzeit völlig ungeschützt. Sie können in den meisten Adirondack-Counties zu allen Zeiten in beliebiger Zahl gefangen werden. Für die Waschbären, Nerze und Bisamratten gilt dies innerhalb ihrer Jagdzei-ten. Für Zobel, Otter und Biber gibt es nur im Winter eine kurze Jagdzeit, leider jedoch ebenfalls ohne zahlen-mäßige Begrenzung.

An einem Wintertag schloß ich mich einmal einem Bibertrapper auf seiner Runde an, um diesen altherge-brachten Beruf kennenzulernen, dem in den Adiron-dacks noch mehrere hundert Menschen nachgehen. Kurz nach Tagesanbruch trafen wir uns an einem milden Märzmorgen und fuhren mit Schneemobilen in die Wild-nis südlich des Tupper Lake.

»Ich stelle gern dort Fallen, wo ich keine anderen Menschen sehe«, sagte Ernie, nachdem wir gut dreißig Kilometer durch den Wald gefahren waren.

Ernie ist das, was man winterhart nennt. Er ist gesetzlich verpflichtet, seine Fallen alle achtundvierzig Stunden nachzusehen, egal welches Wetter herrscht und welche Probleme sich ihm in den Weg stellen.

»Ja, ich hab schon so ziemlich alles mitgemacht«, erzählte er. »Tiefe Minusgrade, bockige Schneemobile, saumäßige Stürme. Ich bin schon durchs Eis gebrochen und auch mal mit der Hand in eine Falle geraten.«

Ich überredete Ernie, mich eine »Conabear«-Falle fangbereit machen zu lassen. Mit der ganzen Kraft meiner kalten Hände drückte ich gegen den eisigen Stahl, um die strammen Federn zu spannen. In dieser Falle spürte der Biber bestimmt keinen Schmerz, wenn er starb. Mit Recht gilt sie als die humanste auf dem Markt. Schließlich hatte ich es geschafft und gewann Ernies Anerkennung. Bei der nächsten Falle spannte er die Schlageisen selbst, scheinbar spielend leicht, als wolle er eine Maus und nicht einen vierzigpfündigen Biber fangen. Ich sah zu, wie er mit einer Brille mit gelben Gläsern – gelb wegen der besseren Unterwassersicht – in das Eisloch spähte und dann mit gummibehandschuhtem Arm die Falle durch das Loch ins Wasser auf den Seeboden setzte. Ein starker Draht, an einem Pflock befestigt, sicherte sie, damit sie nicht weggeschleppt werden konnte. Immer noch bis zur Achsel im Wasser, legte Ernie vorsichtig ein teilweise entrindetes Stückchen von einem Pappelzweig als Köder auf den Auslöser der Falle. Dann zog er den Arm heraus, streifte den Handschuh ab, nahm die Brille von der Nase und zündete sich eine Zigarette an.

Gegen sein Schneemobil gelehnt, sagte Ernie aufgeräumt: »Ich mach' das, um mein Einkommen aufzubessern. Die meisten von uns haben hier oben keine ganzjährigen Jobs, und die Fallenstellerei hilft uns überleben. Außerdem müssen wir die Biber ein bißchen ausdünnen, sonst wachsen sie uns über den Kopf.«

»Waren sie nicht mal selten geworden?« fragte ich.

»Ja, sehr!« antwortete Ernie und zog tief an seiner Zigarette. »1904 und 1905 mußte der Staat sieben aus Kanada und vierzehn aus Wyoming importieren, um den Bestand in den Adirondacks neu zu beleben. Pelzjäger hatten sie im letzten Jahrhundert ausgerottet, als Bibermützen und -felle große Mode waren. 1890 waren in den ganzen Adirondacks nur noch ein Dutzend Tiere übrig. Als dann die Mode wechselte, hatten die Biber wieder eine Chance. 1940 hatten sie sich so vermehrt, daß das Fallenstellen wieder erlaubt wurde. Jetzt gibt es sie überall in den Bergen. Stellenweise ein richtiges Bevölkerungsproblem.«

Ich nickte und dachte an den Bibersumpf, den Betsy und ich am Jagged Mountain gefunden hatten und der uns am Fortkommen hinderte.

Erstaunt erfuhr ich von Ernie, daß dem Trapperverband der Adirondacks 610 Männer und 1 Frau angehören und fast 4000 Fallenstellerlizenzen jährlich in den Adirondacks verkauft werden. Und Jahr für Jahr werden Pelze im Wert von einer halben bis einer ganzen Million Dollar erbeutet, namentlich solche von Biber, Otter, Zobel, Wiesel, Waschbär, Nerz, Bisamratte, Kojote und Luchs. Dies ist eines der wenigen Gebiete in unserem volkreichen Osten, wo der Pelztierfang noch in derartigem Umfang möglich ist und wo er noch immer zum Lebensunterhalt vieler Menschen beiträgt.

Später in jenem Frühjahr schenkte mir Ernie ein paar herrlich gegerbte Felle für meine Hütte. Mit einigem Widerstreben nahm ich die glänzenden glatten Pelze an, und ich betrachte sie immer noch mit gemischten Gefühlen. Und dies, weil nur gut fünfzehn Meter vor meinem Fenster bei Sonnenuntergang lebendige Artverwandte vorbeischwimmen und ihr V-förmiges Kielwasser stolz und frei über den Black Bear Lake ziehen. Ich sehe meine Biber viel lieber lebendig als tot.

Ein Schneemobil bei der Hütte zu haben, machte es möglich, Besucher einzuladen, die sonst nicht im Traum an einen solchen Wintertrip gedacht hätten. Ungefähr die einzigen Menschen meiner Bekanntschaft, die zu Fuß, nur mit Schneeschuhen, den Treck zu meiner Hütte gewagt hätten, waren ein paar abgehärtete Einheimische und ein oder zwei enge Freundinnen meines Alters aus der Stadt. Wehmütig dachte ich daran, welch ungutes Licht dies auf unsere urbanisierte Lebensweise wirft, verglichen mit Pioniertagen, wo die Leute zu jeder Jahreszeit meilenweit gingen, nur um ein anderes Gesicht zu sehen.

Heute kann ich Gäste im Winter fast ebensoleicht übers Eis befördern wie im Sommer mit dem Boot über das Wasser. Trotzdem muß man immer noch mit Wintertücken rechnen. Zu Silvester hatte ich einmal meinen guten Freund Frank, einen Stadtplaner, und seine neue Frau Debby eingeladen. Am 2. Januar mußten sie wieder in New York zurück sein. Frühmorgens am 31. Dezember setzte ein starker böiger Südwind ein. Schnee fegte übers Eis. Die Hügel um den Black Bear Lake färbten sich weißgrau wie der Bauchpelz eines Bibers. Wolken senkten sich herab, und das Thermometer stieg. Mittags waren es zehn Grad über Null, und es regnete heftig. Bis zum Nachmittag hatte der silvester-untypische Regenguß das Eis mit einer seichten Wasserschicht überzogen. Noch ein paar Zentimeter, und wir hätten paddeln können.

Wenn das so weiterging – was laut Barometer zu befürchten war –, würde der See mit dem Schneemobil bald unpassierbar sein. Ich beschloß deshalb, mit der Beförderung ihres Gepäcks jetzt schon anzufangen. Koffer, Kisten und Aktentasche stapelten wir auf den Schlitten und koppelten ihn an die Rupp. Bei der spritzenden Fahrt über das Eis warfen wir eine richtige Bugwelle. Als wir die Lände erreichten, war alles durchweicht. Auf der Rückfahrt sackte die Maschine an mehreren matschigen Stellen gefährlich ab. Wir beschlossen, zu Fuß aus der Hütte wegzugehen und nicht mehr zu fahren. Ich bestand darauf, daß alle Schneeschuhe trugen, denn das See-Eis war bereits löchrig und aufgeweicht. Man ging wie auf Schwimmflossen, aber es war sicherer. Debby schaffte es fast nicht vor Erschöpfung. Als wir drüben bei den Autos ankamen, war es dunkel. Wir waren naß bis auf die Haut. Was sollten wir nun, regendurchweicht und ohne Dach über dem Kopf, am Silvesterabend tun?

Frank überlegte stirnrunzelnd. »Du gehst auf keinen Fall zurück«, sagte er kategorisch. »Wir suchen uns jetzt ein Hotel oder irgendeine Absteige, nehmen uns Zimmer, trocknen uns und feiern.«

Die einzige Unterkunft, die wir finden konnten, war ein kleines Hotel am Arrow Lake. Es war proppenvoll mit enttäuschten, aber gutgelaunten Schneemobilern. Wie durch ein Wunder hatte das Haus noch ein Zimmer frei – mit drei ungemachten Betten. Wir nahmen es.

Bis wir die Betten gemacht, aufgeräumt, uns getrocknet und aufgewärmt hatten, war es fast Mitternacht. Unten jubelnde Silvesterstimmung. Wir waren zu erschöpft, um uns unter die Feiernden am großen steinernen Kamin zu mischen. Frank ging kurz hinunter und kam mit drei doppelten Brandys wieder. Auf dem Bett sitzend, tranken wir uns zu, während unter uns Hörner tröteten, Ballons zerplatzten, »Auld Lang Syne« gesungen wurde, eine Orgel spielte, Füße im Takt auf den Boden stampften und der Regen aufs Dach trommelte.

An diesem Abend kam es mir gewiß nicht ungelegen, nicht in der Hütte zu sein. Franks Toast klingt mir noch in den Ohren: »Auf unsere Freundschaft – aber nächstes Jahr komm *du* bitte zu uns in die Stadt!«

9

Die Eisschmelze

Die Eisschmelze ist der Vorbote des Frühlings. Die Eisschmelze ist der Vorbote besserer Zeiten. Die Eisschmelze ist der Vorbote menschlicher Kontakte. Seen, Tümpel, Flüsse erwachen aus der Winterstarre – vom Eise befreit.

Den eigentlichen Vorgang des Aufbrechens habe ich nie mit eigenen Augen gesehen. Und doch warte ich jedes Jahr darauf, erwarte einen großen Eis-Exodus. Erwarte rumpelndes, krachendes, kratzendes Schieben, sich bäumende Schollen auf dem See. Aber das geschieht selten. Meist ist es ein sanfter, unmerklicher Auflösungsprozeß, der nichts von der strengen Präzision des Zufrierens hat.

Der aufregendste Moment tritt schon ein paar Tage früher ein, wenn ein Zweihundertvierzig-Liter-Faß, zu Testzwecken auf dem Eis aufgestellt, durchbricht. Viele Wetten sind schon auf dieses wichtige Ereignis abgeschlossen worden. Mein alter Freund Rob, ein »Adirondack Guide«, schätzte – weise wie er ist –, daß das Faß am 23. April um 8.30 Uhr früh durchbrechen würde (eine gute, solide Durchschnittsschätzung mit der optimalen Tageszeit). Jake, ein Pessimist, wettete auf 1. Mai mittags. Sally wählte den 30. April, 18 Uhr. Ich entschied mich optimistisch für den 15. April, 10.15 Uhr vormittags. Der Gewinner bekommt fünfundzwanzig Dollar vom örtlichen Angler- und Jäger-Club.

Ist das Faß einmal durchgefallen, geht es mit der Schmelze sehr schnell. Das abgewetzte Eis ist mürbe, schwammig, pockennarbig, mit Löchern, wo Schmelzwasser strudelnd in die Tiefe verschwindet, hinunter in das große Dunkel des Sees. Meine letzten paar Fußmärsche über den Black Bear Lake werden unternommen: vorsichtig und mit nassen Füßen. Risse an der Uferlinie zeigen offenes Wasser. Unter meinem Tritt scheint das Eis nachzugeben, durchzusacken. Das Netzgewebe der Schneeschuhe wird glitschig und schwer. Ich benutze wieder die Eisstange und klopfe vor mir den Weg ab. Eines Tages sagt mir dann die Intuition: Jetzt mußt du die Waldstrecke nehmen, bis die Schmelze vorbei ist. Ein paar Tage noch bedeckt trügerisches, immer dünner werdendes Schwarzeis den See. Eines Morgens dann das Wunder: blaues Wasser funkelt in der Sonne! Es ist der 25. April!

Ich grabe mein Boot aus einem Drittelmeter Schnee aus, schleppe den Außenbordmotor heran, schraube zwei neue Zündkerzen hinein und reiße an der Leine. Nach dreiundzwanzig Versuchen erwacht er spuckend zum Leben, bockig, weil er jetzt nach fünfmonatiger Ruhepause wieder arbeiten muß. Die erste Fahrt über den Black Bear Lake im April gleicht der letzten im November: das Wasser ist zäh, dickflüssig, das Wetter rauh und kalt. Aber die Tendenz ist jetzt umgekehrt, auch die Tendenz meiner Gefühle. Statt resigniert winterliche Düsternis, Vereisung, Isolation, kalte und verschneite kurze Tage zu erwarten, erfüllt mich nun Vorfreude auf Sonnenschein, grüne Bäume, Besucher, Bewegung, Farbe, lange Tage und singende Vögel.

Auch die Tierwelt, glaube ich, empfindet ähnlich. Biber, Otter und Bisamratten können jetzt plötzlich wieder frei über den See schwimmen, statt unter dem schweren Eisdach riskant von Luftloch zu Luftloch tauchen zu müssen. Wie eigentlich finden sie, in der Finsternis eines kalten Adirondack-Sees schwimmend, Dreiviertelmeter Eis und dreißig Zentimeter Schnee über sich, diese lebensrettenden Ausgänge? Und die Fische? Spüren auch sie Erleichterung, wenn sich das Wasser aufhellt, belebt, erwärmt?

Tauchervögel, Säger, Gänse und Enten ziehen. Wohlbekannte Pärchen lassen sich nun bald wieder auf den Black Bear Lake und den Biberteich nieder, um hier den Sommer zu verbringen. Ich sehne mich nach dem schrillen Lachen eines Tauchervogels im Morgengrauen. Die Kanadagänse haben das offene Wasser gesehen und ziehen nordwärts, in der Gewißheit, daß sie abends einen Ruheplatz finden. Ihr jubilierendes Schreien weht auf die anschwellenden Bäche, Flüsse und Moore herab.

Überall in den Bergen, vom höchsten Gipfel bis zur tiefsten Sumpfniederung, regt sich Wasser. Milliarden Kubikmeter Wasser sind freigesetzt. Die ungeheuren Einzugsgebiete der Adirondacks entfesseln sich, der letzte Pflanzenschwamm entläßt seine Feuchtigkeit. Wasser gurgelt, rinnt, stürzt zu Tal. Kristallene Tropfen fallen von eisüberzogenen Felsbrocken oben am Mount Algonquin und Mount Marcy. Rinnsale glucksen an Südhängen unter dem Schnee hervor. Von jeder Bodenerhebung läuft Wasser zu seinem Neben- oder Hauptfluß – sei es zum Independence, Grass, Cold, Opalescent, Cedar, Ausable, Oswegatchie, Boquet, Raquette, Moose, Beaver, Otter, Sacandaga, West Canada, St. Regis, Schroon oder Boreas River – und von dort über den Sankt-Lorenz-Strom oder den Hudson ins Meer.

Unser Wasser ist unglaublich rein. Ich trinke bei uns in den Bergen aus praktisch jedem Bach und See, außer in unmittelbarer Nähe menschlicher Ansiedlungen oder

Pitzi und ich kämpfen uns im Mai in einem überraschenden Schneesturm mit der Post über den See.

stromabwärts von Ortschaften und vielbesuchten Seen. Das ist in unserem dichtbevölkerten, umweltverschmutzten Nordosten und auf der Atlantischen Küstenebene eine große Seltenheit. Oft stelle ich mir im Geist die Ostküste als Reliefkarte vor, auf der alle Gebiete, in denen es verschmutztes Wasser gibt, giftbraun eingetragen sind. Dann blieben als nichtbraune Flecken nur die Adirondacks (hauptsächlich über fünfhundert Meter), ein paar Spitzen der Catskill Mountains, Nordmaine und die höchsten Stellen der Green Mountains, White Mountains und der Appalachen übrig. Überall sonst leben die Menschen an verdreckten Gewässern und kennen das Privileg überhaupt nicht mehr, so zu trinken, wie von der Natur gewollt. Für ein paar Liter reines Quellwasser müssen sie bis zu einem Dollar zahlen!

Der Wasserreichtum der Adirondacks ermöglichte und begünstige den Bau des berühmten Erie-Kanals. Im frühen neunzehnten Jahrhundert galt das Kanalsystem des Staates New York als größte technische Bauleistung, die die USA aufzuweisen hatten. Kanäle, die Verkehrsschlagadern der damaligen Zeit, erschlossen die Wildnis des Nordteils von New York und erleichterten den Zugang zum Ohio- und Mississippi-Tal und den Großen Seen. Kanäle halfen Weizenanbau und Milchwirtschaft entwickeln und Märkte für Bodenschätze und Holz aufbauen. Besonders der Erie-, Black River- und Champlain-Kanal ermöglichten es, in den Adirondacks mehr Holz einzuschlagen und mehr Land zu besiedeln.

Dabei war das Wasser von vitaler Bedeutung. Es war das Lebensblut des Erie-Kanals. Sank der Wasserpegel, sanken auch die Verkehrs- und Wirtschaftsleistungen. Da die Adirondacks reich an Seen waren, ging man daran, dieses umfangreiche Reservoir anzuzapfen. Zwischen 1880 und 1888 wurde – allein mit Handarbeit und

Pferdekraft – eine Reihe von Wasserzuführungskanälen, Dämmen und Staubecken angelegt, manche an fast unzugänglichen Punkten.

Noch viel grandiosere Pläne, die unter anderem die Umleitung des Wassers ganzer Einzugsgebiete vorsahen, wurden ausgearbeitet. So wollte man das zum Sankt-Lorenz-Strom abfließende Wasser in den Hudson umdirigieren, da die beiden Einzugsgebiete an der Wasserscheide beim Grassy Pond nur siebenhundert Meter auseinanderlagen! Die Techniker versprachen sich davon eine reiche Wasserversorgung für den Champlain- und Erie-Kanal. Zwar fand der Vorschlag viele Freunde und wurde staatlicherseits mehrmals geprüft, jedoch nie verwirklicht. Zum Glück. Denn ein so starker Eingriff in den Wasserhaushalt hätte schwere ökologische Schäden anrichten können.

Heute sind der alte Erie-Kanal und der alte Black River-Kanal weitgehend aufgegeben. Nur ein kurzes Stück zwischen Rome und Syracuse ist noch mit dem Kanu befahrbar. Statt dessen trägt der *New York Thruway* unsere Personenwagen, Lastwagen und Busse, flankiert von Bahngleisen und dem modernen Binnenschifffahrtsweg. Früher sechs Wochen anstrengende Postkutschenfahrt, später zehn Tage mit dem Schiff über den Hudson River und Erie-Kanal, heute acht Stunden mit dem Auto – so hat sich die Reisezeit zwischen New York City und Buffalo verkürzt. Das Wasser der Adirondacks hat bei der Verkehrserschließung dieses Bundesstaates seine Rolle gespielt. Und doch kann ich mich, wenn ich am Ufer verlandeter Zuführungskanäle entlangstreife, einen rostigen Eisenbolzen aufhebe und verwittertes Mauerwerk berühre, des Gedankens nicht erwehren, daß Menschenwerk – wie ein Sommertag – nur allzu kurze Lebensdauer hat.

Vor dem Sommer, vor dem Frühling noch müssen wir eine Zeit durchmachen, die womöglich noch trostloser ist als das Novemberwetter. Vielleicht erscheint sie deshalb doppelt trist, weil ich so ungeduldig darauf warte, Blumen zu sehen, Vögel zu hören, Sonne zu spüren. Einer meiner Kollegen hat die Adirondacks im frühen April das »Sibirien Nordamerikas« genannt. Und Robert Louis Stevenson schrieb 1888, als er am Saranac Lake weilte: »Die Grauheit dieses Himmels hat etwas für die Seele zutiefst Empörendes.«

Tage ohne Sonne verstreichen. Kalter Regen hagelt aufs Dach. Die Schneedecke ist matschig und mit Schneeschuhen kaum mehr begehbar. Kurze, bösartige Schneestürme treten auf. Jeden Morgen beiße ich die Zähne zusammen, kämpfe gegen den Frust des langen Eingesperrtseins und suche mich mit einem neuen langen Tag am Schreibtisch abzufinden. Dann verwandelt plötzlich ein Sonnentag das Sibirien in ein Doktor-Schiwago-Land hellgleißenden Eises und leuchtend weißen Schnees. Auf einem mit Decken gutgepolsterten Schlitten liege ich im Bikini, um etwas Vorfrühlingsbräune zu bekommen. Ebenso plötzlich dann wieder graues, rauhes Regenwetter. Mein Frustrationsspiegel steigt.

Anfang Mai läßt der Regen die Flüsse heftig anschwellen, was das Signal zum Aufbruch für die Anhänger eines neuen Abenteuersports ist. Wildwasserkanuten und Kajakfahrer drängen in die Adirondacks, um sich mit dem stärksten und ungestümsten unserer Flüsse zu messen – dem Oberen Hudson. Jeden Mai findet das Hudson River White Water Derby statt. Es ist im Laufe der Jahre zum beliebtesten und größten Wettbewerb dieser Art in Amerika geworden und zog einst Berühmtheiten wie Robert Kennedy und Ex-Innenminister Stewart Udall an.

Ich halte mich nicht für tauglich, an diesem Rennen teilzunehmen, aber mich sticht der Hafer, den mächtigen Fluß einmal zu befahren. Ich setze mich mit einem Freund in Verbindung, und wir arrangieren es, an einem Sonntag mit einem Kanuclub bei einem Ganztags-Wildwasserausflug mitzumachen. Wir planen den Trip für die Woche vor dem Rennen. Der Hudson hat die Pegelmarke 1,45 Meter erreicht. Etwa anderthalb Kilometer nach der Mündung des Indian River soll es losgehen, und bei der Mündung des North Creek, rund dreißig Kilometer flußabwärts, soll es enden. Ich werde in eine orangerote Rettungsweste geschnürt und in einer Leinwand-Abdichtung festgeknöpft, die dafür sorgen soll, daß nicht allzuviel Wasser ins Boot schlägt. Mein Freund Edward, ein kräftiger, über 1,80 Meter großer, erfahrener Wildwasserfahrer, übernimmt das Heck. Wir haben noch nie zusammen gepaddelt, spielen uns aber schnell aufeinander ein. Von Zeit zu Zeit ruft Ed Anweisungen: »Hart links!« oder »Voll zurück!«

Es ist eine Fahrt voll Angst und Bangen. Saugend strudeln Wellen, Brecher und Wirbel um große Felsen. Der Hudson hat enormes Tempo. Wir denken, arbeiten, keuchen, rufen, kämpfen jede Minute gegen die Strömung. Zwei von den sechzehn Kanus unserer Gruppe verkeilen sich in Felsen und müssen aufgegeben werden; eine Stunde mühen wir uns vergeblich mit Winden und Seilen, sie freizubekommen. In ein paar Sekunden haben die Besitzer ein Boot, Paddel und Ausrüstung im Wert von fünfhundert Dollar verloren. Sie können von Glück reden, daß sie unverletzt geblieben sind.

Als wir uns Blue Ledges nähern, einer engen Schlucht mit steilen Wänden, legen wir eine Atempause ein. Ed deutet auf einen dicken Felsblock und ruft: »Dahinter ruhen wir uns etwas aus.«

Wir wenden das Boot im Strom um 180 Grad und fahren mit dem Bug hinter den Felsbrocken, wo im toten Winkel das Wasser flußaufwärts kreist. Hier, abgeschirmt vom großen Strom, können wir das Boot mit leichten Paddelschlägen an Ort und Stelle halten. Meine Arme schmerzen, und trotz der Abdeckung sind meine Beine naß. Ed grinst entzückt. »Herrlicher Fluß, was? Du machst deine Sache gut. Die größten Stromschnellen stehen uns noch bevor.«

Ich rolle verzweifelt die Augen und sage: »Vielleicht steige ich aus.«

»Nein, nein, das schaffen wir. Aber wir halten vorher noch einmal und kundschaften die beste Route aus.«

Mich überläuft ein Frösteln. Der Fluß verlangt einem doch mehr ab, als ich dachte. Ich blicke an den Felswänden hoch, die sich sechzig Meter über uns türmen. Dies ist eine der grandiosesten Schluchten am Oberen Hudson. Blaugraue Klippen verdüstern das Sonnenlicht, Felsbrocken sprenkeln, wahllos umhergestreut, das Flußbett. Wir stoßen wieder ab, lassen uns von der Strömung drehen, schießen weiter flußabwärts. Als Bugmann muß ich hart mitkämpfen, damit unser Boot nicht zum Wrack wird wie die zertrümmerten Kanureste, die wir an einigen Uferstellen liegen sehen.

Ed hält Wort. Vor der gefährlichsten Stromschnelle stoppt er und läuft Ausschau haltend am Ufer entlang. Ich hüpfe auf und nieder, durchnäßt bis auf die Knochen, mit triefenden Zöpfen und vom langen Knien steifen Beinen. Dann faßt mich Ed am Ellbogen und sagt: »Ich hab die Route. Du mußt nur genau alles machen, was ich sage, so schnell und so kräftig du kannst. Wir schaffen es.«

Ich will nein sagen, will es jemand anderem überlassen, es mit der Stromschnelle aufzunehmen, aber ein

Anflug von Stolz hält mich zurück. Ich kauere mich wieder in den Bug, schnalle meine Schwimmweste enger, ziehe die Bootsabdeckung dichter um mich und nehme das Paddel.

»Jiiiiiiiiiiiii!« schreit Ed jubilierend, wie der schäumende Strom uns packt. Er ist so berauscht und ausgelassen wie ein Teenager beim Tanz. Vor uns knickt der Fluß steil nach unten ab. Es ist, als rutschten wir einen Hügel hinunter, nur daß ringsum spritzende Gischt, Fontänen, Wellen, Blasen und Tropfen explodieren. Ein Angstanfall geht durch meinen Körper und verebbt dann. Zurück bleibt das triumphierende Gefühl, ein wil-

Zweier-Kajak beim Training vor dem alljährlichen Hudson River White Water Derby.

des Pferd zu reiten, ein Düsenflugzeug zu landen, eine Schußfahrt mit Skiern zu machen. Ed ruft Anweisungen. Unser Kanu fährt sich wunderbar. Wir bezwingen den Oberen Hudson mit Muskeln, zwei stabilen Paddeln und unserem Hirn. Zweihundert Meter flußabwärts flacht sich die Stromschnelle ab, und wir sind durch – in Sicherheit.

Hundert Meter unterhalb der großen Rutsche setzt nachträglich das Zittern ein, aber Edward versichert mir, daß das beim Flußfahren normal ist. Es dauert einige Zeit, bis ich mich beruhige, aber von jetzt an erscheint jede Stromschnelle zahm. Ed braucht kaum noch Anweisungen zu rufen. Stolzgeschwellt bringen wir die Reststrecke hinter uns.

Nachdem ich den Hudson »gemacht« habe, kehre ich zum Black Bear Lake heim und setze mich zum Vergleich in ein Guideboot. Meins ist rot, an beiden Enden spitz zulaufend, und wiegt sechsunddreißig Pfund. Ich muß zugeben, daß ich einen Seufzer der Erleichterung und der Zufriedenheit ausstoße, wie ich über den stillen See gleite. Auf ruhigem Wasser kommt man in einem Guideboot mit Riemen schneller voran als im Kanu mit einem Paddel. Das Guideboot ist das einzige heimische Fahrzeug in unseren Bergen. Für den Guide, den Wildnis- und Fremdenführer, »gab es kein anderes«. Nach den alten Guides benannt und für sie entwickelt, waren die Boote unentbehrlich. Straßen gab es nicht; aller Verkehr in den Adirondacks spielte sich auf dem Wasser ab. Das Guideboot mußte leicht genug sein, um über Land getragen werden zu können, stabil genug, um damit stürmische Seen zu überqueren; schnell und leise genug, um damit zu jagen, zu fischen und lange Strecken hinter sich zu bringen.

Alfred Billings Street schrieb in *Woods and Waters* (1860): »Diese Boote sind dunkelfarben, schlank wie eine Pike und leicht wie ein Kork. Elegant aus dünner Kiefer gebaut, mit Spanten aus Tanne, wiegen sie achtzig bis hundertzehn Pfund und sind trotz ihrer Kleinheit den rauhesten Wellen gewachsen.« Winslow Homer verewigte sie in seinem Adirondack-Gemälde »The Guideboat« und anderen.

Die ursprünglichen Hersteller dieser dunkelfarbenen Boote sind heute verschwunden. Ein paar Bootsbauer mag es noch geben, die die alte Tradition am Leben erhalten und die in ihrer Freizeit in ihrer Garage oder im Hobbykeller Guideboote bauen. Das Adirondack-Museum in Blue Mountain Lake unterhält ein fabelhaftes Bootshaus mit einer Ausstellung seltener alter Guideboote. Weitere Boote befinden sich in der Hand von Instituten und ein paar glücklichen Privatsammlern. Verkauft werden sie selten. Für ein 4,30-Meter-Boot muß man zweitausend Dollar und mehr auf den Tisch legen. Im Bootshaus des exklusiven Ausable Club bei St. Hubert's zählte ich einmal sechzig Guideboote auf den Gestellen! Es war, als sähe man sechzig Rembrandts an einer Blockhüttenwand hängen.

Zum Schutz der kostbaren Flüsse und Bäche, auf denen heute unsere Kanus und Guideboote fahren, ist in den Adirondacks eine umfassende Bestandsaufnahme in Gang gesetzt worden. Dank eines Gesetzes mit umständlichem Titel haben wir die Möglichkeit, die noch verbliebenen natürlichen Flußläufe unter Schutz zu stellen. Jedes Gewässer, das als schutzwürdig erachtet und in dieses System einbezogen wird, bleibt von Gesetzes wegen vor Mißbrauch und Übererschließung – besonders vor wasserbaulichen Eingriffen – bewahrt. Ohne diese Maßnahmen würden viele Wasserläufe bald ihrer Reinheit und Schönheit, ihrer Wildheit und ihrer Flora und Fauna verlustig gehen.

Flußstudien werden in unseren Bergen von der Adirondack-Parkverwaltung mit Unterstützung einiger qualifizierter Bürger und Privatgruppen durchgeführt. Rund zweitausend Kilometer Adirondack-Flüsse sind schon unter Schutz gestellt, und weitere zweihundertfünfundzwanzig Kilometer werden derzeit studiert. Wohl keine andere Region im Osten bietet dem Naturfreund noch so viele freifließende Flüsse. Legte man sie der Länge nach aneinander, hätte man eine Wildwasserstrecke, die von der kanadischen Grenze bis nach Miami reichte.

An einem Nieselregentag Anfang Mai begleitete ich Clarence Petty, meinen Favoriten unter den alten Waldläufern, mit meinem Kanu und meinem Hund bei einer Flußerkundung auf dem Westarm des Oswegatchie River. Clarence, ein versierter Biologe, leitet schon seit vielen Jahren die Fluß-Feldstudie der Parkverwaltung. Besagter Westarm des Oswegatchie fließt, braun wie Bockbier, vom Cranberry Lake durch die verlassenen tannenbewaldeten Niederungen der Nordwest-Adirondacks. Clarence und die übrigen Biologen aus seinem Team machten fleißig Notizen, schossen Fotos, wischten ihre Kartenhalter und Schreibplatten trocken, schätzten Wassertiefen, Strömungsgeschwindigkeiten, die Breite von Überschwemmungsgebieten, stießen Äste beiseite, horchten auf Wildtiere, hielten nach Fischen Ausschau und stiegen gelegentlich aus, um ihre Kanus über Untiefen zu ziehen. Ich staunte über Clarence. Er hatte die Schultern und die Muskeln eines Dreißigjährigen, aber sein Gesicht trug die Spuren von siebzig Jahren Arbeit im Freien. Am Oberen Saranac Lake geboren, lebte Clarence in einem Zeltlager und wurde von einem

»Guide«-Vater aufgezogen. Clarence kennt sich in den Wäldern besser aus als jeder andere Mann, mit dem ich je zu tun hatte.

Trotz der Kälte, trotz störender Baumäste, trotz Regens und Umwegen machte mir diese Miterkundung eines Wildflusses viel Spaß. Und wild ist der Oswegatchie tatsächlich. Er fließt frei und ist nur auf dem Wasserweg, zu Fuß und zu Pferd erreichbar; es gibt an ihm keinerlei Kunstbauten außer Fußbrücken, und er ist über acht Kilometer lang. Andere als »landschaftlich schön« oder »Erholungsgebiet« geschützte Flüsse sind meist schon stärker von der Zivilisation berührt, wenn auch stets frei von Kanalisierung und Regulierung.

Am Ende unseres fünfunddreißig Kilometer langen, zwei Tage dauernden Kanu-Trips fragte ich Clarence, ob der Westarm des Oswegatchie schutzwürdig sei.

»Klar, er ist wild und sollte unbedingt unter Schutz gestellt werden«, antwortete der weißhaarige Biologe langsam mit einem Lächeln. »Es gibt nicht mehr viele Stellen, an denen man einen so unverbrauchten und sauberen Fluß findet.« Wie um es zu unterstreichen, schöpfte er eine Handvoll teefarbenes Wasser und kostete es. Die braune Farbe kam von der Gerbsäure der Bäume und war harmlos. Sie gab dem Fluß auch den Namen: Oswegatchie, »schwarzes Wasser«. »Wir werden empfehlen, daß dieser Flußteil in den gesetzlichen Schutzkatalog aufgenommen wird.«

Als ich an diesem zweiten Tag sehr spät abends zur Hütte zurückkehrte, das Kanu hinter dem Motorboot schleppend, hatte der kalte Regen aufgehört. Zögernd blinkten ein paar Sterne über meinen hohen Tannen. Ich vertäute das Boot, zog das Kanu an Land und stülpte es um. Dann setzte ich mich mit Pitzi auf den Anleger und entspannte mich nach der langen Fahrt. Kein Laut durchbrach die frühe Mainacht. Keine Käuze, Frösche und Tauchervögel riefen, kein Fisch sprang, kein Biber schwamm. Es herrschte völlige Stille, aber eine Stille von der Art, wie sie einer Sinfonie vorangeht. Einer Sinfonie, die sehr bald beginnen sollte. Die so lange hinter Wolken versteckt gewesenen Sterne waren jetzt heller.

Mit Befriedigung sah ich, daß Orion, der mächtige Winterjäger, erschöpft von meinem Dach hinunterglitt, nach Westen hin.

10

Frühling

Absolut still ist es auch, wie ich im Morgengrauen aufwache. Es ist fünf Uhr. Kein Regen trommelt aufs Dach. Keine Eisblumengravur auf den Scheiben meines Schlafzimmerfensters. Aus dem Osten kommt ein reines, blasses, gelbes Leuchten; es schimmert hinter den knospenprallen Bäumen. Etwas ist anders. Ich liege wach in meinem weichen, warmen Kokon, hin- und herdriftend zwischen Schlummer und Verwunderung, was sich wohl verändert hat.

Ich rolle mich auf den Bauch, drücke die Fensterverriegelung auf und hole Luft. Das ist es: Frühling! Der Frühling ist gekommen.

Rasch werfe ich die Decken zurück, eile meine kleine Himmelsleiter hinunter, erschrecke den Hund, der laut bellt (weil ich so früh auf bin), kämme mir das zerwühlte Haar, ziehe mein Flanell-Nachthemd aus, werfe mich in Jacke und Jeans und mache lächelnd die Tür auf, um den Frühling einzulassen.

Lange bleibt er nicht. Auf seiner raschen Reise nach Norden macht der Frühling, je weiter er sich dem Polarkreis nähert, immer kürzerdauernde Besuche. In unserer Gegend – bei 42 Grad nördlicher Breite – hält er sich ungefähr zwei Wochen auf. Es ist eine erregende, launische, befruchtende Visite, deren Zeitpunkt unberechenbar ist. Nach der Eisschmelze läßt sich der Lenz immer erst mindestens zehn Tage Zeit und beschert uns Ende April, Anfang Mai erst einmal düsterstes Sibirien-Wetter. Er weigert sich, sich häuslich niederzulassen, wie etwa in Virginia, wo er Kardinalsvögel zu jubilierenden Konzerten verführt und cremefarbene Magnolienblüten hervorlockt.

Statt dessen kommt der Frühling unverhofft, wie heute, und kündigt sich nur durch eine Weichheit und Wärme in der Luft an, wie sie uns fast sechs Monate lang gefehlt hat.

Das Leuchten ist jetzt stärker geworden, und perlrosa Licht übergießt die Berge um den Black Bear Lake. Drei Tage Frühlingssonne, und die Bäume werden kräftig Blätter treiben, ohne die herrlich-unschuldige Übergangszeit des pastellenen, samtweichen ersten Grüns. Sie werden sich sehr schnell mit ernstem, tiefgrünem erwachsenen Laub überziehen. Für Unreifes bleibt hier im Nordland nur sehr wenig Zeit. Das Leben ist hart, rauh und nüchtern.

Eine Flöte tönt aus dem Dunkel unter den Balsamtannen. Rein und klar singt eine Weißkehlammer aus voller Brust ein Sonnenaufgangs-Liebeslied an ein noch zu findendes Weibchen. Ihr melodisches Pfeifen ist einer der schönsten Naturlaute der Adirondacks; Clarence Petty hält es für *den* Klang der Adirondacks.

Nach der »Waldflöte« wird das aufbrausende Tirilieren eines Winterzaunkönigs vernehmbar. Zwar ist dieser Vertreter der Vogelwelt ein Winzling, aber aus seiner kleinen Kehle schmettert er ein lauteres, längeres Lied als alle anderen Arten, die ich kenne. Auch er bewacht ein Stückchen Tannenwald als Revier und wirbt singend um eine Partnerin.

Eine Spezies nach der anderen erwacht an diesem Frühlingsmorgen und erhebt ihre Stimme. Überall im

Wald regen sich Singvögel, die alle ihr Hochzeitskleid tragen, sich putzen und futtersuchend durch die noch nackten Bäume flirren. Nach dem Frühstück beschließe ich, den Tag mit Vogelbeobachtungen zu verbringen. Ich staube mein Fernglas ab und packe ein Sandwich und Hundekekse, Notizbuch und Kugelschreiber ein. Pitzi und ich gehen auf eine geruhsame Rundwanderung, die nur ungefähr sechs Kilometer umfassen, aber verschiedene Lebensräume berühren wird. An die fünfzig Spezies werde ich wahrscheinlich zu sehen bekommen.

In östlicher Richtung brechen wir auf und erreichen durch die Tannen hinter der Hütte zunächst meinen kleinen Sumpf. Hier sind sicher Rotstärlinge, Fichtentyrannen und Waldtyrannen zu finden. Dann streifen wir an einem der seichten Weiher entlang, an die mein Land grenzt, und halten Ausschau nach dem üblichen Paar Kappensäger, einem Kanadareiher und vielleicht einem Eisvogel. Ein Streifen Laubwald beherbergt Dutzende von Singvögeln: Hemlockwaldsänger, Kronwaldsänger, Fichtenwaldsänger, Gründwaldsänger und Blaurückenwaldsänger.

Wie wir den Biberteich erreichen, befehle ich dem Hund, ruhig zu sein, und krieche auf die kleine Landzunge hinaus. Ein Pärchen Bindentaucher ist in voller Balz. Leidenschaftlich schwimmen sie aufeinander zu, drehen im letzten Moment ab und gleiten Seite an Seite weiter, zärtlich flötend. Ein Schwarzentenweibchen schwimmt verstohlen zwischen den im Wasser stehenden Lärchen durch. Wahrscheinlich bewacht es bereits ein Gelege. Fliegenschnäpper zwitschern von den toten Zweigen. »Bitte – vier Bier. Bitte – vier Bier«, rufen sie ununterbrochen.

Der Morgen ist ungewöhnlich warm, und tatsächlich,

ein kühles Bier wäre jetzt nicht schlecht. Wir spazieren durch einen Einschnitt und einen Abhang hinab zum Sunshine Lake. Dort im trockenen Laub hört Pitzi ein Rascheln. Obwohl er ein Schäferhund ist, erstarrt er in Vorsteh-Haltung. Ein Junghase könnte es sein, oder ein Rothörnchenjunges. Zum Hinterherhetzen bereit, läßt Pitzi plötzlich die Pfote fallen. Ein hochnäsiger Töpfervogel raschelt vorbei, rechts und links Blätter aufstiebend, auf der Suche nach Nahrung. Er macht mehr Lärm als ein Elefant.

Am Sunshine Lake strecken wir uns auf einem Stückchen Sandstrand aus, um die Frühlingssonne aufzusaugen. Wie stark und heiß sie ist. Fünf Monate war ich in Winterkluft und langen Unterhosen verpackt und bin nun weiß wie ein Pilz. Ich ziehe mich aus: herrliche Sonnentaufe auf nackter Haut.

Plötzlich ein hartes Kreischen über mir. Ich öffne die Augen einen Spalt weit, geblendet von der Sonne, und sehe eine große Möwe über mir. »Raus! Raus!« schreit sie. Wie ein Wurfgeschoß landet ein Kotklecks auf Pitzis Flanke. Woher die Aufregung? Den See mit dem Fernglas absuchend, sehe ich das Weibchen, eine schneeweiße, geistergraue Silbermöwe, unschlüssig auf einem aus dem Wasser ragenden Stein stehen. Über den Stein ziehen sich sternförmig weiße Streifen. Die Möwen haben hier einen Schlafplatz, vielleicht sogar ein Nest. Den See betrachten sie als ihr Revier, und der Hund und ich sind äußerst unwillkommen. Wir müssen den Platz räumen oder uns auf stundenlanges Störfeuer gefaßt machen. Doch die Vögel müssen sich noch einen Moment gedulden.

Ich schnappe Pitzi am Kragen und wate mit ihm in das immer noch eisige Wasser (zum Baden wird es erst Mitte Juni taugen). Wir krümmen uns beide vor Kälte, aber ich wasche ihm den Vogelkot ab und spritze mir Wasser ins Gesicht und unter die Achseln, um den Schweiß fortzuspülen. Erfrischt ziehe ich mich an, und wir tauchen zurück in den Wald. Die Möwe läßt sich nicht hinters Licht führen. Sie bleibt über uns und beobachtet, wohin wir gehen. Ihre weißleuchtenden Flügel schneiden durch blauen Himmel und gelbe Sonne. Wie schön, in unseren landumschlossenen Bergen ein Pärchen Seevögel zu haben.

Am Seeausfluß springt ein »maskierter Bandit« aus einem Erlengebüsch. Es ist ein naseweises kleines Gelbkehlchen, das uns mit »Witschiti-witschiti-witsch« anspricht. Auch dieser Vogel erhebt Anspruch auf sein Revier und verteidigt ein Nest und ein scheues Weibchen.

Ehe wir den Kreis weitergehen, der uns zum Black Bear Lake zurückführt, nehmen Pitzi und ich unseren Imbiß auf einem Südhang unter einer kahlen Buche. Auf dem sonnenbeschienenen Waldboden schaue ich mich um. Ein Büschel Waldlilien schwankt leicht in der Brise. Diese Dreiblattpflanze wächst in zwei Farben: in jungfräulichem Weiß mit zartroten Schnörkeln und in leidenschaftlichem Burgunderrot. Nahebei wiegt sich eine einzelne rote Mokassinblume auf ihrem fragilen Stengel. Ich stehe auf, schlurfe ein bißchen herum und suche ihren nahen Verwandten, den prunkenden Frauenschuh. Staunen muß ich doch, wie schnell diese Blumen, geweckt durch einen Sonnenkuß, aus der graubraunen, winterplatten Erde gewachsen sind. Auch die Farne erwachen an diesem Sonnenhang. Ich sehe, wie krummer, zartgrüner Fiddlehead-Farn emporkommt, und merke mir vor, in ein paar Tagen, wenn sie größer geworden sind, einige davon zu pflücken. An dem Abend werde ich mich dann an »Adirondack-Spargel« laben.

Pitzi und ich wandern weiter und brechen durch das Fußangelgestrüpp des Schlingstrauchs. Zu dieser Jahreszeit zumindest kann ich es der hinterhältigen Pflanze verzeihen, daß ihre elastischen, niedrigliegenden Zweige mich schon Hunderte Male zum Stolpern gebracht haben. Jetzt ziert sie den Waldboden mit breiten, flachen Inseln winzigweißer Blüten, die so unschuldig anmuten wie Altarblumen in einer Kirche.

Nachmittags treten wir am Ufer des Black Bear Lake aus dem Wald heraus, anderthalb Kilometer von der Hütte entfernt. Die wachsame Möwe, die uns bis hierher verfolgt hat, schwenkt nach Westen ab und läßt uns endlich in Ruhe. Auf dem Heimweg kommen Pitzi und ich an einigen verlassenen Sommerhäusern vorbei und werfen einen Blick auf die Dächer und Fundamentpfosten. Nicht mehr lange, und die ersten Sommerleute werden um den Memorial Day herum, das heißt Ende Mai hier eintreffen und »das Lager aufmachen«. Immer warten dann Überraschungen, die der Winter hinterlassen hat.

Hat der Winterwind Bäume aufs Haus gestürzt, Lükken in den Wald geschlagen? Ist Wasser durchs Dach gekommen? Hat sich das Fundament verschoben, der Fußboden gehoben? Hat der schwere Schnee Dachsparren verbogen? Funktioniert die Wasserleitung, oder sind durch den Frost die Rohre geplatzt? Ist der Bootsanleger bei der Eisschmelze weggeschwemmt worden? Ist der Schornstein verstopft? Ist etwas gestohlen?

Seltsames geschieht. Eine Familie fand eine einzelne Glühbirne brennen, die wohl im Oktober, als man »das Lager schloß«, nicht abgeschaltet worden war. Ein anderer Hausbesitzer klagte, sein tragbarer Generator (und sonst nichts) sei aus seinem Keller verschwunden. Aber kein Fenster war eingeschlagen, keine Tür aufgebrochen. Das Makaberste erlebte ein Sommerhausbesitzer an einem kleinen Privatsee bei Hawk Hill. Er machte den Kamin an, um das Haus durchzuwärmen, doch das Feuer zog nicht und qualmte stark. Der Mann spähte in den Schornstein; er schien zugestopft. Von draußen sah es so aus, als stecke ein Sack oder etwas Ähnliches oben drin. »Fast wie Sankt Nikolaus, der durch den Schornstein kommt«, sagte der Mann später.

Der Sack entpuppte sich als die Leiche eines alten Holzfällers. Offenbar war er von einer Trinkerei in der Stadt zurückgekommen und wollte im Norden wieder Arbeit suchen. Vielleicht wollte er vor der Ausnüchterung noch eine allerletzte Flasche finden; vielleicht fror er auch und wollte durch den Schornstein ins Haus einsteigen. Jedenfalls verhakte sich sein Fuß in der Drosselklappe, und er starb an Ort und Stelle, halb aus dem Schornstein heraushängend. Sein Körper war durch die Winterkälte recht gut konserviert. Als die Eigentümer im Mai kamen, sah er immer noch fast wie der Nikolaus aus, der durch den Schornstein kommt.

Auf dem Heimweg sehe und höre ich weitere Vögel. Ein Kernbeißer singt graziös auf einem Ahornbaum, Rotschwänzchen flitzen durch die Fichten, Rauchschwalben machen über dem See ihre Sturzflüge, und Feuerkopf-Saftlecker trommeln auf süße, saftträchtige Birken. Heiß und verschwitzt zu Hause angelangt, gehe ich zu dem Schneehaufen, der sich, ein Meter hoch und doppelt so breit, unter dem Dach des Holzschuppens noch immer hält, und grabe aus dem verharschten Schnee eine eiskalte Flasche Bier aus. Ich nehme sie mit zur Lände, um mich in die Frühlingssonne zu setzen, auszuruhen und meine

Vogelliste zu schreiben. Dreiundvierzig Spezies bisher! Und es werden noch mehr, wenn die Dämmerung kommt und die Vögel ihren Reviergesang wieder aufnehmen.

Im Abendzwielicht an diesem magischen Frühlingstag höre ich sie endlich: die Pieper. Das Wasser im Sumpf hat sich bis zu irgendeiner katalytischen Temperatur aufgewärmt, und ihr Frühlingschor hat begonnen. Lange sitze und lausche ich, sehe die Sonne hinter den sich begrünenden Berg sinken und spüre widerstreitende Emotionen des Glücks und der Trauer. Diese Vögel hatten auch gesungen, als ich das erste Mal den Fuß auf mein Land setzte und den Hüttenplan entwarf. Das war eine sehr streßreiche Zeit. Wenn ich diese Vögel höre, muß ich an Morgan denken, meinen ehemaligen Mann, an meine Scheidung und an den Umzug aus dem Hotel in die Hütte.

Aber dann fallen mir die guten Entwicklungen ein. Fünfmal haben seit jener trüben Zeit die Pieper im Frühling gesungen. Doch, ich habe inzwischen einiges geschafft. Ich habe mir ein Haus gebaut, viele nützliche Fähigkeiten angeeignet und gelernt, wie man ein Konto führt und die Einkommensteuer berechnet. Ich habe einen akademischen Grad erworben und mir eine berufliche Existenz aufgebaut. Ich verdiene mir selber die Brötchen, vielleicht nicht in althergebrachter Manier, aber auf eine Weise, die mir Unabhängigkeit gewährleistet, die gesund, interessant, manchmal auch riskant und ein bißchen heikel ist. Ich kann mir aussuchen, wen ich in die Hütte lasse und wen nicht. Und das will etwas heißen nach dem Leben im Hotel, wo mein »Heim« aus einem einzigen Zimmer (das an ausgebuchten Wochenenden an Gäste vergeben wurde) oder zeitweilig aus einer Matratze auf dem Dachboden bestand; wo manchmal verfrorene Wasserskiläufer in meiner Dusche standen und Kellnerinnen ungeduldig meine Schallplattensammlung durchwühlten.

Ein warmes Rinnsal hinter meinem Ohr unterbricht meine Gedanken. Blut! Was kann es sein? Habe ich mich im Wald irgendwo geschnitten? Dann komme ich darauf. Kriebelmücken! Es scheint zu früh, oder doch nicht? Jederzeit, nachdem der Schlingstrauch geblüht hat, können sie auftauchen. Mich hat anscheinend eine besonders gefräßige erwischt.

Die Kriebelmücken treten im Frühjahr überall in den Adirondacks auf und werden besonders in Sumpfgebieten zur Plage. Von Ende Mai bis in den Juni hinein können sie einem die Aktivitäten im Freien wochenlang vergällen. Die Kriebelmücke greift wie ein winziger Vampir an. Da ihr Speichel ein Betäubungsmittel enthält, ist der Biß fast schmerzlos. Nur das Weibchen saugt Blut, und auf der Suche nach einer Mahlzeit fliegt es bis zu sechzehn Kilometer weit. Die meisten Einheimischen entwickeln eine natürliche Immunität und spüren nur eine leichte Irritation; manche Menschen reagieren aber auf die Stiche hochallergisch und leiden unter Schwellungen, juckenden Quaddeln und sogar Atemnot. Ich selbst bin am Anfang der Mücken-Saison ein, zwei Tage etwas angeschlagen, habe geschwollene Halsdrüsen und Appetitmangel, aber das legt sich bald. Wie die meisten Ortsansässigen habe ich gegen die Plagegeister meine eigenen Abwehrtechniken. Miniröcke, T-Shirts, Hot Pants und Bikinis servieren der Mücke Menschenfleisch auf dem Präsentierteller, weshalb ich mich so anziehe, daß möglichst wenig Haut bloßliegt. Alle vier Stunden trage ich reichlich Insektenabschreckungsmittel auf und mache Reisigfeuer, wenn ich außerhalb der Hütte arbeite. An heißen, wolkigen Tagen bleibe ich drinnen oder erledige Außenarbeiten nur nachts, wenn die Mükken ruhen.

Für Forschung und Bekämpfung hat unser Bundesstaat Millionen aufgewandt. Jahrelang war DDT die Hauptwaffe. In raschfließende Gewässer, wo Kriebelmückenlarven an Steinen und untergetauchten Baumstämmen sitzen, wurden DDT-Blöcke versenkt. Mein Freund Rob pflegte im Staatsauftrag jahrelang jeweils sechs Wochen im Frühjahr in den Gewässern um Hawk Hill Blöcke auszulegen. Dann wurden dank Umweltschützern wie Rachel Carson die Gefahren des DDT entdeckt, und man verzichtete auf die Blöcke. Nun verspritzten Sprühflugzeuge über Seen und Tälern neue Insektizide, von denen manche noch giftiger als DDT, andere fast wirkungslos waren. In den Ortschaften besprühten Sprengwagen alle Straßen, Gärten, Rasenflächen und Golfplätze (sogar Kinder) ausgiebig mit Insektengiften unterschiedlicher Toxizität.

Heute schläg das Pendel zur anderen Seite aus. Am Black Bear Lake haben mehrere Sommerhausbesitzer schriftlich bei der Bezirksverwaltung Protest gegen das Besprühen ihrer Grundstücke und ihres Sees eingelegt. »Wir werden Vögel zur Insektenbekämpfung einsetzen«, sagte ein intelligenter Nachbar. Er spricht mir aus dem Herzen.

Da auch ich – zum Schutz der Vögel, Fische, Wasserinsekten, Amphibien und anderer Tiere, die durch Spritzgifte in unseren Bergen gefährdet sind – diesen Standpunkt eingenommen habe, wische ich das getrocknete Blut weg und kratze. Dann zucke ich die Achseln und sage mir: Soll das kleine Biest doch beißen.

Die Sonne ist untergegangen. Kühle kriecht aus dem schneefeuchten Boden und dem eisigen Seewasser. Mit grauem Dunst durchtränkt sie den Abend. Die Pieper singen lauter und nachdrücklicher. Ich stehe mit steifen Gliedern auf. Nach der Euphorie des Tages senkt sich Melancholie herab. Von der Sonnenwärme zur Nebelkälte – alles an einem Tag, alles in einem Leben. So wird der Frühling immer für mich sein: flüchtig, bittersüß.

11

Sommer

Wenn der Frühling rasch hineinblüht in den Sommer, fühle ich mich an den Tempowechsel in einer Sinfonie erinnert: von allegro zu andante. Der Sopran der Pieper weicht dem Bariton der Ochsenfrösche; das Lied des Winterzaunkönigs wird von den glockenähnlichen Klängen des Blauhähers übertönt. Das Pastell der debütierenden Blätter verfärbt sich zu tieferen Grüntönen. Charlie, ein älterer Freund, Bandleader im Ruhestand aus Chicago, besucht mich an einem langen Juniwochenende zum erstenmal. Er klagt: »Hier oben ist alles so *grün*. Als hörte man dauernd ein Tenorsaxophon.«

Sein untrainiertes, an den Beton der Stadt gewöhntes Auge nimmt die feinen Unterschiede in den Farbtönen nicht wahr. »Schau«, sage ich und deute auf meine jungen Weymoutskiefern, die ich dicht an der Hütte angepflanzt habe, wo sie vor Verbiß durch Hirsche und Schneeschuhhasen sicher sind. Schüchtern strecken sie ihre neuen apfelgrünen Nadeln zur Sonne; die Nadeln aus dem letzten Jahr sind olivgrün geblieben. Ich führe meinen Freund in den kleinen Tannenwald. »Schau, Charlie.« Die frischen jungen Triebe sind glänzend chartreusegrün, im Gegensatz zum stumpfen Flaschengrün der vollausgewachsenen Tannenäste.

Charlie nickt höflich. »Ja, aber es ist immer noch alles grün, so eindimensional.«

Fröhlicher wird er, als wir über den Berg nach Hawk Hill fahren. Am Straßenrand überall eine Farbexplosion: weiße Gänseblümchen, orangefarbenes Habichtskraut, gelbe Schwertlilien, blaue Zichorie, rosa Joe Pye Weed, elfenbeinfarbener Walddost, purpurne Prunellen. All diese Wildblumen bringen Buntheit an die schmalen grasigen Ränder unserer holprigen Straßen. Fast alle aber sind sie transplantiert, von außerhalb der Adirondacks hergeweht oder hergebracht worden. An den gemähten Straßenrändern haben sie passenden Lebensraum gefunden. In den unberührten Wäldern und Biberwiesen der Adirondacks kommen nur wenige natürliche Wildblumen vor.

Meinem Besucher läßt das Thema der Vegetation um meine Hütte keine Ruhe. »Willst du nicht mal ein paar nette Blumen anpflanzen?« schlägt Charlie vor.

»Welche denn?« frage ich.

»Na, Geranien, Rosen, Herbstrosen, Begonien, Dahlien.«

Ich stöhne innerlich. Ich will nicht, daß diese Gartenblumen sich hier an meiner Hütte breitmachen, samt dem Rattenschwanz an Werkzeugen, Düngemitteln, Insektiziden, Spalieren, Kästen, Torfsäcken, Kalk etc. Nicht einmal einheimische Adirondack-Blumen – wilde Azaleen, Veilchen, Kalmie, Wildiris, Ruprechtsstorchenschnabel – will ich um mein Haus pflanzen. Dann müßte ich aufpassen, wo ich hintrete, müßte zum Schutz gegen die Hirsche einen Zaun ziehen, müßte Pitzi an eine Laufleine legen. Ich mag mein Land genau so, wie es ist: natürlich, ursprünglich, unberührt.

»Dagegen«, kontere ich, »sprechen gute Gründe. Vor allem ist das Klima für diese Pflanzen viel zu rauh. Wir haben nur zwei, drei frostfreie Monate hier oben.«

»Unglaublich, und das mitten in den USA«, sagt Charlie, ungläubig den Kopf schüttelnd. »Dann könntest du aber doch ein paar von diesen hohen Bäumen fällen, damit du mehr Sonne kriegst. Leg deine Blumenkultur erst mal auf dem Sonnendeck an«. Er erwärmt sich für sein Thema. »Du könntest auf dem Sonnendeck aus starkem Plastik und 5 mal 5 Zentimeter-Kanthölzern ein prima Gewächshaus bauen.«

Er plapperte weiter. Ich schüttle resigniert den Kopf, denn wie viele Sommerhäuser habe ich hier gesehen, um die herum Bäume abgeschlagen, Rasenflächen angelegt, Blumenkästen angenagelt, Gemüsegärten gepflanzt worden sind. Wenn die Besitzer dann ein Wochenende »zur Erholung« kommen, müssen sie die ganze Zeit mähen, düngen, jäten, wässern. Da hätten sie auch gleich in der Stadt bleiben können.

So freundlich wie möglich erkläre ich Charlie, daß ich in New Jersey geblieben wäre, hätte ich einen Blumengarten gewollt. Er lächelt, läßt sich aber nicht kleinkriegen.

»Nur ein kleiner, ein ganz kleiner Versuch«, bittet er. »Laß mich für dich ein Gärtchen anlegen, solange ich hier bin. Nur um zu sehen, was wächst und was nicht.«

»Oder welches Tier es auffrißt und welches nicht«, vervollständige ich den Satz. »Charlie, das Höchste, womit ich mich einverstanden erklären könnte, wäre ein Salatbeet.«

»Gut, gut.« Er ergreift die Gelegenheit beim Schopf. »Ich fahr' los und kaufe das Saatgut. Du wirst sehen, wie herrlich der selbstgezogene Salat schmeckt.«

Ich gebe nach, teils weil Charlie zu alt und ein zu guter Freund ist, als daß ich ihn verärgern möchte, und teils aus Neugier. Ist das Adirondack-Klima wirklich so ungeeignet für Nutzpflanzen? Der Name unserer Berge

scheint es anzudeuten. Hah-dah-ron-dac, »Baumfres-
ser« oder »Rindenfresser«, nannten die Irokesen
abschätzig die Algonkin-Indianer, die in den langen, bit-
teren Wintern hier oben gezwungen waren, Baumrinde
und Zweigspitzen zu essen. Und es gibt herzlich wenig
Farmen in den Adirondacks. Die einzigen, die sich
behaupten können, liegen in den tiefen Tälern um Lake
Placid, wo es Taschen fruchtbarer Erde und ein günsti-
ges Mikroklima gibt.

An einer sonnigen Stelle beim See bereiten wir ein
quadratisches Beet vor, dessen Seitenlängen 2,50 Meter
messen. Das Seewasser wird temperaturausgleichend
wirken. Vielleicht bekommen wir drei völlig frostfreie
Monate. Charlie kauft ein Dutzend Päckchen Saatgut,
Pflöcke, eine Hacke und einen Beutel Dünger. Ich
besorge Kalk für den übersäuerten Boden und organi-
siere unterwegs an einem Stall einen Kübel Naturdung.
Vielleicht hilft auch das.

Nach einem schönen, mit Pflanzen verbrachten Sonn-
tagnachmittag – fünf Reihen legen wir an: nur *eine*
Reihe Salat, dann noch als Charlies Experimente je eine
Reihe Radieschen, Möhren, Petersilie und Mais – fährt
mein alter Freund heim und hinterläßt mir strikte
Anweisungen zur liebevollen Pflege seines Gartens.
Selbst Pitzi wird herangezogen; er soll knabberlustige
Hasen, Eichhörnchen und Mäuse verjagen.

Die Junisonne wärmt den Garten. Nichts. Der Junire-
gen fällt darauf. Nichts. Pitzi wird es leid, auf hungrige
Herbivoren zu lauern. Die Hacke setzt Rost an. Kein
Unkraut ist zu jäten. Das Salatbeet erscheint tot.

Der Juli kommt. Und mit ihm der echte Adirondack-
Sommer. Manche sagen, er beginne am 4. Juli und ende
am Tag darauf. Ich vergesse den Garten und stelle hoch-
vergnügt meinen Tagesablauf auf Sommer um. Als

erstes am Morgen ein Nacktbad im See, so früh wie möglich, ehe Boote und Kanus auftauchen. Scheint die Sonne dann aufs Sonnendeck, trage ich Schreibmaschine, Papier, Bücher, Radio und eine Kanne Camp-Kaffee ins Freie. Gegen elf tuckert das Postboot vorbei. Pitzi läuft zum Anleger, um es abzufertigen. Mit fast leerem Postsack kommt er zum Sonnendeck zurückgehüpft. Gut. Keine Korrespondenz zu beantworten. Nach drei Stunden Arbeit und Sonne habe ich wieder Lust zum Schwimmen, diesmal im Bikini. Pitzi springt mir nach und »rettet mich« mit seinem Schwanz. Ein leichter Lunch, dann halte ich Siesta in meiner zwischen zwei Tannen aufgespannten brasilianischen Hängematte. So gut hatte ich's im Winter nie!

Faul hingestreckt, fällt mir ein, daß die Hüttenpfosten wieder mal eine Kreosotbehandlung brauchen. Heiße trockene Tage sind dafür am besten; da zieht die Imprägnierung gut ein. Ich klettere aus der Hängematte, ziehe ein altes Hemd, eine alte Hose und alte Handschuhe an und hebe die 3,8-Liter-Dose auf. Der scharfe Geruch macht mich schlagartig wach. Vorsichtig, damit nichts von der ätzenden Flüssigkeit auf Haut oder Augen kommt, bestreiche ich mit dem schwarzen Zeug die Enden der Pfosten, wo Erde und Nässe Fäulnis hervorrufen können. Manche der Pfosten sind schwer zu erreichen. Ich muß halb unter die Hütte kriechen, den tropfenden Pinsel in der Hand, schwitzend und fluchend. Nach Erledigung der lästigen Arbeit schäle ich mich wieder aus der Kluft und schwimme, diesmal mit Seife und Scheuerbürste.

Zum Abtrocknen spaziere ich zum Garten hinunter. Was sehe ich? Eine winzige, flaumige Reihe zentimeterhohen Grüns sprießt aus dem Boden. Es ist Salat! Charlies saubere Handschrift am weißen Pflock identifiziert die Reihe. Vielleicht muß ich doch keine Rinde essen. Noch heute abend schreibe ich ihm. Dreieinhalb Wochen bis zum Aufgehen! Wann werde ich ihn wohl essen können?

Vor dem Abendessen gehe ich eine halbe Stunde in den Wald und sammle gefallene Äste und sonstiges totes Holz, das der Winter abgeschlagen hat. Ich schleppe es zur Feuerstelle, zerkleinere es und schichte es zu einer Pyramide auf. Nachdem ich sie angezündet habe, gehe ich in die Hütte und suche mir aus dem Gaskühlschrank mein Essen aus. Ein kleines Steak, zwei Maiskolben, einen Salat, Vollweizenbrot. Ich trage alles hinaus und gehe dann zum Anleger, um ein Glas klares, kaltes Seewasser zu holen.

An diesen Sommerabenden kann ich bis halb zehn, manchmal bis zehn Uhr im Freien ein Buch lesen. Noch lange leuchtet der Himmel, nachdem die Sonne fern im nordwestlichen Quadranten untergegangen ist. Dorngrasmücken, Winterzaunkönige, Hemlockwaldsänger und Purpurgimpel haben jetzt die Paarungszeit hinter sich und nisten; sporadisch geben sie aber immer noch Abendkonzerte rund um die Hütte. Fledermäuse, vor kurzem erwacht, huschen über das Wasser.

Fische springen im grauen und rosafarbenen Zwielicht. Unergründlich liegt der See, schwarz wie Onyx. In der Nähe des Quellochs, meiner Lände gegenüber, sitzt ein einsamer Angler in seinem Boot. Ich sehe die Silhouette einer kauernden Menschengestalt und den feinen Strich der Rute. Plötzlich spannt sich die unsichtbare Schnur. Ein krampfhaftes Rucken, dann durchbricht quecksilbrig schimmernd ein Saibling die schwarze Oberfläche. Geschickt hebt der Angler ihn mit einem Kescher ins Boot.

Obschon der Black Bear Lake und Hunderte anderer Seen und Weiher seit Ende des letzten Jahrhunderts von der Umweltschutzbehörde künstlich mit Fischen besetzt werden, gibt es hier immer noch eine Population einheimischer Fische. Einen Saibling oder »Brookie« – vollfleischig, rosafarben, hellgefleckt – aus dem Wasser zu ziehen, ist der Traum jedes Anglers. Dagegen verblaßt ganz wörtlich das bleiche, weiche, lebergefütterte Kunstprodukt der Fischzuchtanstalten. Aufgrund der starken öffentlichen Inanspruchnahme der Ressourcen wären jedoch viele unserer Adirondack-Seen ohne künstliches Aussetzen praktisch fischlos, und die Sportsmänner würden leer ausgehen. Mittlerweile bedroht eine neue Gefahr die Adirondack-Seen. Saurer Regen aus Detroit, Chicago und anderen Industriegebieten bringt offenbar Chemikalien als Fallout mit, verändert den pH-Wert unserer Seen (auch in New Hampshire, Ontario und anderen Gebieten im Nordosten) und dezimiert den Fischbestand.

Gleichwohl, das Anglerglück, das ich beobachtet habe, bringt mich auf den Gedanken, mit Rob einen Ausflug zu irgendeinem versteckten Ort zu machen, wo die wirklich großen Brookies liegen. Am nächsten Morgen gegen neun finde ich mich an seinem braunen Haus ein. Eher geht Rob nie in den Wald; er wartet lieber, bis die Post eingetroffen und der Tau getrocknet ist. Er freut sich, Gesellschaft zu haben, und schlägt vor, zum Birch Creek zu gehen, elf Kilometer auf überwachsenen Holzfällerstraßen und kaum sichtbaren Pfaden. Als exzellenter Angler richtet sich Rob nach der Maxime, daß die besten Bäche jene sind, in denen noch keiner gefischt hat. Um diese zu finden, unternimmt er weite Fußmärsche.

Am Birch Creek beobachte ich, wie seine knochigen

Hände die Rute zusammensetzen und die Schnur sanft und fachmännisch in den schmalen Bach gleiten lassen. Unter schattigem Torfmoos am Ufer kommt etwas hervorgeschossen. Rob bringt den mühelos an den Haken, und bald landet ein dreißig Zentimeter langer Saibling vor meinen Füßen. Meine Technik ist weit weniger gekonnt; trotzdem machen wir bis zum Mittag reiche Beute. Auf frischen grünen Farnblättern, mit denen Robs Fischkorb ausgelegt ist, glänzen die rotgesprenkelten Fische. Aus einem abgewetzten Packkorb holt mein Begleiter zwei plattgedrückte Erdnußbutter-Sandwiches. Wir halten Lunch und spülen mit eiskaltem Quellwasser nach. Noch viel köstlicher wird das Abendessen sein: gegrillter Saibling mit Robs Spezialkartoffeln.

Der einzige andere Fisch, den ich in diesen Bergen gern angle, ist der Katzenwels. Ihn zu fangen kostet wenig Mühe, und man braucht nicht weit zu laufen. Alle anderen Fische – Seeforelle, Großer Schwarzbarsch, Hecht, Stint – sind zeit- und arbeitsaufwendiger. Der Katzenwels dagegen fängt sich praktisch selbst. Immer wenn mir der Gedanke kommt, suche ich unter alten Kisten und Büchsen am Müllhaufen ein paar Würmer, besetze einige Haken mit Ködern und werfe die Leinen aus, wobei ich darauf achte, daß die Ruten gut an meinem Anleger befestigt sind. Dann gehe ich zum Schreibtisch oder zum Sonnendeck zurück. Binnen einer Stunde ist bestimmt ein Wels an der Angel. Wenn ein halbes Dutzend zusammengekommen ist, häute ich sie ab, wälze sie in Eierteig, brate sie in Butter und serviere sie mit kleinen Pfannkuchen und reinem Adirondack-Sirup.

Der Sommer ist die Zeit für Reparaturen, die Behebung von Winterschäden und Verwirklichung neuer Projekte. Jedes Jahr habe ich aufs neue unter den Folgen des Fehlers zu leiden, daß ich die Hütte aus ungeschälten Baumstämmen gebaut habe. Ich habe nämlich Borkenkäfer als Mitbewohner. In der Paarungszeit im Juni und Anfang Juli kommen sie invasionsartig unter der Rinde hervor und schwirren im Hochzeitsflug durch die Hütte. Die blauschwarz glänzenden, fast vier Zentimeter langen Männchen und die kleineren, matter gefärbten Weibchen kopulieren auf meiner Schreibmaschine, in der Spüle, neben dem Spiegel, auf meinem Kopfkissen. An heißen, schwülen Abenden, wenn sie am aktivsten zu sein scheinen, patrouilliere ich mit einem Killer-Gefäß durch die Hütte, streife Paare hinein und versuche, vor dem Zubettgehen die Wände käferfrei zu bekommen. Ich habe einen Horror davor, nachts mit einem krabbelnden Käfer auf dem Gesicht aufzuwachen. Handelsübliche Insektengifte will ich nicht auf die Wände sprühen, und es ist unmöglich, das Viehzeug unter der Borke hervorzupullen. Eines Tages wird mir nichts anderes übrigbleiben, als die Wandblöcke zu entrinden, das Sägemehl wegzufegen und das Holz zu firnissen.

Aber es gibt im Sommer noch andere wichtige Dinge zu tun, nämlich Besuche zu empfangen, kampieren zu gehen, zu segeln, zu tauchen und die Wasserverschmutzung zu bekämpfen. Gezwungenermaßen verstärken sich die Berührungen mit der Außenwelt, und das Problem der Wasserverschmutzung zwingt – wie die Borkenkäfer – zu einem fortwährenden Kampf. Am Black Bear Lake tun sich jeden Sommer ein paar von uns zusammen, um die Reinheit unseres Wassers zu schützen. Reihum statten wir den Hausbesitzern höfliche Besuche ab, bewaffnet mit Paketen voll Pylam-Farbstoff und viel Logik.

»Möchten Sie auch weiterhin gutes, sauberes, ungechlortes Seewasser trinken können?« fragen wir. Meist ist die Antwort ja.

»Möchten Sie, daß Ihre Kinder und Ihre Gäste in einem unverschmutzten See schwimmen können?« Immer ist die Antwort ja.

Wenn wir festgestellt haben, daß die Seeanrainer sauberes Wasser wollen, fragen wir taktvoll, wohin denn die Abwässer gehen; wo denn der Faultank ist; wann er zum letztenmal geprüft worden ist und, bitteschön, ob wir ein Päckchen Farbe durch die Toilette spülen dürfen.

Meist dürfen wir, und dann stehen wir alle gespannt am Seeufer und warten, ob irgendwo verräterisch gelbgrüne Farbe heraufquillt und ein unvermutetes Leck im Abwassersystem anzeigt. Zeigt sich binnen einer halben Stunde keine Farbe, sind Faultank und Sickergrube wahrscheinlich hinreichend dicht. Immer wieder, Gott sei's geklagt, finden wir Küchenspülen, die sich hinter dem Haus direkt auf die Erde entleeren; Abwasserrohre, die sich im Winter verzogen haben und aufgerissen sind, so daß die Brühe heraussickert, und Faultanks, die sechzig Jahre alt und zugestöpselt sind.

Versteifen sich die Eigentümer auf Ausreden oder sagen, sie könnten sich die Reparatur nicht leisten, bitten wir den städtischen Umweltschutzbeauftragen, ihnen einen Besuch abzustatten. Zum Glück hat der Staat New York strenge Gesetze über öffentliche Gesundheitspflege und Hygiene, die es dem Beauftragten ermöglichen, Verwarnungen zu erteilen, die es in sich haben. Mehrere Camps am Black Bear Lake haben pflichtbewußt ihre Abwasserentsorgung erneuert, zum Wohle des Sees und seiner Anrainer. Wenn wir hartnäckig bleiben, gelingt es uns vielleicht, unser Wasser sauber zu halten und den giftbraunen Abschaum aus dem Osten fernzuhalten, damit wir unseren See weiter zum Trinken, Bootfahren, Schwimmen und zu anderen Freizeitaktivitäten benutzen können.

Ein anscheinend uneindämmbares Übel am Black Bear Lake ist die Größenzunahme der Motorboote. Jedes Jahr werden die Maschinen stärker, die Boote umfänglicher, der Krach lauter, die Wellen höher, die Ölverschmutzung spürbarer. Zögernd spreche ich einen Nachbarn darauf an. Er hat einen Glasfaser-Doppelrumpfkreuzer mit einem hundertpferdigen Mercury-Motor. Wenn er über den See pflügt, rauschen halbmeterhohe Wellen an die Ufer.

»Hören Sie mal«, sagt er verärgert, »ich habe acht Kinder. Wie soll ich die nach Anbruch der Dunkelheit oder im Gewitter über den See kriegen – vielleicht in 'nem Ruderboot?«

Ich schüttle den Kopf, kann aber nicht umhin zu fragen: »Was haben die allerersten Sommerurlauber am Black Bear Lake benutzt?«

»Guideboote und Ruderboote«, antwortet Jim, »aber die sind auch nicht Wasserski gelaufen und abends ausgegangen wie wir. Die Zeiten haben sich geändert, Anne. Warum wollen Sie sich dagegen sperren? Nicht jeder will in einem Blockhaus ohne elektrischen Strom wohnen, wie Sie es tun, nur mit einem 10-PS-Motörchen. Das macht keinen Spaß.«

»Aber Jim, ich möchte doch nur ein bißchen mehr Bescheidenheit, was die Größe und Stärke der Motorboote betrifft, kein totales Verbot«, halte ich ihm entgegen, jetzt in der Defensive. »Unsere Ufer erodieren. Die Tauchervögel nisten nicht mehr am Black Bear Lake, weil die Bootswellen über ihre Gelege spülen. Morgens liegt eine Ölhaut auf dem Wasser. Manchmal muß ich sie mit dem Paddel beiseiteschieben, nur um mein Morgenbad nehmen zu können.«

Mein Nachbar sieht mich schief an. »Da kann ich nur sagen, Pech für die Tauchervögel. Meinen abendlichen Kneipenbesuch lasse ich mir dadurch nicht vermiesen.«

Wir reden aneinander vorbei. Ich versuche ein letztes Argument. »Jim, ich weiß von zwei exklusiven Clubs in den Adirondacks. Auch Sie werden davon gehört haben. Bei denen sind überhaupt keine Motorboote auf ihren Seen erlaubt. Und doch sind die Clubs voll, trotz der horrenden Aufnahmegebühren. Herrlich, wenn man dort zu Besuch kommt. Die Leute finden es wunderbar. Kein Motorengedröhne stört die Stille, kein Wellenklatschen. Es ist wirklich friedlich. Glauben Sie nicht auch, daß das der bessere Weg ist?«

Er zuckt die Achseln. An Jims Augen sehe ich: Es ist hoffnungslos. Wir murmeln ein paar nichtssagende Bemerkungen und gehen gutnachbarlich auseinander. Meine Kampagne zur Eindämmung der Motorbootgrößen auf dem Black Bear Lake hat einen schlechten Anfang genommen. Aber irgendeiner muß es versuchen; wo soll es sonst hinführen? Unsere Seen werden wie unser Luftraum. Immer schnellere Verkehrsmittel tauchen auf. Bald, wer weiß, rasen Überschallboote von Sommerhaus zu Sommerhaus.

Ruhig und warm ist dieser Abend. Dunst hängt über den Hügeln. Heute um drei Uhr hat das Thermometer fast dreißig Grad gezeigt – sehr viel für unsere Berge. In den Städten muß eine Höllenhitze herrschen. Zum Abendessen zünde ich heute kein Lagerfeuer an, sondern mache das Kanu fertig. In den Bug, sorgfältig plaziert, kommt Pitzi, hinter ihn ein Topf Spaghetti, eine Schale winziger Salatblättchen aus meinem Garten (Radieschen und Möhren sind bisher nicht aufgegangen) und ein eiskaltes Bier. In die Bootsmitte noch zwei Kissen, ans Spülbord mein Kurzwellenradio.

Einer Eingebung folgend, stecke ich noch eine Taschenlampe ein.

Wir paddeln leise auf die Seemitte zu. Um uns kein Laut, keine Seele, keine Wellenregung. Der Dunst hat einen leichten, aus dem Flachland kommenden Smogstich: schwül graublau ist die Farbe der Hügel. Karminrot sinkt die Sonne hinter einen Rauchvorhang; wie eine Schale pechschwarzes Öl liegt der See. Ich stelle mein Radio an. Aus Berlin wird eine Beethoven-Sinfonie übertragen. Donnernde Akkorde, verstärkt durch die Metallwände meines Kanus, erklingen. Über sechstausend Kilometer herkommend, steigen sie wuchtig in die Luft und werden langsam zu den Hügeln getragen. Ich frage mich, ob die Forellen, die fliegensuchend aufsteigen, und die auf dem Grund ruhenden Welse diese majestätische Musik hören können. Ein kleines Dampfwölkchen pufft zum Himmel, wie ich den Deckel vom Spaghettitopf nehme. Pitzis Nase zuckt, aber er bleibt reglos. Guter Hund! Leicht wie ein Blatt auf dem See treibend, verzehre ich mein Mahl. Der Smog hat mittlerweile die Sonne verschlungen. Das Zwielicht ist monochromatisch Grau und Schwarz, Zinn und Onyx, Silber und Ebenholz. Die ganze Welt scheint, als die Sinfonie langsam zu Ende geht, in Sommertrance zu liegen.

Da startet seeaufwärts ein Motorboot. In weitem Bogen röhrt es vom Ufer weg und über den See, genau auf mich zu. Ich schnappe meine Taschenlampe und blinke nervös dreimal, dann noch dreimal. Es ist Jims Boot. Endlich sieht er mich und geht leicht vom Kurs ab. Er und seine Frau grinsen und winken, als sie mit fünfzig Stundenkilometern an mir vorbeirauschen, ab in irgendeine Kneipe, um den Abend zu verbringen. Langsam rollt das massige Kielwasser auf mein Kanu zu. Ich setze mich auf, nehme ein Paddel und drehe das Boot so, daß es die großen Wellen Bug voraus nimmt. Die Bierflasche kippt um, Beethoven wird ersäuft, der Hund erhebt sich taumelnd und bringt uns fast zum Kentern. Wellen der Wut, ebenso hoch wie Jims Kielwasser, steigen in mir auf. Das habe ich mir nicht erträumt, als ich hierher zum Black Bear Lake zog. Ganz und gar nicht.

Vielleicht ist es Zeit, kampieren zu gehen. Jetzt an den betriebsamen Juli- und Augustwochenenden kommt ein großer Teil unseres alljährlichen acht Millionen starken Besucherstroms. Kein Wunder, daß unsere Straßen und Wasserwege mit Menschen und Maschinen verstopft sind. Liegen diese Berge doch in Reichweite – eine Tagesreise entfernt – von fünfzig Millionen Menschen. Wer will es ihnen, die zu achtundsiebzig Prozent in Großstädten leben, verdenken, daß sie hier oben Ruhe, Kühle und Erholung suchen. Ich nicht.

Am nächsten Morgen schließe ich die Hütte. Die Lebensmittel sind eingepackt, das Kanu ist oben auf dem Auto festgezurrt. Pitzi, der weiß, daß es auf Reisen geht, ist hellauf begeistert. Meistens fahre ich im Sommer an einen großen See, der achtzig Kilometer Küstenlinie ohne ein einziges Haus (abgesehen von der staatlichen Bootsanlegestelle) und weite Wildnis-Areale bietet. Obschon viele Kampierer und Kanuten am See weilen, gibt es immer noch einsame Inseln, einsame Landzungen und einsame Fleckchen Strand, wo man für sich sein kann.

Am staatlichen Anleger setze ich das Kanu ins Wasser und paddle los. Wenn man fünfzehn Kilometer über den See fährt, hat man schon die Hälfte der Leute hinter sich gelassen. Am Nordende des Sees sind ein paar vielversprechend aussehende fjordähnliche Buchten. Im August hat der See meistens einen niedrigen Wasserstand, so daß gelbe Sandstreifen bloßliegen. Pitzi und ich finden einen idealen Lagerplatz. Von einem kiefer-bestandenen Kap streckt sich eine sandige Zunge in den See. Auf der Südseite fällt sie in tiefes Wasser ab, das mir weit über den Kopf reicht. Gut zum Schwimmen. Auf der Nordseite dient eine windgeschützte Bucht als seichter Hafen für mein Kanu. Unter einer riesigen Kiefer direkt am Strand schlage ich mein Zelt auf. Der Steinkreis vom letztjährigen Lagerfeuer ist noch da, dazu viel angeschwemmtes Treibholz. Das gibt ein knackiges Feuer heute abend. Dann fällt es mir ein: Vollmond! Bei dem warmen und schönen Wetter wird es bestimmt herrlich.

Ich verbringe den Nachmittag mit dem Aufschlagen des Lagers, gehe schwimmen und halte ein Schwätzchen mit einer vorbeifahrenden Flottille Pfadfinder. Pitzi hilft mir beim Sammeln von zusätzlichem Brennholz. Aber er verliert das Interesse, als ein Birkhuhn und seine Küken auf dem Waldboden vorbeigetrippelt kommen. Er pirscht sich an die Mutter an, die daraufhin ihr Theaterstückchen »Ich bin flügellahm« bühnenreif aufführt. Pitzi ist perplex. Inzwischen haben sich die kleinen Flaumbällchen in Sicherheit gebracht. Wie der Hund merkt, daß die Mutter in Wirklichkeit gar nicht lahm ist, befindet sich die ganze Familie schon außerhalb seiner Reichweite.

Nach dem Abendessen strecken wir uns auf dem noch sonnenwarmen Sand aus und warten auf den Mond. Alles ist friedlich. Der See ist groß genug, daß ferne Motorboote auf Zwergengröße schrumpfen und kaum zu hören sind. Die Bugwellen, die bis hierher kommen, sind auf dem stillen Wasser nur noch ein schwaches Wogen. Mehrere Kilometer trennen mich von den nächsten Kampierern, deren Lagerfeuer ein geselliger Widerschein des meinen bildet. Durch den Dunst treten die ersten Sterne hervor. Ein schwaches silbriges Glühen schwimmt am Osthorizont. Und dann steigt ein enormer Sommermond hinter der Silhouette der tannenbestandenen Berge empor. Er bewegt sich sehr langsam und sieht aus, als sei er zu dreifacher Größe geschwollen.

Ich hatte meinen Beobachterplatz gut gewählt. Vom warmen Sand der Landzunge schaue ich über drei Kilometer glattes Wasser; nichts stört und verstellt den Blick. Dieser Mond, diese Nacht, dieser Ausblick sind etwas ganz Einmaliges, und die stille Wildnis, die das Bild rahmt, verstärkt alles nur noch. Der Vordergrund ist, wie er vor fünfzig, fünfhundert, vielleicht fünftausend Jahren war. Hier in dieser Ecke der Adirondacks ist alles gleichgeblieben.

Ich blicke wieder nach oben und betrachte den goldenen Sommermond. Dann ziehe ich mich aus und nehme im lauwarmen Wasser genießerisch ein Mitternachtsbad. Lange lasse ich mich treiben und blicke zu der runden Scheibe auf. Mondlicht übergießt mich, und ich fühle mich sehr frei, schwebend und dennoch den Elementen dieser Erde verbunden. Ich denke an das Wintereis, das diesen See vor nur dreieinhalb Monden bedeckte und in nur dreieinhalb Monden wiederkommen wird.

Später, vor dem Feuer stehend, lege ich neues Treibholz auf, bis die Flammen drei Meter hoch in den Himmel schlagen. Langsam drehe ich mich vor diesem Leuchtfeuer, um mich zu trocknen, schaue zum Mond und zu den Sternen hinauf und bete, daß trotz aller weiteren Entwicklungen diese Landschaft hier, dieser See heil und unbefleckt bleibe. Das war in dieser Sommernacht mein Tribut an die Schönheit des Augenblicks und die Ewigkeit der Schöpfung.

Aufbruch zum sommerlichen Kampier-Trip.

12

Besuche von Menschen

Als mein neues Leben am Black Bear Lake über die Anfangsphasen hinaus war, füllten sich meine Sommer allmählich mit Besuchern. Besonders zwischen dem 4. Juli und dem Labor Day flohen viele meiner Freunde aus den Städten und fuhren auf Urlaubsreise durch die Adirondacks oder kamen aus dem Ausland. Manche wollten mich besuchen und mal in einer Blockhütte in den Nordwäldern Quartier nehmen.

Am liebsten hatte ich die Besucher aus dem Ausland. Oft kannten sie nur die Riesenstädte unseres Nordostens, Mittelwestens und der Pazifikküste und hatten daher ein verzerrtes Bild vom amerikanischen Leben. Gern lud ich ausländische Bekannte an den Black Bear Lake ein und weidete mich an ihrer Verblüffung, wenn sie die Wildnis hinter meiner Hütte sinnlich spürten, wilde Tiere sahen, sauberes Wasser tranken und urige Einheimische kennenlernten.

Eines Sommers erhielt ich eine Reihe Luftpost-Telegramme von einem Freund aus Indien. Er war ein engagierter Vogelkundler, Naturfreund und Umweltschützer, mit dem ich auf einer Tagung in Neu-Delhi bekannt geworden war. Er wollte die Staaten besuchen und bat mich um Mithilfe bei seiner Reiseplanung. Ich tat dies gerne und sah auch einen Aufenthalt in meiner Hütte vor.

Der Gentleman war ein hoher Berufsoffizier in der indischen Armee. In Albany stieg er aus dem Flugzeug, piekfein angezogen wie ein Manager von der Fifth Avenue, mit Diplomatenpaß und Dutzenden von Geschenken aus seiner Heimat im Gepäck. Ihm zu Ehren lud ich ein paar Ehepaare aus der Nachbarschaft zu einem Steak-Essen am Lagerfeuer ein. Der gutaussehende Offizier ergötzte die Gesellschaft mit indischen Tier- und Jagdgeschichten in britisch näselndem Akzent. Ein Mensch wie er war ein absolutes Novum am Black Bear Lake. Der Abend zog sich in die Länge und wurde ein voller Erfolg. Mitternacht ging vorbei. Erst einsetzender Nieselregen, der das Feuer dämpfte, machte der Party ein Ende. Dann übertraf sich mein Gast selbst, indem er jeder Dame zum Abschied, beim Einsteigen ins Boot, bunte indische Seidenhalstücher schenkte.

Im folgenden Sommer bereiste ein weiterer indischer Bekannter die Staaten und stattete mir einen Besuch ab, ohne Zweifel durch Erzählungen des Armeeoffiziers angelockt, den er ebenfalls kannte. Dieser Gast war ein pensionierter Oberst und Sportsmann, der jeweils die Hälfte des Jahres im legendären Land Bhutan verbrachte. Mein liebenswürdiger Besucher fesselte mich mit Geschichten aus diesem abgelegenen Staat im Himalaya. Er sprach von Angel-Expeditionen und Tigerjagden.

»In den klaren Bergbächen von Bhutan ist es nicht ungewöhnlich, vor dem Frühstück zwei oder drei halbmeterlange Forellen zu fangen«, erklärte der silberhaarige Oberst bescheiden.

Da ich merkte, daß ich einen passionierten Angler zu Gast hatte, bot ich ihm eine Tour über den See an. Wir machten unser Angelzeug fertig und ruderten zum Quelloch hinüber. Zum Quelloch, das einen nie im

Stich ließ; zum Quelloch, das den ganzen Sommer Forellen enthielt; zum Quelloch, das immer kalt war; zum Quelloch, auf das sich jedermann fest verlassen konnte. Es versagte schmählich. Stundenlag wartete der Oberst, doch nichts biß an.

Der Oberst war der erste und einzige Gast, der jeden Morgen ein heißes Bad wünschte – und es nahm –, ungeachtet der Tatsache, daß das Seewasser eine gute Badetemperatur von mehr als zwanzig Grad hatte und mildes Wetter herrschte. Intuition sagte mir, daß es sich beim Morgenbad vielleicht um ein wichtiges Ritual im Tagesablauf dieses Mannes handelte. So lief, während wir das Frühstück zubereiteten und aßen, das Bad ein, ein Vorgang, der bei der beschränkten Leistungsfähigkeit meines Wassersystems eine halbe Stunde beanspruchte. Auf den Kiesboden legte ich einen kleinen Läufer, hängte ein gewaltiges Badetuch an einen Nagel, räumte die Werkbank frei und legte darauf Seife, Waschlappen, Bürste, Badeöl, Körperpuder und Spiegel zurecht.

»Ihr Bad, Oberst«, rief ich und kam mir wie ein Offiziersbursche vor.

Im eleganten seidenen Bademantel schritt er dann um die Hütte zur Souterrain-Tür und quetschte sich in den engen Raum, mit einem Rasierschälchen, altmodischem Rasiermesser, Lederriemen, Kamm und Bürste, Schuhputzzeug, Pinzette, Schere, kompletter frischer Wäsche und seinen Stiefeln in der Hand. Anderthalb Stunden blieb er drinnen, und dann präsentierte er sich, gepflegt wie der König von England. Ich entschuldigte mich für meine primitive Badeanlage, aber er versicherte mir, sie sei luxuriös, verglichen mit manchen Feldstationen, in denen er bei Armeemanövern gelebt habe.

Manchmal freilich hatte ich auch Gäste, die der rustikalen Einfachheit meines Heims distanzierter gegenüberstanden. Eine Tante kam aus Deutschland. Ich hatte sie jahrelang nicht gesehen und freute mich sehr auf den Besuch. Begeistert nahm meine Tante Sonnenbäder auf dem Deck und Schwimmbäder im See, aber vor meinem Toilettenhäuschen scheute sie pikiert zurück, schrie auf, wenn sie eine Eule hörte, und fiel in Ohnmacht, wenn sie eine Maus sah. Vor all dem konnte ich sie nicht abschirmen. Nach drei spannungsgeladenen Tagen brachte ich sie in einem Motel in Lake Serene unter und besuchte sie täglich auf dem manikürten Rasen unter einem riesigen Aluminiumschirm.

Da ich das Gefühl hatte, sie enttäuscht zu haben, arrangierte ich eine Champagnerparty, damit die Sommernachbarn meinen Gast kennenlernen konnten. Zu meiner Überraschung erschienen mehr als dreißig Leute, manche mit Schlips und gutem Anzug! Der Anleger sah mit seinen vielen vertäuten Booten wie eine öffentliche Bootslände aus. Eine Kiste Champagner und Dutzende Hors d'oeuvres wurden weggeputzt. Meine Tante war von der Adirondack-Gastfreundschaft überwältigt. So sehr, daß sie Mäuse, Eulen und Toilettenhäuschen vergaß und jedermann versicherte, ich hätte »ein ganz einmalig schönes Zuhause« und ihr Besuch am Black Bear Lake sei »der Höhepunkt der ganzen Amerikareise«.

Champagner gab es auch bei einem anderen Gast, einem reichen Geschäftsmann aus Zentralamerika, der einen Großteil seiner Zeit dem Umweltschutz widmete. Er kam zu mir, um über die Einrichtung von Nationalparks in seinem Heimatland zu sprechen. Zwei große Flaschen Moët brachte er mit, ein prachtvolles Geschenk. Lange diskutierten wir über Naturschutz und schlürften eiskalten Champagner am Feuer.

Ein weiterer Naturschützer aus dem Süden – aus Guatemala – traf im Herbst ein und hatte das Glück, den ersten Schneefall seines Lebens zu sehen. Ich war, als ich seinen Ausrufen des Entzückens lauschte, so stolz auf den Schneesturm, als hätte ich ihn höchstpersönlich geschaffen. Er studierte eine Schneeflocke mit dem Vergrößerungsglas, ließ Schnee auf der Zunge zergehen und bewarf mich mit Schneebällen. Sogar einen Iglu wollte er bauen!

Auch ein Tierökologe aus Nairobi kam in der Schneezeit zu Besuch. Die funkelnd klare kalte Winterwelt war für ihn ein Hochgenuß. Sobald die Formalitäten erledigt waren, zog er sich auf meine vordere Veranda zurück und rückte einen Stuhl dicht an das große Panoramafenster. Dort saß er drei Tage, schaute in den Schneewald hinaus, schrieb Notizen, diktierte Briefe in einen Kassettenrecorder, holte Zeitschriftenlektüre nach und tat auch einfach mal gar nichts. Später erzählte er mir: »Diese Hütte, dieser Frieden, dieser Schnee – das ist seit Jahren das erstemal, daß ich Telefone, Leute, Großstadtleben und die Tropen total hinter mir lassen kann. Und wohl schon seit zehn Jahren hatte ich keinen Schnee mehr gesehen!«

Einer meiner überraschendsten Besucher war ein Geschäftsfreund meines Ex-Mannes. Der gutaussehende Mann mittleren Alters war in der Exportbranche tätig gewesen und hatte sich ziemlich plötzlich aus seinem Beruf zurückgezogen. Mit dem Postboot kam er bei meiner Hütte an und hatte gerade noch ein paar Stunden Zeit, ehe er nach Brasilien abfliegen wollte. Wir verbrachten einen netten Vormittag mit dem Austausch von Neuigkeiten. Er lebte jetzt auf einer Insel und besaß eine Bananenplantage. Unbedingt sollte ich ihn an Weihnachten besuchen kommen. Er schien sich sehr für die Hütte zu interessieren und beäugte mich intensiv. Zurück an der Lände und bei seinem Mietwagen, bat er mich noch einmal eindringlich, zu kommen. Er wollte sogar das halbe Reisegeld übernehmen. Da dämmerte es mir: Er war auf Brautschau und suchte eine Frau für seine Insel und sein neues Leben.

Aus einem Impuls heraus habe ich seine Einladung auf Weihnachten auch tatsächlich befolgt. Auf der Insel war es herrlich. Allerdings waren die Hausgäste für meinen Geschmack ein bißchen zu gekünstelt, und mein Gastgeber zeigte zu dieser Zeit ein betontes Interesse an einer jungen Mulattin. Da ich in beide Kategorien nicht paßte, flog ich zwei Wochen später zum Black Bear Lake zurück, sonnengebräunt und mit einem leichten Bedauern. Es wäre ja nicht schlecht gewesen, mit jemandem im Sommer in der Adirondack-Hütte zu leben, und im Winter auf der brasilianischen Bananenplantage.

Besucher anderer Hautfarbe sind in den Adirondacks selten. Die Reaktion der Einheimischen auf sie bewegt sich über die ganze Bandbreite der Gefühle. Eines Sonntags, kurz nach dem Bau der Hütte, war Ruthie, eine Zimmergenossin vom College, auf ein Wochenende zu Besuch gekommen und brachte ihren zahmen Waschbären Freddy und ihre beste Freundin Kathy mit. Kathy war Kinderpsychologin, intelligent, schön und schwarz. Sie war die erste schwarze Person, die man am Black Bear Lake je zu Gesicht bekam. Zu dritt fuhren wir samt Waschbär im Boot über den See, und ich konnte mir die Kommentare der Sommernachbarn gut vorstellen, die mit aufgerissenen Augen hinter dem Boot herstarrten. Eine Negerin *und* ein zahmer Waschbär! Was brütete die aus der Blockhütte denn jetzt schon wieder aus?

Wir verbrachten ein vergnügtes Wochenende,

schwammen, segelten und machten die Rundwanderung durch die Wälder mit einem Picknick am Sunshine Lake. Freddy blühte an der frischen Adirondack-Luft geradezu auf. Überallhin folgte er uns an der Leine, drehte Steine am Seeufer um, fing Krebse und schlief sogar im Freien in einem Baumstumpf. Er war noch nie aus der Großstadt herausgekommen. Ruthie hatte ihn als kleines Kerlchen in einer Tierhandlung gekauft.

Kurz nachdem die Gesellschaft am Montag morgen wieder abgereist war, sprach ein besorgter Besucher am Anleger vor. Ohne aus dem Boot auszusteigen, sagte er mit gepreßter Stimme: »Anne, hör mal, damit du's weißt. Man redet über dich. Man sagt, du hättest hier eine *Negerin*. Sieh dich bitte vor. Einigen der Typen, die wir hier haben, ist es zuzutrauen, daß sie dir das Dach über dem Kopf anzünden.« (Das ist bei uns in den Bergen die althergebrachte Form der Rache).

Ich war wie vor den Kopf geschlagen, dann wütend. Nie zuvor hatte ich in den Adirondacks Rassismus gewittert. Konnte es denn wahr sein, daß gewissen Leuten die Anwesenheit einer Schwarzen nicht paßte? Oder war es nur gehässiger Klatsch, aufgebauscht durch die Besorgnis meines Nachbarn? Ich erhöhte jedenfalls die Feuerversicherungssumme und hielt weiterhin die Tür offen für jedermann, den ich gern hatte, unabhängig von Hautfarbe und Glaubensbekenntnis. Nichts geschah in diesem Sommer. Die ganzen nächsten fünf Jahre gingen ohne Zwischenfall vorbei.

Dann wurde bei Lake Serene ein schmales, holpriges Straßenstück verbreitert und erneuert. Dazu kam eine große Straßenbaurotte von außerhalb der Adirondacks angereist. Als »Flagwoman« (die mit der Fahne in der Hand herankommende Autos warnte) war bei ihnen eine junge schlanke Schwarze mit Afro-Frisur, strengem, etwas exzentrischen Gesicht und wunderschönen Zähnen. Ich hielt ein paarmal am Straßenrand, um mit Marcia zu plaudern. Ich mochte sie auf Anhieb. Sie war rebellisch, robust, listig, emanzipiert, idealistisch und komisch. Wenn man beobachtete, wie sie sich unter fünfzig weißen Arbeitern behauptete, und sie sprechen hörte, wußte man, daß sie etwas Besonderes war.

Ich lud Marcia in die Hütte ein, teils aus Gastfreundschaft und teils aus einem Trotzgefühl heraus. Wir verbrachten einen faulen Nachmittag, lagen auf meinem Anleger und redeten über Women's Lib und schwarze Frauen. Marcia war zwanzig und wollte mal Großtraktoren fahren oder Ballettänzerin werden. In den Adirondacks hatte man ihr, wie sie erzählte, einen »gemischten Empfang« bereitet. Manche Leute ignorierten sie, andere freundeten sich mit ihr an. Ein Tankwart verweigerte ihr den Schlüssel zur Toilette. Andererseits offerierte man ihr kostenlos ein Häuschen zum Wohnen, Mitfahrgelegenheiten zur Arbeit, Abendessen und Verabredungen. Keine Warnungen, keine aufschreckenden Besuche, kein Klatsch folgte dieser zweiten schwarzen Besucherin. Änderten sich die Menschen und die Zeiten? Es schien mir so.

Der traurigste Besuch meiner Hüttengeschichte spielte sich ab, als Ruthie, meine ehemalige Zimmergenossin, und ihr zahmer Waschbär zurückkamen. Sie war überzeugt, daß die Adirondacks wie Medizin auf Freddy wirkten. Diesmal brachte sie ihren Freund Pete mit. Es war schwer zu sagen, wen sie mehr knuddelte, den bepelzten oder den glatthäutigen Kumpel. Der eine war wie ihr Kind, der andere ihr Liebhaber. Zum Glück hatte Pete das Tierchen fast ebenso gern wie Ruthie, so daß es keine Eifersucht zwischen ihnen gab. Wir packten ein Picknick ein und wollten wieder dieselbe Strecke durch den Wald gehen. Freddy kam wieder an die Leine.

Ich vernarrte mich in diesen Waschbären mit seinen lebhaften braunen Augen, seinen possierlichen Pfoten, seinem Näschen, das er in alles steckte, und seiner Clownsmaske. Freddy liebte es, wenn man seinen buschigen Schwanz streichelte, und rollte sich in jedermanns Armen zusammen, um diese Liebkosung zu empfangen. Ich begann mir zu überlegen, ob ich mir nicht selbst einen Waschbären als Haustier anschaffen sollte.

Am Sunshine Lake angekommen, schlüpften wir in unsere Badeanzüge und sonnten uns ein bißchen vor dem Schwimmen. Freddy wurde an einen Baum gebunden. Später, auf dem Rücken treibend, erspähte ich ihn frei am Strand, wie er meinen Packkorb durchwühlte.

»Ruthie«, rief ich, »Freddy ist los.«

Sie hörte einen Moment auf, Pete mit Wasser zu bespritzen, und blickte zu dem neugierigen Tier hin.

»Das macht nichts, besonders wenn wir Futter im Korb haben. Der läuft nicht weg.« Sie tauchte und schnappte nach Petes Beinen.

Aber Freddy lief weg. Als wir zehn Minuten später lachend, triefend und hungrig an Land stiegen, waren zwei Sandwiches und der Waschbär verschwunden. Ruthie suchte den Strand ab, in der festen Erwartung, Freddy würde jeden Augenblick angewatschelt kommen. Pete und ich fingen an zu essen. Zwei Stunden später war Freddy immer noch nicht wieder da. Ruthie weinte. Pete und ich liefen durch den Wald, hielten immer wieder inne und riefen seinen Namen, verlockende Sandwich-Stückchen in der Hand. Bis fast zur Dunkelheit warteten wir. Pete und Ruthie hatten noch eine lange Heimfahrt vor sich.

Ich tröstete meine Freundin: »Heute abend wird Freddy wahrscheinlich an der Hütte auftauchen, wenn er Hunger hat. Vielleicht hält er nach den beiden Sandwiches jetzt im Wald ein Verdauungsschläfchen. Mit seiner scharfen Nase kann er unserer Spur nachgehen.«

»Aber er ist noch nie allein draußen gewesen«, jammerte Ruthie. »Er weiß nicht, was er machen soll, wo er hin soll. Irgendein Tier wird ihn fressen.« Sie brach erneut in Tränen aus.

»So große Tiere gibt's hier gar nicht«, sagte ich, von meinen eigenen Worten nicht ganz überzeugt. Könnte ein junger Bär an ihm Geschmack finden? Eine große Eule ihn angreifen? »Ich verspreche dir, morgen kämme ich den Wald ab, wenn Freddy heute abend nicht auftaucht. Und sobald ich Neues weiß, rufe ich dich an.«

Bei der Abfahrt, als sie im Boot saß, Petes Arm um die Schulter geschlungen, weinte sie immer noch. Freddy kam nie zurück und wurde auch nie gefunden.

Eine Anzahl Leute mit interessanten Spezialberufen hat mich über die Jahre besucht. Jeder brachte bestimmte Fachcharakteristika mit, irgendwelche Spezialkenntnisse oder Anregungen, die dankbar aufgenommen wurden. Ein Vogel-Biochemiker, der die Auswirkung von Pestiziden auf Vögel untersuchte, kam mit seinem Fernglas einen Frühlingstag lang herauf und hinterließ mir eine Liste mit dreiundfünfzig auf meinem Land gesichteten Spezies.

Eine Computeranalytikerin verbrachte zehn Ferientage bei mir. Im Gepäck hatte sie zwei Dutzend Kriminalromane. Jeden Tag las sie einen und bereicherte, als sie abreiste, meine Bibliothek.

Ein älterer Pilot, den ich auf einer Reise kennengelernt hatte, erschien zu einer Wochenend-Stippvisite mit einem riesigen Werkzeugkasten. »Sie haben doch hier sicher ein paar Reparaturen, die erledigt werden müssen«, erklärte er. »Das heißt, wenn Sie nichts dagegen haben.« Ich hatte nichts dagegen. Glücklich, herumwerkeln zu dürfen, führte er diverse Reparaturen aus, die ich selber nicht hätte bewältigen können oder für die mir das Spezialwerkzeug gefehlt hatte.

Ein Weichtier-Spezialist kam auf dem Weg zu einer Tagung vorbei. Den ganzen Nachmittag verbrachte er damit, mit Eimer und Netz im See herumzuwaten. Er sammelte Schnecken und Mollusken, vermehrte meine Kenntnisse über Weich- und Schalentiere im Black Bear Lake und hinterließ mir den größten Teil einer Flasche Scotch.

Drei verschiedene Fotografen haben in der Gegend gearbeitet und sind zum Kaffee oder zum Abendessen bei mir gewesen. Freimütig fachsimpelten sie und zeigten mir ihre neueste Ausrüstung. Ich guckte ihnen diverse Techniken ab, vom Fotografieren eines Winterzaunkönigs bis zu Zeitaufnahmen meiner Hütte im fallenden Schnee.

Mein ungewöhnlichster Gast dieser Art war ein Meeresbiologe und Tiefseetaucher von den Jungfraueninseln, wo ich an einer Wildtierstudie mitgearbeitet hatte. Ungebändigt wie ein Marlin, übertraf er sich selbst, als er sich erbot, eine fast dreißig Meter hohe abgestorbene Tanne zu erklimmen und sie mit Axt und Motorsäge zu kappen, weil ich die Befürchtung geäußert hatte, die Krone könne abbrechen und auf meine Hütte stürzen. »Sie sind Taucher und kein Baumchirurg«, hielt ich ihm vor, um ihn von der gefährlichen Operation abzubringen. »Atemgeräte und Luftventile sind eines, Klettersporen und Motorsägen ein anderes.« Aber er setzte seinen Kopf durch und entledigte sich seiner Aufgabe mit der Courage eines frankokanadischen Holzfällers.

Es war wirklich herzerwärmend. Jeder, der zu Besuch kam, erbot sich, bei Reparaturen oder Erneuerungen zu helfen. Es war, als wollten sie mir die Ruhe, Schönheit und Wildheit meines Wohnsitzes entgelten. Sie handelten wie Pioniere, bereit und willens zu helfen. Irgendwie brachte mein kleines Heim bei Besuchern die besten Instinkte ans Licht. Oder die schlechtesten!

Was man tun soll, um einen Menschen gründlich kennenzulernen – darüber gibt es viele alte Sprüche. »Mach ihn betrunken«. »Spiele mit ihm achtzehn Löcher Golf«. »Fahr mit ihm drei Tage in einem kleinen Boot«. »Achte darauf, wie er einen Hund behandelt«. Und so fort. Ich möchte aus eigener Erfahrung hinzufügen: Lade ihn zu einem Wochenende in eine Blockhütte im Wald ein. Dann tritt unweigerlich die wahre Persönlichkeit zutage. Bekannte, mit denen ich hier und im Ausland arbeitete, Kollegen, die ich auf Tagungen kennenlernte, Freunde aus der Stadt – wenn sie am Black Bear Lake sind, beginnt sich ihre künstliche äußere Schale ausnahmslos zu lockern. Ihr Charakter wandelt sich. Sie entkrampfen sich. Binnen vierundzwanzig Stunden kann ich meistens ihre Hauptwesenszüge erkennen und sie als »Gute« oder »Ungute« einstufen.

Sind sie anpassungsfähig, hilfsbereit, tierlieb? Haben sie Humor und Naturliebe? Oder sind sie unflexibel, egozentrisch, verkrampft? Haben Sie Angst vor Pitzi, und sind sie unempfänglich für die Umgebung? Es macht nichts, wenn der (im Sinne des Hüttenlebens) »Gute« das Toilettenhäuschen skeptisch beäugt, ohne Telefonklingeln und TV-Geplärr nervös wird oder im Wald die Orientierung verliert. Hauptsache, er hilft mal freiwillig beim Wasser- und Holztragen, vertäut das Boot oder startet das Schneemobil, nimmt sich Zeit, Wildblumen zu bewundern, und weiß mit den Schönheiten der Umgebung etwas anzufangen.

Meine Hausregeln in der Hütte sind einfach und logisch. Rauchen ist in der Hütte verboten. Es ist wegen der Feuersgefahr zu riskant. Die Besucher müssen aufpassen, daß sie sich an meiner nur 1,63 Meter hohen Eingangstür (gerade meine Höhe) nicht den Kopf stoßen. Niemand benutzt die Motorsäge, nur ich und ein paar Eingeweihte. Es ist zu weit, um Schädelbrüche und aufgeschnittene Hände in die Klinik zu fahren. Hausgäste sollten Camp-Kaffee, Biberbraten, Champagner und Wildbretsteaks mögen. Und nachts sollten meine Freunde darauf gefaßt sein, daß mal ein Weißfußmäuschen durchs Zimmer huscht und draußen ein Kauz schreit; zudem sollten sie schlafen wie ein Murmeltier im Dezember.

13

Besucher aus dem Tierreich

In meinen ersten Sommern am Black Bear Lake bekam ich öfter freiwilligen Besuch von Wildtieren. Sie mußten bald feststellen, daß es bei mir – abgesehen von ein bißchen Vogelfutter – keine Gratisfütterung und kein Gratisasyl gab. Obschon ich alle wilden Kreaturen liebe, möchte ich nicht, daß sie von mir abhängig werden. Das würde ihre Überlebensfähigkeit untergraben und die ökologischen Gleichgewichte durcheinanderbringen, die sich im Lauf der Zeit in der Naturwelt eingespielt haben. Mein Grundsatz war und ist daher: Leben und leben lassen. Ich habe, um zu überleben, an meinem Schreibtisch und in meinem kleinen Heim *meine* Arbeit zu tun – und sie die *ihre*.

Dennoch gibt es zwischen mir und der örtlichen Wildfauna ein vielfältiges Beziehungsgeflecht. Wilde Tiere werden ebenso hochgeschätzt wie meine menschlichen Freunde. Sie scheinen zu spüren, daß sie auf meinem Land sicher sind und daß das menschliche Reviertier, das hier haust, ihnen nichts tut. Umgekehrt weiß ich, daß sie mir nichts tun. In zehn Jahren Tuchfühlung mit der Wildnis ist es nicht ein einziges Mal vorgekommen, daß ein Wildtier mich bedrohte. Statt dessen habe ich überall im Umkreis meiner Hütte zutrauliches, unbefangenes Tierleben vorgefunden, und manchmal auch in der Hütte.

Eines Abends ließ ich unvorsichtigerweise eine heiße Apfeltorte zum Abkühlen am Fenster stehen, ehe ich wegging. Eine Waschbärenmutter und drei Junge drückten das Fliegengitter nach innen und kletterten auf meinen Küchentisch. Sie hatten die Torte gerochen und waren neugierig gewesen. Fünf Stunden hatten sie »sturmfreie Bude« gehabt und waren noch dabei, sie gründlich auf den Kopf zu stellen, als ich gegen Mitternacht nach Hause kam. Sie hörten nichts, bis ich die Tür aufschloß und mit der Taschenlampe in vier glitzernde schwarze Augenpaare und vier Clownsmasken leuchtete. Einen Augenblick absolute Starre, dann Panik. In vier Richtungen spritzten die Waschbären auseinander. Da ich die Tür blockierte, mußten sie das Fenster suchen, durch das sie hereingekommen waren. Ein Junges krabbelte auf den Ofen, ein anderes fiel in die Spüle. Die Mutter sprang auf den Kühlschrank und ließ ihr Kleinstes auf dem Küchentisch zurück, der mit Zucker bestreut war. Das pelzige Baby rutschte darauf prompt aus und fiel hin, alle Viere von sich gestreckt, ein Bild stummen Jammers.

Ich schnappte nach Luft. Unglaublich, wie die Hütte zugerichtet war. Zuerst hatten die Waschbären alle Äpfel aus der Torte geklaubt und gefressen. Dann hatten sie einen Kanister Mehl umgestoßen, der auf den Boden fiel. Er war aufgeplatzt, und sie waren durch das Mehl hin und her paradiert und hatten kleine weiße Fußabdrücke auf den Möbeln hinterlassen. Eines der Jungen hatte den Honigtopf entdeckt. Offenbar hatte das Waschbärchen nach Kräften versucht, ihn aufzuschrauben, hatte dabei das halbe Etikett abgekratzt und den Topf dann unverrichteter Dinge am Ofen stehenlassen. Mehr Glück hatte es mit einem Topf Mango-Marmelade gehabt. Was es nicht vertilgte, war auf die

Navajo-Teppiche verschmiert worden, neben die weißen Fußspuren. Mango-Marmelade auf Navajo-Teppi-
chen! Welch eine Kombination! Ein ähnliches Schicksal
hatte die Ketchup-Flasche ereilt; ihr Inhalt zierte den
Küchenfußboden. Meine knallrot, blau und gelb email-
lierten Kaffeetassen schwammen in Ketchup, während
ihre grünen, orangenen und purpurnen Genossen ruhig
an ihren Haken hingen. Ein Vorhang baumelte schief
und war offensichtlich als Waschbärenschaukel benutzt
worden. Der Inhalt der Zuckerdose war über den
Küchentisch verstreut. Auf dem roten Wachstuch sah
der Zucker wie Rauhreif aus.

Plötzlich fand ich die Situation überwältigend
komisch. Laut lachend ergriff ich einen Besen und
begann die Waschbären aus der Tür zu kehren. Sie wetz-
ten in den Wald und kletterten geräuschvoll auf die
nächsten Balsamtannen. Dort, fünf Meter über meinem
Kopf, drapierten sie sich über Zweige und sahen mit
vorwurfsvollen Augen auf mich herunter.

»Warum mußtest du diese herrliche Party vermas-
seln!« schienen sie zu sagen.

Nach dieser Invasion achtete ich doppelt darauf,
nichts Eßbares offen in der Küche liegen zu lassen und
nicht das kleinste Bröckchen Abfall auf meinem Land zu
verstreuen.

Dennoch kam es durch meine Unvorsichtigkeit fünf
Jahre später wieder zu einer hautnahen Begegnung mit
einem Waschbären. Zu dieser Zeit hatte ich schon meinen Hund Pitzi. Nach einem anstrengenden Tag, den ich
mit dem Fällen und Spalten von Holz verbracht hatte,
beschloß ich, vor dem Zubettgehen ein heißes Bad zu
nehmen – immer ein Hochgenuß hier draußen in meiner
Klause. Es war schon längst dunkel, als ich die Flamme
des Heißwassergeräts entzündete und die Wanne vollau-

fen ließ. Pitzi war mir ins Souterrain gefolgt und schnüffelte auffällig in einer Ecke herum, wo alte Kisten, leere Kanister und ein Fünfzigpfundsack Hundefutter aufgestapelt waren. Vielleicht eine Maus, dachte ich. Ich zog die Jeans aus und setzte mich vorsichtig in das dampfende Wasser, für nichts mehr empfänglich als für die herrliche Hitze, die in meine schmerzenden Muskeln drang.

Urplötzlich schoß Pitzi in die Ecke, Kisten und Kanister umwerfend und den Sack beiseitestoßend. Aus einem großen Loch rieselte eine Kaskade von Hundekuchen. Dann sprang er zurück, ein grauhaariges Tier im Maul. Ein junger Waschbär! Die Beine anziehend und den Rand der Wanne mit den Händen fassend, rief ich den Hund. Pitzi hörte nicht und schleuderte den Waschbären in die Luft. Da wurde mir klar, daß der Waschbär in der Ecke versteckt gesessen und Hundefutter aus dem Sack stibitzt hatte. Pitzi verteidigte nur sein Heim und seine Speisekammer. Er warf das verängstigte Tierchen noch einmal geschickt hoch, und es landete platschend in der Wanne! Verdattert sprang ich auf, splitternackt, und kletterte aus dem Bad. Während der kleine Waschbär unglücklich im heißen, seifigen Wasser herumpaddelte, standen Pitzi und ich aufgeregt am Wannenrand und fragten uns, was tun. Dann schnappte mein Hund beherzt ins Wasser, packte das Tierchen am Nackenpelz und schleuderte es zurück auf den Souterrainboden. Weitere Manipulationen durch den großen Schäferhund, fürchtete ich, würde der Waschbär nicht überleben; daher hielt ich Pitzi am Halsband fest, machte die Tür auf und schob den Waschbären mit dem Fuß nach draußen. Klatschnaß, aber offenbar unverletzt, entkam er in den Wald.

Auch andere interessante Tiere fühlten sich bei mir zu Hause. Eines Nachts lag ich wach und horchte auf Streifenkäuze, die jenseits des Sees riefen. Plötzlich kam auch direkt aus meiner Nähe, aus meinem Balsamtannenwäldchen, das tiefe »Auuuuuu – auu – auhhhhhh«. Ich drehte mich im Bett auf den Bauch, schob mich nahe an das Fliegengitter und antwortete, den Vogel imitierend, so gut ich konnte. Postwendend reagierte das Käuzchen. Sein Ruf endete in einem kehligen Kichern. Ich lächelte, ließ etwas Speichel in meine Kehle rinnen und auuuuuute wieder, mit tiefem Gurgeln endend. Der Vogel kam näher an mein Schlafzimmer und rief erneut. Ein herrlicher Dialog, eine Nachtkonversation entspann sich, wobei nur sechs Meter Entfernung, ein Fliegengitter und eine Balsamtanne zwischen uns lagen. Ich konnte mir vorstellen, welches Gesicht einige meiner Freunde geschnitten hätten, hätten sie mich sehen können, wie ich schwitzend dalag und angestrengt Käuzchenlaute produzierte.

Irgend etwas in meiner Stimme muß dem Kauz dann verraten haben, daß er an der Nase herumgeführt wurde, denn die Rufe hörten plötzlich auf. Die Tanne erzitterte leicht, als hätte sich ein großer Vogel von ihren Zweigen erhoben. Nicht das leiseste Geräusch, aber die Eule war fort. Ich *fühlte* sie fortfliegen, ebenso sicher, als ob ich sie gesehen hätte. Die Nacht schien danach leer, und es dauerte lange, bis ich einschlief.

Oft schreckte mich morgens ein »Tap-tap-tap« aus dem Schlaf. War jemand an der Tür? Anfangs, als Pitzi noch nicht im Haus war, hatte ich kein Frühwarnsystem. Das erste Mal, als ich das Pochen hörte, sprang ich aus dem Bett und eilte im Nachthemd hinunter zur Hintertür. Niemand da.

»Tap-tap-tap.«

Am Verandapfosten suchte ein fremdartig aussehender Specht, ungefähr so groß wie ein Haarspecht, mit starken Schnabelhieben nach Borkenkäfern. An seinem schwarzen Rücken, seinen schwarz-weißen Seitenstreifen und seinem gelben Häubchen erkannte ich ihn als ein Schwarzrückenspecht-Männchen. Diese Spezies ist normalerweise nur im Winter in den Adirondacks zu sehen; doch dieser emsige Vogel kehrte ausgerechnet immer im Frühling zu meinen Hüttenpfosten zurück, klopfte und bohrte daran herum und benahm sich so ungeniert, als gehöre ihm das Haus.

Zu den Alltagslauten meiner Umgebung gehört auch ein hohes »Kii-kii-kii«. Es ist so vertraut wie das spukhafte Pfeifen der Dachsammer. Oft faulenze ich an Sommernachmittagen in meiner Hängematte und beobachte den Breitflügelbussard, wie er über meiner Hütte kreist. Auf den Hitzewellen und Thermalwinden dringt zitternd sein »Kii« zur Erde herab und erreicht das Ohr der huschenden Maus.

Ich bildete mir ein, alle Tiere, die in den Adirondacks heimisch waren, und alle, die den Black Bear Lake besuchten, zu kennen. Und doch wußte ich nicht, daß eines der kleinsten Säugetiere der Welt in meiner Nachbarschaft wohnte: die Zwergspitzmaus. Eines Tages kam Earl vorbei, ein tüchtiger Zoologe von einer nahegelegenen Universität, und stellte in meinem Wald Kleinsäugerfallen auf. Ein paar Stunden später ging er sie kontrollieren und kam triumphierend zur Hütte zurückgelaufen. In meine Hand legte er ein winziges weiches, graues Etwas.

»Diese Spitzmäuse sind in Sammlungen sehr selten, und über ihre Lebensgeschichte ist ziemlich wenig bekannt«, strahlte er. »Ich häute sie ab und mache sie zum Studienstück für das Universitätsmuseum!«

Es machte mich traurig, daß das kurze wilde Leben der Maus durch Forscherwißbegierde ausgelöscht worden war, auch wenn es sich um ein »Studienstück« handelte. Eine Zeitlang hielt ich sie in der Hand. Ihr Köpfchen war knapp so groß wie mein kleiner Fingernagel. Die ganze Kreatur wog ungefähr sieben Gramm. Dennoch konnte es diese insektenfressende Mini-Maus, proportional gesehen, an Wildheit mit jedem bengalischen Tiger und mit jedem Kaffernbüffel aufnehmen, versicherte mir Earl. Sie greift kleine Käfer, Regenwürmer, Raupen und Grashüpfer an und verzehrt jeden Tag große Nahrungsmengen.

Nachdem Earl abgereist war, merkte ich, daß ich nachts manchmal auf das hauchfeine Rascheln der Zwergspitzmaus lauschte und daß ich tagsüber manchmal nach ihren Miniatur-Tunneln Ausschau hielt, in die kaum ein Bleistift hineinpaßt.

Unten am Bootsanleger fand ich Freunde anderen Schlages. Von Zeit zu Zeit, wenn ich mich spätnachmittags sonnte, sprang ein naseweiser schlanker Nerz am Ufer mit fließenden Bewegungen von Stein zu Stein und suchte Krebse. Ich bewunderte seinen geschmeidigen Körper und seine Dreistigkeit, die ein paar Tage später zutage trat. Ich hatte nämlich Welse geangelt und am Ende des Anlegers eine Schnur mit acht Fischen ins Wasser gehängt. Dann ging ich zur Feuerstelle und freute mich in Gedanken schon auf in Butter gebratenen frischen Wels. Als das Feuer die richtige Glut hatte, eilte ich zur Lände zurück, um die Fische abzuhäuten und auszunehmen. Merkwürdig leicht fühlte sich die Schnur an, als ich sie aus dem See zog. Kein Wunder. Nur noch Köpfe und Gräten hingen daran. Daß es im Black Bear Lake keine Piranhas gibt, wußte ich; also konnte es nur ein einziges Tier gewesen sein, mein vielbewunderter Nerz.

Am nächsten Tag sah ich ihn, oder genauer gesagt, sie mit zwei Jungen an den Steinen entlangschleichen und den Anleger und meine Fischstange beäugen. Diesmal scheuchte ich sie mit einem Händeklatschen weg.

Nachdem ich mit dem Sporttauchen (mit Atemgerät) angefangen hatte, begann ich mich für die einheimische Fischwelt ebenso zu interessieren wie für Vögel und Säugetiere. Allerdings sind die Seen der Adirondacks dunkel und kalt, verglichen mit der Wärme und blaugrünen Transparenz der Karibik, wo ich das Tauchen gelernt hatte. Hier oben bei uns liegt die Temperatursprungschicht auch im Sommer nur ein bis zwei Meter unter der Wasseroberfläche. Wenn man diese Schicht durchdringt, fällt die Temperatur stark ab. Kein Wunder, daß ertrunkene Menschen und Pferde, die tage- und wochenlang am Seeboden gelegen haben, manchmal kaum Verwesungszeichen zeigen, wenn man sie heraufholt.

Bei meinen Fischbeobachtungen habe ich mich meistens in der warmen, sauerstoffreichen Oberflächenschicht aufgehalten. Hier sah ich Forellen unter der quecksilbernen Oberfläche lauern, die lidlosen Augen starr nach oben gerichtet, nach Insekten spähend. Ich sah Katzenwelse wie kleine, dunkle Staubsauger über den steinigen Grund streifen, Krebse über sonnige seichte Stellen krabbeln und Muscheln in stillen Buchten leise Wasser fächeln.

Aufgefallen ist mir beim Tauchen im Lauf der Jahre, daß die Fischpopulationen zurückzugehen scheinen. Und Rob und andere Fischer erzählen mir, daß sie qualitativ und quantitativ weniger fangen. Hauptschuldiger, allem Anschein nach: der saure Niederschlag. Sauer gemacht wird er durch Schwefel- und Stickstoffdioxid in der Atmosphäre. Zum Teil stammen diese chemischen Verbindungen aus den gigantischen Industriekomplexen von

Gary, Chicago und Detroit, zum Teil aus den Schloten städtischer Kraftwerke und den Auspuffrohren der Autos. All diese Abgase werden durch die vorherrschenden Westwinde nach Osten getragen.

Die Adirondacks (und andere nordöstliche Gebirge) haben besonders stark unter dem sauren Regen zu leiden. Hier entstehen Wolken und regnen ab, weshalb die Niederschlagsmengen überdurchschnittlich hoch sind. Hinzu kommt, daß es den Seen der Adirondacks an säureneutralisierenden Eigenschaften fehlt und sie daher vom sauren Regen stärker betroffen werden.

Unsere subjektiven Beobachtungen sind mittlerweile durch Studien der Cornell University wissenschaftlich erhärtet worden. Die Fischbestände im Staat New York sind tatsächlich zurückgegangen, auch und gerade in den Adirondacks. Die Gesamtverluste für die Fischereiwirtschaft belaufen sich auf Millionen Dollar, und das wird wahrscheinlich immer schlimmer werden, solange die Luftverschmutzung in Kanada und in den USA nicht eingedämmt wird.

Ich freue mich heutzutage über jeden Saibling, den Rob und ich auf unseren stillen Angeltouren fangen, bin glücklich über jeden Katzenwels, der mir an den Haken geht. Und ich mache mir Sorgen. Wer füttert die Nerze und Ottern, die Möwen und Fischadler, die Waschbären und Reiher, wenn menschengemachter saurer Regen die Fische ausrottet? Wird der Mensch, der so stark ins Räderwerk der ökologischen Gleichgewichte eingreift, immer größere und größere Verantwortung für die geschädigten, bedrohten, abhängigen Kreaturen übernehmen?

Eines Nachmittags ging ich zum Biberteich, nur um zu schauen, welche Tiere gerade da waren. Manchmal ergaben sich die besten Begegnungen ganz zufällig, gerade dann, wenn man es nicht erwartete. Am Sonnenhang eines Hügels eine etwas andere Route als sonst wählend, entdeckte ich überrascht ein frisches Erdhäufchen, hinter dem ein Loch in die Tiefe führte. Birkhuhnfedern lagen über den Boden verstreut. In der Luft hing ein strenger Geruch. Sofort weckte dies die Erinnerung an Mapuche in mir. Kein Zweifel: Ich hatte den Bau eines Rotfuchses gefunden.

Kein Laut war zu hören. Und doch sah es, nach den Federn zu schließen, so aus, als säßen Junge im Bau, zu deren Fütterung die Altfüchse Nahrung herbrachten. Ich versteckte mich abwärts vom Bau hinter einem Schlingstrauch und wartete.

Nicht lange, und zwei winzige gespitzte Ohren tauchten über dem Erdhaufen auf. Dann folgten zwei neugierig glänzende Pünktchen, schließlich ein nasser Nasenfleck, gerahmt von kurzen Schnurrhaaren. Vorsichtig blickte der Welpe sich um und schnupperte mit seinen niedlich kleinen Nüstern. Dann sprang er voll ins Gesichtsfeld. Hinter ihm drängten drei weitere Welpen ins Freie und begannen in der Sonne herumzutollen. Noch nie hatte ich Wildtierjunge so unbefangen vor meinen Augen spielen sehen: Tauziehen, Federn jagen, Scheinkämpfe, Ohrenbeißereien. Fast war es eine Enttäuschung, als gemessenen Schrittes, streng dreinblickend, ein Prachtexemplar von Fuchsvater die Szene betrat, einen Schneeschuhhasen im Maul. Sein Schwanz, die Lunte, wirkte so leicht und luftig wie eine Federboa. Kastanienrot leuchtete sein Pelz in der Sonne. Die eleganten schwarzen Pfoten und die weiße Schwanzspitze vervollständigten den gepflegten Eindruck. Unablässig bewegten sich die Ohren, Nase und Augen wie Radarantennen; seinen Nachwuchs begrüßte er mit Zurückhaltung.

Nicht so die Jungen. Stürmisch stürzten sie auf den Vater zu und rempelten gegen seine adretten Beine. Einen Augenblick stand der Fuchs unschlüssig, wie in schweigendem Protest gegen seine ungebärdigen Rangen, dann lief er zum Erdhaufen und legte den Hasen ab. Sofort machten sich die Kleinen über das Fleisch her. Ihre kindlichen Bewegungen waren noch ungelenk, aber sie wußten ihre winzigen Zähne schon sehr gut zu gebrauchen. Der Fuchs ging ein paar Meter zur Seite, zufrieden, seine Jungen sicher und wohlversorgt zu sehen. Er legte sich in die Sonne und begann mit der Pelzpflege. Ich wagte mich nicht zu rühren, um diese außerordentliche Szene nicht zu stören.

Während ich zuschaute, ließ ich die Augen über den Boden um den Fuchsbau schweifen. Neben Birkhuhnfedern und Hasenhaaren konnte ich zwischen dem Fuchskot auch die kleinen weißen Schädel von Mäusen erkennen. Kleinnager machen normalerweise den Hauptteil der Fuchsnahrung aus. Fuchspopulationen schwanken sogar oft in Relation zur Mauspopulation. In mäusereichen Jahren gedeihen auch die Füchse, seien es nun Rot-, Grau-, Prärie- oder Eisfüchse. Ihre Fruchtbarkeit ist hoch, und die meisten der Welpen überleben. In mäusearmen Jahren müssen sich die Füchse (und andere Räuber) auf andere Nahrungsquellen umstellen oder Hunger leiden und sterben.

Beim Nachdenken über diese Naturzyklen hörte ich hinter mir ein leichtes Rascheln. Instinktiv wandte ich den Kopf und sah einen zweiten, kleineren Rotfuchs. Es war die Mutter. Kurz trafen sich unsere Augen. Aus den ihren leuchtete die gleiche gelbe Wildheit, wie ich sie auch bei Mapuche gekannt hatte. Erneut fühlte ich ob seines Verlustes einen kleinen Schmerz. Dann drehte sich die Füchsin um und schnürte davon.

Das Familienidyll zerstob. Rasch scheuchte der Fuchs seine Kleinen in den Bau. Quiekend und übereinander stolpernd hasteten die Welpen in Sicherheit. Der Vater fletschte kurz, ein einziges Mal, sein weißes Gebiß, dann verschwand auch er. Ein paar Pelzflocken wehten über den Boden. Das war die einzige Bewegung weit und breit. Es herrschte wieder vollständige Stille.

Ich seufzte und erhob mich. Die Schau war vorbei. Jetzt würde es Stunden dauern, bis die Familie wieder vereint war und sich sicher wähnte. Aber ich nahm mir vor, zurückzukommen, Fotos zu machen und zuzuschauen, wie die Kleinen aufwuchsen. Leise den Rückzug antretend, um die Füchsin nicht zu stören, die sicher in nächster Nähe versteckt war, stieß ich aus Versehen gegen einen Baum. Sofort kam ein Greifvogel von einem Ast auf mich herabgestoßen. Eine perlgraue Brust, ein schiefergrauer Rücken schossen an meinem Ohr vorbei. Ein Hühnerhabicht-Weibchen. Anders als die Füchsin, die ihre Jungen still und leise mit List verteidigte, ging diese gefiederte Bombe in direkter Attacke gegen Eindringlinge vor. Sie hatte sicher ein Nest und Küken in dem Baum, gegen den ich geprallt war.

Zum Glück schützte meine Pelzmütze den Kopf, aber die fortwährenden Sturzflüge des Habichts waren doch entnervend. Ich nahm Reißaus und rannte in ein dichtes Tannengehölz, um meinen Angreifer loszuwerden. Meine Flucht führte mich dicht an den Westrand des Biberteiches, und ich beschloß, den Weiher ganz zu umrunden und nach neuen Bibern Ausschau zu halten. Der alte Damm sah vernachlässigt aus, und auf der Burg wuchs Gras, aber ein paar frischgeschälte weiße Stöcke trieben auf dem Wasser – ein gutes Zeichen. Tatsächlich fand ich am fernen Ende des Weihers, wo ein Bächlein in den See plätscherte, einen kurzen, schmalen neuen Damm. Dahinter war ein Stück Wald überschwemmt. Dies sah aus wie das Werk eines zweijährigen Pärchens, das von seiner Elternburg, irgendwo hinter den Hügeln, eingewandert war. Da sie den Biberteich bereits »eingedeicht« gefunden hatten und das meiste schmackhafte Holz am Ufer schon weggefressen war, hatten sich die Jungbiber den Seezufluß vorgenommen und ein Stückchen bachaufwärts einen geeigneten Platz gefunden. Hier schufen sie sich ihren eigenen Stausee und konnten nun am Ufer unberührte Gelbbirken, Erlen und Pappeln annagen. Ich wußte, daß dieses Pärchen diese Bäume rasch verbrauchen würde – als Schnellfrühstück, Burgpfosten, Dammholz und Winterproviant. Und dann mußte es seinen Aktionsradius erweitern.

Was jetzt wie ein kümmerlich schwacher Damm aussah, würde mit der Zeit zu einem Riesenbau heranwachsen. Wenn die Biber ihn erhöhten und verlängerten, um den Wasserspiegel zu heben, würden sie auch Kanäle graben, Seitendämme anlegen und ihre Burg für die wachsende Familie aufstocken. Ich hatte gelesen, daß der längste je gefundene Biberkanal hier in den Adirondacks gelegen hatte und nicht weniger als hundertsiebenundneunzig Meter maß. Und den längsten Damm von rund sechshundert Metern hatte man irgendwo im Westen gefunden. Diese Jungbiber hatten gerade erst ihren Hausstand gegründet. Wer weiß? Wenn ich in achtzehn, zwanzig Jahren (so alt konnten sie durchaus werden) zum Biberteich zurückkehrte, würden sie vielleicht den Hoover-Damm und den Panamakanal der Biberwelt gebaut haben.

Mich durch üppig grünendes Gras und Farnkraut kämpfend, das die Ufer des neuen Teichs schon besiedelt hatte, gelangte ich zur Burg der beiden. Wie die meisten Frischvermählten hatten sie nur ein bescheidenes Heim: ein Meter hoch und drei Meter Umfang an der Basis. Nach ein paar Jahren Biberehe mochte es zwei Meter hoch sein und der Umfang sieben Meter betragen. Ich fragte mich, ob sie schon Junge darin hatten; zur Beobachtung setzte ich mich hin, schmierte mich frisch mit Insektenabschreckungsmittel ein und wartete. Binnen kurzem hörte ich das typische leise Quieken und Brabbeln von Biberjungen. Vor meinem geistigen Auge sah ich sie auf der Schlaf- und Eßplattform ein paar Zentimeter über dem Wasser liegen, vielleicht von der Mutter gesäugt. Im Mai oder Juni geboren, müßten die Kleinen jetzt schon kläräugig, gut im Pelz und schwimm- und tauchfähig sein. Ich versuchte zu schätzen, wie viele es waren. Zwei? Vier? Sechs?

Da schien sich das Wasser zu meinen Füßen unmerklich zu heben. Ich hielt den Atem an. Das Männchen war wahrscheinlich in der Burg durch das Schlupfloch nach draußen getaucht und schwamm jetzt unter Wasser. So weitab von Menschen, Motorbooten und Kanus brauchte es sich tagsüber nicht besonders vorzusehen. Es schwamm dicht an mir vorbei, ohne mich zu wittern, und steuerte auf einen engen Kanal zu. Augenblick später kam es mit einem Ast im Maul zurück. Ich konnte seine scharfen gelben Nagezähne in der Sonne glitzern sehen. Diese Zähne wachsen fortlaufend nach und bedürfen der ständigen Abwetzung und Abnutzung, wobei sie sich auch immer wieder neu schärfen. Würde der Biber aufhören sie zu gebrauchen, wüchsen sie sich für ihren Besitzer bald zum physischen Hindernis aus. So ist das in der Natur, dachte ich. Alles hat seinen Sinn. Was nicht benutzt wird, wird oft zur Belastung.

Ohne eine Wellenregung zu verursachen, tauchte das Männchen ab und verschwand in Richtung Burg. Bald hörte ich ein mampfendes Geräusch, als kauten mehrere Leute Stangensellerie. Die Familie saß zu Tisch, kein Zweifel. Jetzt war das Männchen wieder draußen und strebte diesmal dem fernen Ufer zu. Ich beobachtete es, wie es den kleinen Abhang hinaufwatschelte, mit den Vorderpfoten einen Gelbbirkenstamm umfaßte und ihn an der Basis zu benagen begann. Das bekam man selten zu sehen. Ich schaute auf die Uhr: 16 Uhr 15. Der Biber stand mit dem Rücken zu mir, aber ich konnte das knirschende Nagen gut hören. Fünf Minuten vergingen. Ich versuchte abzuschätzen, in welche Richtung der Baum fallen würde (die Biber können das nicht beeinflussen); mit fünfundsiebzigprozentiger Wahrscheinlichkeit würde er wohl in Richtung Wasser kippen. Die meisten Bäume an See- und Flußufern neigen sich zur Sonne. Und tatsächlich: Nach siebeneinhalb Minuten Nagearbeit erzitterten die Äste, und der Baum fiel klatschend in den Teich, im stillen Wasser Wellen schlagend. Die Wellen dienten vielleicht als Signal; Minuten später sah ich nämlich das Weibchen und fünf kleine Kopien mit V-förmigem Kielwasser in Richtung Birke schwimmen.

Fasziniert verfolgte ich, wie sie sich um den schwimmenden Stamm gruppierten, auf der einen Seite der Vater und ein Junges, auf der anderen die Mutter mit vier Jungen. Sie begannen weiße Furchen in die Rinde zu nagen. Sie sahen so zufrieden aus wie eine Farmersfamilie beim Sonntagsbraten.

Da ich sie nicht aufschrecken wollte, schlich ich mich leise rückwärts und machte mich über ihren kleinen Damm davon. Eine Forelle kam hoch und schnappte sich eines der Insekten, die in Myriaden den neuen Teich umsummten. Schwalben machten Sturzflüge über dem Wasser, Frösche quakten im Chor, ein Kanadareiher erstarrte im Bach zur Statue. In der Abenddämmerung mochten Hirsche zum Trinken und Nerze zum Jagen hierher kommen. Alles, was noch fehlte, war ein Elch.

Biberteiche, das wußte ich, schaffen nicht nur Räume für vielfältiges neues Tierleben, sondern dienen auch in Dürrezeiten als kostbare Wasserlöcher, wie Alligatorlöcher in südlichen Sümpfen anderen Tieren Zuflucht bieten. Sie stellen sich Waldbränden als Barriere entgegen, halten den Grundwasserspiegel hoch, bremsen zu Tal stürzendes Wasser und fangen fruchtbare, vom höheren Land abgeschwemmte Erde als Sediment wieder auf. So haben Biber – und sei es auch nur ein einziges Pärchen – einen spürbaren ökologischen Effekt.

Auf meinem Heimweg zur Hütte überquerte ich eine alte, alte Biberwiese. Vor Jahren hatte sie einmal ausgesehen wie der frische Teich, von dem ich gerade kam. Der übliche Breitflügelbussard jagte über den dicken Gräsern, in die sich die Kleinsäuger duckten. Kreuz und quer über die Wiese liefen Hirschspuren. Neben einem Himbeerstrauch lag stark duftender Bärenkot. Fliegenschnäpper, Tyrannvögel, Stärlinge und Schwalben saßen auf den noch stehenden toten Bäumen. Die von den längst verschwundenen Bibern geschaffene Wiese beherbergte ein reiches Säugetier- und Vogelleben. Ich bemerkte Anzeichen, daß der Wald schon im Begriff war, die Wiese langsam zurückzuerobern. In Jahrzehnten, wahrscheinlich nach meiner Lebensspanne, würde diese Rückeroberung vollendet sein, der Kreis sich geschlossen haben.

Ich war fast zu Hause. Nur einen kleinen Sumpf mußte ich noch durchqueren und die Anhöhe zu meinem Balsamtannenwald hinaufsteigen. Tiefschwarz lag das Wasser wie ein Spiegel unter gelben Sumpfdotterblumen. Ihr Spiegelbild war makellos. Mit ein bißchen

Phantasie sah ich einen japanischen Lacktisch mit gemalten Lotusblumen. Schmackhafte Elchnahrung würden diese Blumen abgeben. Wieder sehnte ich mich danach, die ungefüge Masse eines kehllappigen Elchbullen knietief in einem Adirondack-Weiher stehen zu sehen. Wie viele herrliche Tiere, überlegte ich mir, hatte der Mensch mit harter Hand in unseren Bergen ausgerottet: neben dem Elch den Wolf, den Luchs, den Berglöwen, den Vielfraß und den Weißkopf-Seeadler, das amerikanische Wappentier. Fischadler, Raben und Tauchervögel wurden stark dezimiert. Zu diesem Arten-Kahlschlag haben viele Umstände beigetragen, so etwa übermäßiges Fallenstellen, Jagd auf »Raubzeug«, das Prämiensystem, Insektizide, Vergiftung, Umweltverschmutzung, Störung durch Wanderer, Bootsfahrer, Jäger. Und jeder Verlust bedeutete eine Verarmung für unsere Wälder und Seen.

Ich kauerte mich ans Ufer, betrachtete die Blumen im Sumpf und suchte mir vorzustellen, wie mein Leben wäre, wenn auf den flachen Inselchen im Black Bear Lake Tauchervögel nisteten und mich morgens mit ihrem irren Lachen weckten; wenn nachts eine Großkatze hinter meiner Hütte fauchte; wenn ein Weißkopf-Seeadlerpärchen über meinem Boot vom Himmel herabkäme, um zu fischen, oder wenn im Winter Wolfsrudelspuren an meinem Wasserloch im Eis vorbeiführten. Um wieviel spannender und facettenreicher wäre meine Existenz und um wieviel ausgewogener das Ökosystem, gäbe es diese alteingesessenen Tiere hier noch.

Unzufrieden wandte ich mich von den Blumenspiegelbildern ab und tauchte in die Düsternis meiner Tannen ein. Ich hatte das starke und quälende Gefühl, daß die meisten Menschen sich immer noch vorm »bösen« Wolf fürchten, daß hundertpferdige Motorboote mehr geschätzt werden als lachende Tauchervögel, daß kreischende Rockmusik allemal besser gefällt als das Schreien von Wildkatzen bei Nacht.

Fast das einzige Tier, das in den Adirondacks an Zahl zunimmt, ist der Schwarzbär. Mit dem steigenden Touristenzustrom im Sommer und Herbst steigt auch das Nahrungsangebot für Bären. Fischer, Wanderer und Kampierer bringen Eßbares in den Wald. Auf den Müllhalden türmen sich schmackhafte Bissen. Ich habe sogar einmal gesehen, wie auf einem staatlichen Campingplatz ein cleverer Bär aus dem Wald hervorgeschlichen kam, brutzelnde Steaks von einem Grill stibitzte und sich anschließend noch an Kartoffelsalat gütlich tat.

»Bären gucken« ist im Sommer ein beliebter Zeitvertreib. Viele Menschen führen abends ihre Kinder und Besucher zu nahegelegenen Müllkippen. Zwanzig, dreißig Autos parken dann an der Halde, neugierige Besucherscharen mit Kameras spähen umher. So gespannt sind die Bärengucker, daß sie den Gestank verrottenden Mülls und das Summen von Millionen Fliegen ignorieren. Irgendwann ruft dann ein Kind: »Schau, Mutti, ein großer Bär!«

Dann ziehen sich die Menschen näher an ihre Autos zurück. Manche steigen ein und verriegeln die Tür. Andere, sträflich leichtsinnig, gehen auf den Bären zu. Kamerablitze zucken durch die Dämmerung. Der Bär – ein großes Männchen, mit fast bis zur Erde hängendem Bauch grollt drohend. Da verläßt auch die Burschen, die vor ihren Freundinnen angeben wollten, der Mut, und sie fliehen.

Daß ein Schwarzbär in den Adirondack-Mountains Menschen getötet oder schwer verwundet hat, ist bisher nicht aktenkundig geworden, wohl aber sind Menschen gebissen, gekratzt und bedroht worden. Jeden Sommer sage ich zu Rob: »Diesmal wird es an der Müllhalde irgend jemanden erwischen.« Die Bärengucker gehen so weit, dem Bären Süßigkeiten hinzuhalten, ihn zu umarmen (macht sich gut auf Fotos) oder ihn mit Büchsen zu bewerfen, damit er brüllt. Bei der Unberechenbarkeit sowohl der Bären als auch der Menschen ist es nur eine Frage der Zeit, bis es zum Schlimmsten kommt.

Nur mit Abscheu sehe ich unterdessen wilde Bären auf Müllkippen herumklettern, Wohlstandsrückstände fressen, fett und faul werden, Schmeißfliegen und gaffende Besucher tolerieren. Für mich verliert das Tier dadurch seine Würde, Wildheit und Selbständigkeit. Müllkippenbären sind auf dem Wege dazu, Bettler und Penner zu werden, so wie ein Thekenhocker auf dem Wege dazu ist, Alkoholiker zu werden.

Wenn die Städte und Gemeinden der Adirondacks die Abfallgruben, Halden, Campingplätze und sonstigen Orte, wo Menschen Nahrung hinbringen oder wegwerfen, strengeren Vorschriften und Kontrollen unterstellten, würden die Bären vielleicht zu ihrer natürlichen Rolle zurückkehren. Dann, und erst dann, gewännen sie ihren Adel zurück.

Inzwischen werde ich nach wilden Bären Ausschau halten. Dreimal nur habe ich im Wald welche getroffen. Am unvergeßlichsten bleibt mir eine Begegnung an einem kalten Wintermorgen. Auf Schneeschuhen wollte ich zu meinem kleinen Sumpf, um Fotos von frischverschneiten Balsamtannen zu machen. Unterwegs bot sich mir der seltsame Anblick eines um eine Tanne aufgehäuften Schneehügels, aus dessen Spitze eine dünne Dampfsäule quoll. Neugierig stapfte ich näher. So etwas hatte ich noch nie gesehen. Plötzlich brach unter meinem linken Schneeschuh der Schnee ein, und eine Art Höhle öffnete sich. Mühsam am Rand dieses Iglus balancierend, blickte ich hinein. Es war sehr dunkel. Als sich meine Augen daran gewöhnt hatten, konnte ich am Boden der Höhle einen zusammengerollten Schwarzbären im Winterschlaf erkennen. Sein langsamer Atem kondensierte zu Dampf und stieg durch das Loch ins Freie. Behutsam zog ich mich zurück, damit der Bär nicht aufwachte und in schlechte Laune geriet. Dann drehte ich mich um und lief schnell zur Hütte.

Wenn ich als Wildtierliebhaber Wildtiere beobachte und über sie nachdenke, suche ich mir oft auszurechnen, welche Zukunft sie haben. Meiner Ansicht nach haben sie kaum Überlebenschancen, solange der Mensch um des Super-Luxus und Super-Wohlstands willen die Naturressourcen weiter so ausbeutet wie bisher. Wenn wir unseren Bedarf und Verbrauch an Energie und an Industriegütern weiter verdoppeln und verdreifachen, werden Staudämme, Talsperren, Hochspannungsleitungen, Kraftwerke, Tagebaue, Autobahnen, Supermärkte, Einkaufszentren und Neubaugebiete unaufhaltsam weiterwuchern. Und Wildtiere, Naturwälder, -seen, -böden und saubere Luft werden zurückgedrängt.

Das klingt pessimistisch, aber ich glaube wirklich nicht, daß der Mensch freiwillig seine materiellen Ansprüche und seinen Energieverbrauch zurückschrauben wird. Es ist ja so leicht und bequem, Maschinen die Arbeit tun zu lassen, sich mit Unterhaltung aus zweiter Hand berieseln zu lassen. Ich kenne nur ganz wenige Menschen – Naturfreunde, Tierliebhaber, Ökologen –, die wie ich gezielt und planmäßig ihr Leben spartanischer gemacht und sich in ihren materiellen Ansprüchen auf das Wesentliche beschränkt haben. So scheint es unausweichlich, daß Wildtiere nur an Orten wie dem Adirondack State Park, den Nationalparks und den übrigen Wald- und Tierschutzgebieten überleben werden.

Mehr als zehn Pferde wären nötig, um mich aus meiner Hütte am Black Bear Lake wegzubringen, um mich zum Verlassen der Adirondacks zu zwingen. Vielleicht gehe ich aber eines Tages freiwillig: an dem Tag nämlich, da ich keinen Streifenkauz mehr zu meinem Schlafzimmer rufen, keine Waschbären mehr aus der Küche kehren und keine Kojoten mehr in kalten Herbstnächten auf den Hügeln bellen hören kann, wenn blauschwarze Wolken quer über den Vollmond ziehen.

14

Ein Mann im Haus

Wieder war es Herbst. Mein siebenter Herbst seit dem
Bau der Hütte. Der Holzstoß wuchs, das Laub war
gefallen, die Gänse zogen südwärts. Winter lag in der
Luft. Er schien nicht mehr so strapaziös und beängsti-
gend wie mein erster Winter, aber ein Gefühl des
Alleinseins verließ mich nie.

An einem späten Freitag nachmittag fuhr ich ins
Städtchen. Unterwegs, auf dem Bahnübergang, wo die
Straße die alte Adirondack-Zweigstrecke der New York
Central kreuzt, blieb ich stehen und blickte nach
Westen. Die Sonne ging genau dort unter, wo die beiden
Schienen in der Unendlichkeit zusammenliefen. Wie
poliertes Gold leuchtete das rostige Gleis, die gelben
Lärchen im Sumpf daneben flimmerten im durchschei-
nenden Licht, und darüber wölbte sich ein safrangelber
Himmel mit schweren, purpurnen Wolkenbändern.

In den Sonnenuntergang blinzelnd, sah ich auf der
Bahntrasse eine Gruppe Männer herankommen, Schatten vor goldenem Licht. Einer ging etwas abseits, größer, schlanker, gerader als die anderen. In der Hand
trug er ein Gewehr. Sie sahen aus wie Jäger, die von
einem Jagdausflug zurückkamen. Halb geblendet von
der Sonne, tastete ich nach dem Anlasserschlüssel, um
wieder loszufahren. In diesem Augenblick hob der
Große den Arm und winkte grüßend. Alles, was ich

sehen konnte, war seine ranke Silhouette im Gegenlicht. Ich wartete. Wer konnte es sein? Er fiel in Laufschritt und erreichte meinen Wagen mit Vorsprung vor der Gruppe.

»Hallo! Sind Sie nicht Anne? Das Mädchen, das in dem Ferienhotel bei Lake Serene gearbeitet hat?«

Ich nickte, ins grelle Licht blinzelnd.

»Wußte gar nicht, daß Sie noch hier wohnen. Wir haben uns ja eine Ewigkeit nicht gesehen.«

Jetzt schaute er mit dem Kopf durchs Autofenster. Ich beschirmte die Augen und blickte forschend in ein schmales, wettergebräuntes Gesicht mit starken braunen Augenbrauen, linealgerader Nase, großem lustigen Mund und grünbräunlichen Augen. Ja, ich erinnerte mich. Der Mann war oft zum Hotelstall zum Reiten gekommen und hatte mich immer gebeten, ihn auf den Wegen zu begleiten. So manches Mal waren wir im Galopp an Straßen entlanggeprescht. Sein guter Sitz im Sattel, seine lockere Art mit Pferden hatten mich angezogen. Er hatte eine Kamera dabeigehabt, um seine breiten Schultern geschlungen, und hatte hin und wieder Bilder von Bäumen, Blumen und Wildtieren gemacht. Die Dias waren, wie er erklärte, gutes Anschauungsmaterial für den Biologieunterricht, den er an einem kleinen College weiter südlich in unserem Bundesstaat gab.

»Ja, hallo. Schön, daß man sich wiedersieht«, sagte ich und kramte in der Erinnerung nach seinem Namen.

»Nick«, sagte er, als hätte er meine Gedanken gelesen. »Nick Robbins. Wir haben zusammen nette Reitausflüge unternommen. Wissen Sie noch?«

»Natürlich, Nick«, erwiderte ich lächelnd. »Es müssen sechs oder sieben Jahre her sein, seit wir uns gesehen haben. Unterrichten Sie immer noch da unten bei Albany?«

»Immer noch«, antwortete er. »Nur ist der Stundenplan jetzt günstiger als früher. Ich habe dadurch lange freie Wochenenden, nicht nur freie Sommer. Jetzt komme ich das ganze Jahr her, im Herbst zum Jagen, im Winter zum Schneemobilfahren, im Frühling zum Kanufahren. Was machen denn Sie heutzutage so?«

Ich wußte nicht, wieviel er gehört hatte und ob er vielleicht noch in unserem alten Hotel verkehrte. Ich entschloß mich, offen zu sein.

»Ich wohne nicht mehr im Hotel«, begann ich. »Morgan und ich haben uns vor ein paar Jahren scheiden lassen. Ich habe jetzt mein Studium abgeschlossen und arbeite vollberuflich als Autorin und Beraterin.«

»So etwas Ähnliches habe ich mir schon gedacht, als ich sah, daß jemand anders Ihren Platz eingenommen hat. Im folgenden Sommer hörte ich auf, dort zu reiten. Keiner kümmerte sich mehr richtig um die Pferde und Reitwege, und da bin ich nicht mehr hingegangen. Wo wohnen Sie denn jetzt?«

»Hier in der Nähe«, antwortete ich vorsichtig, um die Hütte nicht gleich zu verraten. »Am Black Bear Lake habe ich mir eine Bleibe gebaut.«

»Sind Sie wieder verheiratet?« fragte Nick.

»Nein, tut mir leid. Gebranntes Kind ... Sie wissen schon ...«

»Ich sitze im selben Boot«, gestand er, leicht den Kopf senkend. Ein Windstoß fuhr ihm durch das zerzauste dunkle Haar. Verlegen nahm er seine Büchse aus der einen Hand in die andere und zog die Schultern hoch. Ich unterdrückte einen plötzlichen Impuls, aus dem Autofenster zu greifen und ihm tröstend über den Kopf zu streichen.

Seine Freunde hatten uns mittlerweile eingeholt und gingen zu ihren am Bahngleis geparkten Wagen. Auf den plastiküberzogenen Jagdausweisen, die jeder am Jackett hängen hatte, glänzten die letzten Sonnenstrahlen. Ich wollte nicht, daß Nick ging, aber ich wußte nicht, was ich sagen sollte. Nick schaute seinen Gefährten zu, wie sie ihre Gewehre entluden und im Kofferraum verstauten und ihre Autos starteten. Vielleicht wollte er fort und wußte nur nicht, wie er unser Gespräch auf höflich Art abbrechen konnte.

Abrupt sagte er: »Ich wünschte, wir hätten mehr Zeit, um miteinander zu sprechen.« Er warf mir einen schnellen Blick zu, und wieder wechselte das Gewehr von der einen Hand in die andere.

Fast ohne nachzudenken, platzte ich heraus: »Möchten Sie mit zu mir zum Kaffee kommen?« Dann erklärte ich: »Wir müßten das letzte Wegstück mit dem Boot fahren, und es wird schon dunkel sein, wenn Sie wieder gehen. Vielleicht sind Sie auch müde von der Jagd.« Auf einmal saß mir ein Kloß im Hals.

»Nein, ich bin nicht müde«, antwortete er, und seine Miene hellte sich auf. »Ich würde sehr gern mitkommen, aber ich habe meinen Kumpels versprochen, daß ich heute abend Poker mit ihnen spiele.«

Er zog einen Augenblick die Stirn kraus und sagte: »Warten Sie einen Augenblick.« Er lehnte das Gewehr an meinen Wagen und ging zum nächsten Mann hinüber. Eine merkwürdige Vorfreude stieg in mir auf.

»Alles klar«, sagte er, als er zurückkam. »Das Spiel beginnt nicht vor acht Uhr. Jetzt ist es fünf, da kann ich auf jeden Fall rechtzeitig wieder zurück sein. Soll ich Ihnen nachfahren?«

Wir fuhren zum öffentlichen Anleger, parkten und bestiegen mein Boot. Es war Zwielicht, und es wurde kälter. Die purpurnen Wolken hatten mittlerweile den gesamten südwestlichen Horizont verhüllt und sahen bedrohlich aus.

»Bis morgen früh könnte es Schnee geben«, prognostizierte Nick und wies zum Himmel. »Das wäre gut für die Spurensuche.« Dann schwieg er und ließ den Blick über die Uferlinie schweifen.

Wir erreichten meine Lände, und ich ging zu meinem Häuschen voraus. »Ein bißchen klein ist es«, entschuldigte ich mich, »aber ich habe es zum größten Teil selbst gebaut.«

Nick blieb auf dem Weg stehen. »Das haben Sie selber gebaut?«

Ich nickte.

»Heiliger Bimbam. Eine echte Blockhütte. Toll.« Und er begann um das Blockhaus herumzugehen, Bauplatz und Konstruktion begutachtend.

Ich ging hinein, setzte Kaffee auf und warf ein frisches Gelbbirkenscheit in den Franklin-Ofen. Nick kam nach, warf einen Blick auf das helle Emailgeschirr, die Zier meiner Küche, duckte automatisch seine Ein-Meter-achtzig-Gestalt, um durch meine niedrige Tür zu kommen, und stand still in der Mitte meines Hauptraumes. Kein Laut, nur das Feuer knisterte. Schließlich seufzte er.

»Das nenne ich ein Zuhause«, sagte er schlicht. Er ging umher, strich über Mapuches Pelz, nahm ein Buch vom Regal, schwang die schöne Collins-Axt, die an der Wand hing. Dann setzte er sich in den Boston-Schaukelstuhl und sah mich an. »Schön haben Sie's, wirklich.«

Etwas beklommen goß ich Kaffee ein und bot Nick Milch und Zucker an. Die Stille zog sich in die Länge. Da es im Zimmer fast dunkel war, machte ich eine Gaslampe an und öffnete die Klapptüren des gußeisernen Ofens. Flammenschein züngelte über das glänzende

Schwarzbärenfell, das als Teppich auf dem Boden lag. Wir schlürften Kaffee und begannen, einander ein bißchen auszufragen. Langsam legte sich meine Befangenheit, und ich interessierte mich immer mehr für diesen Mann. Bescheiden sprach er über seinen Beruf, seine Reisen, seine Erlebnisse beim Militär, dann auch über seine Scheidung. Es war ein beunruhigender Bericht, der mein tiefes Mitgefühl weckte.

Als Nick schwieg, entstand eine lange Pause, durchtönt nur von den heimeligen Hüttengeräuschen: dem leisen Zischen der Gaslampe, dem Knacken des Feuers, dem Quietschen des Schaukelstuhls, wenn Nick sich bewegte, dem Flüstern des Windes draußen.

»Und Sie?« fragte er leise.

Vertrauen war geschenkt worden. Vertrauen sollte wiedergeschenkt werden. Mich diesem neugefundenen Freund ganz öffnend, erzählte ich ihm meine Kümmernisse der letzten Jahre. Beim Reden wurde mir plötzlich klar, daß sich eine Perspektive in mir entwickelt hatte. Es war nur noch wenig Bitterkeit zurückgeblieben. Noch überraschender ertappte ich mich bei der Frage, wie es wohl wäre, wenn ich einen Mann wie Nick liebte, tief liebte. Konnte es sein, daß meine frostige Seelen-Attitüde aufzutauen begann?

Ich schaute auf die Uhr. Es war halb neun. »Oh, Nick, Ihr Pokerspiel. Es hat schon angefangen.«

»Im Ernst? Sagen Sie bloß, es ist schon acht!« rief er.

»Schon weit nach acht. Soll ich Sie über den See bringen?« fragte ich und hoffte, daß er nein sagen würde.

»Ich kann Sie nicht länger aufhalten. Meinetwegen haben Sie sicher schon Ihr Abendessen versäumt, Anne. Es tut mir leid. Aber, glauben Sie mir, es ist richtig wohltuend, so zu reden.«

Immer noch machte er keine Anstalten, aufzustehen.

»Soll ich etwas zu essen machen?« schlug ich vor, wieder aus einem tiefsitzenden Impuls heraus. »Nur einen kleinen Imbiß. Dann brauchen Sie wenigstens nicht auf nüchternen Magen Karten zu spielen.«

»Da sag' ich nicht nein«, antwortete Nick und stand auf, um ein neues Scheit aufs Feuer zu legen.

Ich machte einen Topf heiße Suppe, eine Platte mit Aufschnitt, Käse und Schwarzbrot, einen Salat und Tee. Aus irgendeinem Grund schien es wichtig, den Tisch nett zu decken. Über meinen Schreibtisch breitete ich eine feuerrote Guatemala-Tischdecke und zündete eine schlanke rote Kerze an. Nick sah anerkennend zu.

»Möchten Sie Musik zum Essen? Der UKW-Sender aus Syracuse hat abends ein gutes Programm.«

»Gern«, nickte er und setzte sich an den Tisch.

Beim Auftragen der Suppe streifte ich seinen Arm, und mein Körper erschauerte plötzlich. Der Kerzenschein berührte seine hohen Backenknochen, die gerade Nase, das starke Kinn. Er sah sehr gut aus. Wir aßen in Ruhe, unterhielten uns, hörten Musik, warfen uns schnelle Blicke zu und benahmen uns betont höflich. Ehe wir uns versahen, kamen die Elfuhr-Nachrichten.

»Wie die Zeit verfliegt!« sinnierte ich laut. »Manchmal, wenn ich abends hier sitze und lese oder schreibe, lassen die Nachrichten ewig auf sich warten.«

»So ist das, wenn zwei sich gefallen«, sagte Nick ruhig. »Einen so schönen Abend habe ich seit Jahren nicht mehr verlebt. Meist habe ich abends zu tun, muß den Unterricht vorbereiten, Rechnungen bezahlen oder Kurse in der Abendschule besuchen.«

Eine seltsame Spannung lag jetzt in der Luft. Nervös räumte ich den Tisch ab, stapelte das Geschirr in die Spüle und stellte Lebensmittel in den Kühlschrank.

Befangen mein langes Haar glättend, kam ich ins Zimmer zurück und griff den nächsten Gesprächsgegenstand auf, der sich finden ließ.

»Haben Sie schon einmal solche Hörner gesehen?« fragte ich, plötzlich mit hoher Stimme. »Sie stammen von einer Gemse in den Karawanken in Jugoslawien.« Durch den Raum wandernd, nahm ich einen Kugelfisch vom Regal. »Dieser Kugelfisch ist aus Jamaika. Wenn man das Fleisch nicht richtig zubereitet, kann es giftig sein. In Japan«, fuhr ich fort und haßte mich, weil ich wie ein Naturkundebuch plapperte, »wird der Fisch als Spezialität gekocht und gilt als Delikatesse.«

Warum konnte ich nicht so souverän und selbstsicher sein wie die *Cosmo*-Girls, von denen ich immer las?

Nick nahm mir den stachligen Fisch behutsam aus der Hand und stellte ihn aufs Regal zurück. Dann faßte er mich sanft am Arm.

»Kommen Sie. Setzen wir uns auf das Bärenfell am Feuer. Ich möchte diese Umgebung noch ein paar Minuten genießen, ehe ich gehe.«

Wie ein kleines Mädchen ließ ich mich zum Feuer führen und setzte mich, die Arme um die Knie geschlungen. Meine Hände waren jetzt kalt, aber mein Herz schlug schnell. Wirre Gedanken gingen mir durch den Kopf. Ich hatte Angst. Eigentlich sollten wir uns sofort aufmachen und zum Boot gehen. Ich hätte Nick nicht zum Abendessen einladen dürfen. Er mußte das als offene Avance auffassen. Ich sehnte mich danach, seine Hand zu halten. Was sollte ich tun? Ich starrte in die Flammen. Jahre des Alleinseins überwältigten mich. Und ich wußte plötzlich, daß ich wieder soweit war: daß ich der Liebe wieder eine Chance geben wollte.

Nick sah mich mit seinen grünlichen Augen an, als ich mich zu ihm umwandte und meine ineinander verklammerten Hände löste. Er nahm sie in die seinen. »Schon gut«, flüsterte er. Dann küßte er mich.

Fünf Zentimeter Schnee bedeckten den Boden und gaben den Bäumen einen weißen Verputz, als ich Nick am nächsten Morgen zum Anleger brachte.

Ich sah, wie sein Wagen langsam über die unbefestigte Straße in Richtung Hawk Hill verschwand. Ich fühlte, was seit Urzeiten jede frischverliebte Frau fühlt, wenn sie ihrem Mann – ihrem Jäger, Räuber, Liebhaber, Versorger, Beschützer – beim Abschied nachblickt. Würde ich ihn wiedersehen? Hatte ich zuviel von mir weggegeben? Oder nicht genug? Wie ernst war es ihm?

Ich stieg in mein Boot und fuhr nachdenklich über den Black Bear Lake zurück. Wie ein schwerer Faustschlag traf mich die Einsamkeit.

Nick hatte gesagt, er würde zurückkommen. Das war alles, woran ich mich festhalten, alles, worauf ich warten konnte.

Es war der Anfang einer neuen Ära in meinen Gefühlen. Nick kam zurück. Wir besuchten einander an Dutzenden von Wochenenden und freien Tagen. Es war der Anfang einer stürmischen, anstrengenden, romantischen Zeit in der Hütte.

15

Mein Hinterhof

An einem strahlend schönen Septembersamstag kam
Nick zur Hütte, über beide Ohren grinsend.

»Gestern war was in der Post, das du dir zu
Gemüte führen mußt«, verkündete er und ließ sich
in einen der Gartenstühle auf dem Sonnendeck
plumpsen. »Gott! Was für ein herrlicher Tag! Wir
müssen unbedingt etwas unternehmen, Liebes. Ich
bin heute extra früh aus Albany abgefahren, damit
wir zusammen ein langes Wochenende verbringen
können.«

Beim Sprechen kramte er in Papieren in seiner Aktentasche. »Hier ist es«, sagte er und hielt die Zeitschrift
Adirondack Life hoch. »Sie bringen Zitate aus Aufsät-
zen von Grundschülern in Missouri. Sie haben dort die
Adirondacks durchgenommen, sind aber selbst nie dort
gewesen. Die Kinder haben sich ein paar herrliche
Sachen einfallen lassen, und ich möchte sie dir vor-
lesen.«

Ich schenkte uns dampfenden Camp-Kaffee ein und
machte es mir auf dem anderen Stuhl bequem.

»Hör zu«, sagte Nick und blätterte.

»›Die Adirondacks sind meistens mit Bergen bevölkert. Leute sind nur ihre zweite Bevölkerungsquelle.‹
Hier ein weiteres Zitat. ›Da buckeln sich überall Berge
rauf und runter.‹«

Ich lachte und verschüttete ein paar Tropfen heißen Kaffee auf Pitzis Schwanz. Er sah mich vorwurfsvoll an.

In diesem Augenblick hörten wir das tiefe Röhren eines Wasserflugzeugs über dem Black Bear Lake. Ich lief zum Bootssteg, um zu sehen, ob es landen würde. In elegantem Bogen ließ sich die Maschine auf dem See nieder und rauschte zu einem diagonal gegenüberliegenden Sommerhaus. Drei Leute eilten auf den Anleger hinaus, kletterten an Bord und schlugen die Tür zu. Die Maschine, jetzt sichtlich schwerer, pflügte über den See und hob langsam ab. Fünfzehn Minuten später war sie zurück.

»Die müssen einen Rundflug gemacht haben, um das Herbstlaub zu bewundern«, kommentierte ich. »Das ist aber auch der ideale Tag dafür. Stell dir vor, wie der Wald jetzt in den High Peaks aussieht.«

»Kann ich mir denken. Sag mal, was kostet eigentlich so ein Rundflug? Ich bin noch nie mit einem Wasserflugzeug oben gewesen.«

»Ungefähr fünf Dollar je fünfzehn Minuten. Pro Kopf«, fügte ich hinzu.

»Hm. Dann verdient der Pilot mit drei Passagieren sechzig Dollar die Stunde, mit zweien vierzig.«

Nick saß und klopfte sich mit der – jetzt vergessenen – Zeitschrift in die hohle Hand. »Möchtest du die High Peaks mal von oben sehen?« fragte er nonchalant.

»O ja, das wäre toll«, rief ich, »aber es ist viel zu teuer.«

»Paß auf, wir machen mit dem Piloten einen Handel. Du nimmst deine Kameras mit und bietest an, ein paar Bilder für ihn zu schießen. Aufnahmen von seiner Maschine, von ihm, von den Bergen. Was er will. Die Leute hier oben im Touristik-Geschäft werden gute Werbe-Fotos immer gebrauchen können. Wahrscheinlich hat er nur ein paar Instamatic-Schnappschüsse und würde sich über professionelle Bilder freuen. Wetten, daß wir den Flug zum halben Preis kriegen? Den Rest splitten wir dann. Was sagst du?«

Beeindruckt von seiner cleveren Idee nickte ich.

»Laß uns doch heute mittag, wenn er zum Lunch geht, mal mit ihm sprechen. Wir fragen ihn, ob wir morgen ganz früh starten können. Dann kriegst du gutes Seitenlicht und Schatten. Morgen soll wieder schönes Wetter werden. Klingt das O.K.?«

Es klang O.K. Zu meiner Überraschung war der junge Buschpilot sofort einverstanden. Genau wie von Nick vermutet, besaß er für Plakate und Postkarten keine guten Fotos; er hatte erst vor kurzem angefangen, in unserer Gegend zu fliegen.

Mein erster Herbstflug fiel mir ein, den ich vor Jahren mit Morgan zum Deep Lake gemacht hatte, und ich war insgeheim erleichtert, daß es diesmal ein anderer Pilot und eine andere Maschine waren. Es hätte zu sehr geschmerzt, wieder mit Mike zu fliegen.

Am Sonntag um viertel vor sieben, als die Adirondacks überall noch in tiefem Schlummer lagen, durchbrach das dreiste Geknatter eines einmotorigen Wasserflugzeugs die Stille. Nebelsträhnen hingen noch über den Seen und Teichen, aber das obere Ende des Black Bear Lake war frei genug, daß ein Flugzeug wassern konnte. Nick und ich standen gespannt am Bootssteg. Kein Wort wurde gesprochen. Der Pilot schob die Tür auf, lächelte grüßend und winkte uns herein. Nick stieß die Flügelspitze ab und sprang auf eine Schwimmkufe. Er quetschte sich auf den Rücksitz, während ich den Copilotenplatz nahm, um freies Schußfeld aus dem Fenster zu haben. Wir schnallten uns an, und drei Minuten später ging's in den stillen Morgenhimmel hinauf.

So klar war die Luft, daß praktisch das gesamte Adirondack-Massiv von rund hundertsechzig Kilometer Durchmesser sichtbar war. Das Flugzeug kletterte auf neunhundert Meter und blieb in dieser Höhe. In weiter Ferne lagen die High Peaks in der Gegend von Lake Placid vor uns, sich »rauf und runter buckelnd«. Unter uns waren die Wellen der Landschaft mit einer prachtvollen Farbenpalette überzogen: rotbraun, goldbraun, lohfarben, flammend karmesin, dunkelgrün und kobaltblau. Ich fühlte die gleiche merkwürdig berauschende »Lust am Bunten«, die ich als Kind verspürt hatte, wenn ich ein Körbchen mit farbigen Geleebonbons und Ostereiern und buntverpackten Süßigkeiten gefunden hatte.

»Dein herrlicher Hinterhof«, rief Nick neckisch.

»Richtig«, rief ich zurück. »Und er ist größer als die übrigen Nationalparks – Yellowstone, Grand Canyon, Yosemite, Olympic, Great Smoky Mountains und Glacier – zusammengenommen!«

In knapp einer halben Stunde hatten wir Lake Placid erreicht. Sowohl dieser See als auch der Mirror Lake waren noch schatten- und nebelverhangen. Gleißende Sonnenstrahlen schossen hinter dem Whiteface Mountain empor, blendeten unsere Augen und tasteten sich in dunkle, dämmerige Täler. Jeder der High Peaks ragte stolz in den Himmel. Wie ein Kind aus Missouri geschrieben hatte: »Adirondack-Berge sind dazu gemacht, zum Himmel zu zeigen.« Heute »zeigten« sie nicht nur empor, sondern reckten sich geradezu in den Äther.

»Das Hauptprodukt der Adirondacks ist Höhe«, hatte ein anderer Schüler geschrieben. Eine Beobachtung, die sich mir jäh mit sinnlicher Gewalt aufdrängte, als der Pilot hinter dem Whiteface die Maschine in die Tiefe stürzen ließ. Es schien, als dräuten plötzlich alle 1485

Meter dieses symmetrischen Berges über mir, während die der Fallbeschleunigung entgegengesetzte Zentrifugalkraft mein Frühstück hochkommen ließ. Ich keuchte, krampfte die Hände über dem Magen zusammen und schloß die Augen.

Nick packte mich an der Schulter. »Weißt du noch, was wir gestern lasen? ›Oben auf dem Whiteface gelten die Schwerkraftgesetze *sehr verstärkt*‹«, sagte er und lachte. »He, wie willst du mit geschlossenen Augen fotografieren?«

Ich schluckte, schaute wieder aus dem Fenster und brachte es fertig, ein Foto von dem Berg im vollen Frühmorgenlicht zu machen, samt der Atmosphären-Beobachtungsstation auf dem Gipfel.

Der Pilot deutete nach oben und rief: »Da messen sie unsere Luftverschmutzung. Die Adirondacks gehören noch zu den Gebieten, die die sauberste Luft in Amerika aufweisen, besonders an einem Tag wie heute, wenn Nordwestwind vom Polarkreis über ganz Kanada hierherkommt. Mensch, es ist glasklar! Aber mir ist aufgefallen, daß insgesamt auch hier oben die Sicht schlechter wird. Oft fängt die Beobachtungsstation bei Süd- und Südwestwinden Schmutzpartikel auf, die aus Smogstädten stammen – Chicago, New York und Philadelphia.«

Zum Antworten blieb keine Zeit, denn abrupt zog das Flugzeug (meinen Magen mitreißend) wieder auf Gipfelhöhe hoch. Vor uns lag der Mount Marcy. An seiner Basis ein einziges Farbenmeer. Hellrot, orange und golden leuchteten an den tieferen Hängen Ahorn und Buche, während sich weiter oben das Schwarz der Balsamtannen mit dem klaren Gelb der Birken mischte. Darüber, zu unserer Rechten, der Gipfel, nackter Fels, blaugrau, etwas bedrohlich wirkend. Da konnte ich nur dem Schulkind zustimmen, das geschrieben hatte:

»Marcy heißt ein Monster in New York, das über fünftausend Füße hat.« Ich war froh über die klare Sicht und die Windstille. Kein angenehmer Gedanke, mit dem Monster zusammenzustoßen.

Aus der Vogelschau, aus der Schwebe über dem höchsten Punkt des Staates, bekam ich ein Gefühl für die Geologie dieser Berge, wie man es aus der Bodenperspektive nie bekommt. Die Adirondacks gehören nicht zum großen, geschwungenen, die ganzen Ost-USA beherrschenden Gebirgszug der Appalachen, sondern sind ein Ausläufer des Kanadischen Schildes. Diese Gebirgsinsel von mehr als dreiundzwanzigtausend Quadratkilometern ragt wie ein amerikanischer Nachgedanke aus unserem Staat hervor.

»Die Adirondacks waren schon immer da, vielleicht noch viel länger«, hatten Nick und ich gestern in der Zeitschrift gelesen. »Millionen von Jahren waren nötig, sie zu machen. Ich weiß, es klingt verrückt, aber damals gab es ja sonst nicht viel zu tun.«

Gewiß hatten die Adirondacks reichlich Zeit, »gemacht zu werden«: 1,1 Milliarden Jahre. Sie gelten als einer der ältesten Gebirgsstöcke der Welt. Aufgebaut sind sie aus Gneisen und Tiefengesteinen. Die Oberflächenformen sind allerdings viel jünger. Die heutige Landschaft, wie sie sich aus dem Flugzeug darbietet, resultiert im wesentlichen aus der letzten Eiszeit, deren Gletscher sich vor zehntausend Jahren aus diesem Gebirge zurückzogen. Sie schliffen Täler aus, ritzten Rillen in Bergkuppen, hinterließen Sandterrassen und Gerölldämme, meißelten Kare aus und ließen mehr als zweitausend Seen und Weiher entstehen. Daß die Adirondacks den gewaltigen Hobelangriffen der Eiszeiten und langen Erosionsphasen widerstanden haben, legt Zeugnis für ihre Widerstandskraft ab. Es muß sich um eines der kompliziertesten und herausforderndsten geologischen Werke der Welt handeln, dachte ich, als ich meine Augen über den Horizont schweifen ließ.

Die Maschine hatte Südostkurs eingeschlagen. Nun begann ich, Aufnahmen von den goldenen und purpurnen Bergen um den Lake George zu machen, die von Eichen, Hickorys und Eschen bestanden waren. Dutzende von kiefernbedeckten Inselchen sprenkelten den einundfünfzig Kilometer langen See. Ich sehnte mich danach, dort hinabzugleiten, neben einem Inselchen zu landen und ein Lager aufzuschlagen. Das Gedröhn des Motors und das Heulen des Fahrtwindes am offenen Fenster rissen an meinen Nerven.

Noch ein paar Minuten, und wir überflogen auf Westkurs den Ort Tahawus. Eine häßliche schwarze Narbe klaffte im bunten Waldlaub. »Das ist die Titan-Mine der National Lead Company, wahrscheinlich die größte der Welt«, rief der Pilot. »Der alte Tagebau da unten ist zweihundert Meter tief und einen Kilometer lang. Wie tief der neue Tagebau ist, wo sie im Augenblick arbeiten, weiß ich nicht.«

Er wies in Richtung des Gore Mountain, der mit seinen Skipisten im scharfen Licht gut sichtbar war. »Dort drüben liegen die Benson-Minen«, fügte er hinzu. »Von dort kommt der größte Teil des Granats, der in unserem Land verbraucht wird.«

Nick tippte mir auf die Schulter und blickte vielsagend auf die Uhr. Eine Stunde und fünfzehn Minuten waren wir schon in der Luft, und der Pilot machte keine Anstalten, zum Black Bear Lake zurückzukehren. Im Geist ließ ich die verflogenen Minuten wie Geldstücke in eine Registrierkasse klingeln. Ich lehnte mich zum Piloten und schrie ihm ins Ohr: »Wir sollten allmählich umkehren.«

Auf Klettertour am Indian Head über dem Lower Ausable Lake lerne ich die gewaltigen geologischen Kräfte ermessen, die diese Berge geformt haben.

Er schrie zurück: »Macht euch keine Sorgen wegen der Zeit. Ich find' den Flug toll. Habe nicht oft Gelegenheit, bei solchem Wetter so weiträumig zu fliegen. Mache sonst meistens Spritztouren mit Touristen um Lake Serene herum. Die schlafen jetzt noch oder sind in der Kirche, deshalb werde ich vor zehn keine Anrufe kriegen. Es reicht, wenn ich bis dahin zurück bin. He, ich zeig' euch jetzt mal was Großartiges. Haltet die Kameras bereit.«

Er ging wieder auf Nordkurs in Richtung High Peaks, aber in niedriger Flughöhe. »Kleiner Tiefflug über dem Avalanche Lake!«

Gespannt wartete ich, die Kamera schußbereit. Der Avalanche Lake ist einer unserer höchsten, wildesten und entlegensten Seen. Der einzige Zugang führt durch eine schmale Schlucht und mündet in einen Wanderweg aus Laufstegen, Leitern und Bretterbrücken am Westufer des Sees. Das Wasserflugzeug steuerte mitten zwischen zwei Bergen hindurch, und ich erhaschte einen Blick auf einen onyxschwarzen See, eingezwängt zwischen nackte Felswände, ein Bild wie aus den Rocky Mountains und nicht aus den Adirondacks. Hart nach oben ruckend, kletterte das Flugzeug über dem gewundenen, schattigen Avalanche Paß wieder steil in den Himmel. Gerade für zwei Bilder hatte die Zeit gereicht.

»Wie geht's dir, Anne?« rief Nick und beugte sich vor.

»Möchtet ihr Kaffee?« schrie der Pilot.

»Wo ist die Speitüte?« stöhnte ich.

»Harrt bis zum Long Lake aus«, antwortete der Pilot. »Ich kann dort direkt neben einer Cafeteria landen. Es geht Ihnen gleich wieder besser, wenn Sie festen Boden unter den Füßen spüren.«

Als wir in weitem Bogen hinunterschwenkten zu einer samtweichen Landung auf dem Long Lake, begann sich mein Magen wie prophezeit zu beruhigen. Es war neun Uhr. Wir machten die Maschine an einem Landesteg fest und gingen das Ufer hinauf in ein kleines Restaurant an der Straße. Erstes Leben regte sich in dem Dörfchen, und zwei verschlafene Frühstücksgäste saßen bereits an der Theke. Eine nette Dame mittleren Alters schnitt eine Apfeltorte auf.

»Drei Kaffee?« fragte sie munter.

»*Zwei* Kaffee und eine Magentablette«, murmelte ich und suchte den Anblick und den Duft der Torte zu verdrängen.

Dann erholte ich mich aber doch recht schnell und war bereit, den Piloten und seine Maschine auf den Film zu bannen.

»Hier ist eine gute Stelle«, deutete er und sprang auf sein Flugzeug. »Nehmen Sie den See als Hintergrund, vorn den Strand und das Herbstlaub. Ich knie mich auf die Schwimmkufe, und Sie schießen die Maschine vor dieser Kulisse. Ich brauche etwas Repräsentatives für meine Werbeplakate.«

»Alles klar«, nickte ich.

Als die Fotos im Kasten waren, brachte er uns zum Black Bear Lake zurück. Das kleine Flugzeug mutete jetzt definitiv wie ein Wassertaxi an, ideal für schnelle Stippvisiten überall im Gebirge. Steifgliedrig kletterten Nick und ich aus dem Cockpit. Nick zückte die Brieftasche. Für die dreistündige Super-Tour wollte der Pilot nur dreißig Dollar. »Schicken Sie mir einfach die Abzüge, wenn sie fertig sind«, grinste er und stieß gekonnt von meiner Lände ab. Dem Maschinchen nachblickend, das flink über die Hügel verschwand, sinnierte ich, daß es vielleicht doch schön wäre, wenn ich fliegen könnte und wenn in der Bucht bei meiner Hütte mein eigenes Wasserflugzeug vor Anker läge. Vielleicht, eines Tages...

Von dem Flug ausgepumpt und überwältigt, saßen Nick und ich schweigend auf den Stühlen des Sonnendecks und ließen die Ruhe und den Frieden wieder in uns einfließen. In gedrängter Überschau hatten wir an einem einzigen Morgen die ganze Länge und Breite, die ganze verschlungene Vielfalt der Berge gesehen. Für eine solche Reise hätte Verplanck Colvin, der erste staatliche Landvermesser der Adirondacks, zu Fuß Jahre gebraucht.

»Nick«, sagte ich ernst, »ich bin so froh, daß wir geflogen sind. Ich habe viel über meinen Hinterhof gelernt. Wie eines der Kinder geschrieben hat: ›Von jetzt an werde ich sowohl Freude als auch Staunen in meine Gedanken über die Adirondacks stecken.‹ Sind sie nicht herrlich! Ich hoffe inständig, daß ich immer hierbleiben kann.«

Nick warf mir einen merkwürdigen Blick zu. »Willst du denn nie von hier weg?« fragte er beiläufig.

»Nein, jedenfalls nicht, solange wir die Berge so bewahren können, wie sie sind.«

»Deshalb haben sie ja auch die Adirondack-Parkverwaltung geschaffen«, erwiderte er mit leichter Irritation in der Stimme. »Damit das ganze Land – das öffentliche und das private – geschützt wird, der Wildnis-Charakter erhalten bleibt und dem Wachstum Grenzen gezogen werden. Im Grunde«, fuhr er fort, »mußt du es dir als riesigen Flächennutzungsplan für mehr als 9300 Quadratkilometer staatliches Parkgebiet und 15000 Quadratkilometer Privatland vorstellen.« Ruhelos rückte er seinen Stuhl an eine sonnige Stelle. »In meinen Augen ist es der fortschrittlichste Landnutzungsplan in den Vereinigten Staaten.«

»So gut wie die von Vermont und Oregon und Hawaii?« forderte ich ihn heraus.

»Besser!« sagte er knapp. Offenbar war er zu dem Schluß gekommen, daß die Gesetze zum Schutz der Adirondacks eine Meisterleistung darstellten.

»Aber du solltest die Schrecklichkeiten hören, die die Ortsansässigen darüber sagen«, erwiderte ich, den Advocatus Diaboli spielend. »Ein Mann sagte zu mir: ›Lieber brenne ich den ganzen Wald ab, als daß ich mir von der Parkverwaltung vorschreiben lasse, was ich zu tun habe!‹ Und ein anderer nennt es ›den größten Landraub seit der Bolschewikenrevolution‹.«

»Klar«, sagte Nick verdrießlich. »Das ist normal. Bei eurem dickköpfigen Individualismus hier oben. Ihr würdet gegen *jede* Kontrolle, gegen *jeden* Nutzungsplan sein. Ihr wollt alle leben wie die Bergziegen – frei und wild. Ihr seid nur so lange zufrieden, wie euch keiner irgendwelche Vorschriften macht.«

Ich konnte nicht heraushören, ob er im Ernst oder im Scherz sprach.

»Na, eines ist sicher«, sagte ich, »die Verwaltungsbehörde hat, über allen lokalen Zwist hinweg, hier oben zum erstenmal eine Art Gemeinschaftsgefühl entstehen lassen. Vorher hat nichts die Einheimischen zusammengehalten – keine geschichtliche Tradition, keine kulturellen Gemeinsamkeiten, nichts . . .«

»Außer Starrsinn und übertriebenem Unabhängigkeitsbedürfnis«, unterbrach Nick zynisch.

». . . kein Dialekt, keine kunstgewerbliche Tradition«, fuhr ich unruhig fort, in der Hoffnung, ihn zu beschwichtigen. »Bis jetzt war die einzige einigende Kraft in den Adirondacks die Geographie.«

Später am Tag fuhr Nick fort. Ich saß noch lange im Schaukelstuhl und grübelte über die schlechte Stimmung nach, die sich zwischen uns entwickelt hatte. Es war zu spüren, daß Nick sich über meine tiefe Bindung an die Hütte, an dieses Stück Land, an diese Berge ärgerte. Ich schaute zu, wie die Spätseptembersonne die Hüttenwände vergoldete, der mexikanischen Gitarre einen freundlichen Schimmer aufsetzte, zum Zedernfurnier der Decke hinaufleuchtete, den Kojotenpelz streichelte. Abgesehen vom Motorengeräusch unseres Flugzeuges war der ganze Tag still gewesen, und jetzt am Abend herrschte eine tiefere Lautlosigkeit als in einer alten europäischen Kathedrale. Die ganze Welt, durchtränkt vom heiligen Glühen dieses Sonnenuntergangs, schien »zum Himmel zu weisen«.

Mir war zumute, als säße ich genau im Kern von irgend etwas. Von diesem Kern, von diesem stillen Hüttenraum, strahlten meine Gedanken wie goldenes Sonnenlicht in die Adirondacks aus. Ich konnte die Berge »fühlen«, ihre Gestalt, ihren Ursprung, ihre Festigkeit und Verläßlichkeit. Es waren trostreiche Berge, tiefverwurzelt und guterhalten. Sie neigten nicht zu Lava-Eruptionen, Erdrutschen, Erdbeben, Wirbelstürmen, Überschwemmungen, Dürren, Erosion. Es war, als lebte man mit Großeltern, auf die man immer zählen kann.

Hier roch es nicht nach Schlamm, hier gab es nicht die Selbstzufriedenheit gleichmäßig gewellter Hügel, nicht die Monotonie von Weingärten und Milchfarmen, wie ich sie an den Finger Lakes südlich des Ontariosees erlebt hatte. Hier lag keine tropische Üppigkeit in der Luft, keine Langeweile platter Kiefernwälder, nicht die Ruhelosigkeit raschelnder Palmen und des Golfstroms, wie ich sie in Florida empfunden hatte. Und es gab auch nicht die Düfte von Indianerdörfern, die latente Bedrohung durch aktive Vulkane, das fremdartig verwirrende, pulsierende Leben wie in Guatemala; nicht den kitzelnden Wüstenstaub, nicht die Ödnis salbeibestandener Ebenen und knochentrockener Berge, nicht die Fremdheit, die ich angesichts von Stachelkakteen und Gila-Echsen in Arizona verspürt hatte. Von allen Orten, wo ich gelebt und gearbeitet hatte, bot keiner dieses Gefühl so starker Kontinuität wie die Adirondacks.

Und Kontinuität war es, wonach ich mich sehnte. Ich wollte wissen, daß selbst dann noch, wenn ich einmal siebzig wäre, die Adirondacks die gleichen waren, der Black Bear Lake noch der gleiche. Daß ich an einem Septembermorgen noch zum See hinuntergehen und ein Bad nehmen konnte, immer noch Otter beobachten konnte, wie sie auf meinen Steinen Welse fraßen, immer noch einen Eimer sauberes Wasser zur Hütte hochtragen, immer noch den Regen von meinen großen alten Bäumen tropfen sehen konnte.

Mit Bangen dachte ich daran, daß es dann vielleicht eine Ringstraße um den See geben könnte, Ballungen von neuen Hütten am Ufer, ein Chlorgerät an meiner Wasserleitung, eine Monorail-Bahn auf der Trasse der alten Adirondack-Linie, einen Flughafen in Lake Serene. Und vielleicht wären dann die Adirondacks nicht mehr das größte Reststück Wildnis westlich des Mississippi, sondern nur noch ein Weekend-Vorort für Utica, Albany, Montreal, Watertown und New York City.

Die Sonne sank hinter den Berg jenseits des Black Bear Lake, aber ich blieb noch im Schaukelstuhl sitzen und dachte über die Krisen im Leben dieser Berge nach. Die *erste* Krise wurde durch den Holz-Raubbau und die Waldbrände der 1880er Jahre verursacht. Die erste Rettung erfolgte durch die Umwandlung der Staatswälder in ein Schutzgebiet und durch den Verfassungszusatz

»Wildnis für ewige Zeiten«. Damals wie heute glaubten viele Leute: »Da wollen reiche Außenseiter herkommen und alles reglementieren.«

Die *zweite* Krise hatte ihre Ursache im Aufkommen der Tourismus- und Freizeitindustrie. Mehr als neun Millionen Besucher jährlich kreuzten in den Bergen auf, und viele davon waren finanzkräftig, mobil und verfügten über reichliche Freizeit. Ein Zweitwohnungsboom erfaßte die Adirondacks. Die Bodenpreise schnellten in die Höhe. Riesige Areale wurden von Spekulanten und Baulöwen aufgekauft. Fünf von diesen Baulöwen allein wollten knapp dreihundert Quadratkilometer Bergland »erschließen«. Einer von ihnen plante eine Stadt mit dreißigtausend Einwohnern!

Hier bahnte sich ein klassischer Fall von »Kaputterschließung« an, denn Zweitheimbesitzer verlangen mehr und besser unterhaltene Straßen, mehr Polizei und Feuerwehr und ärztliche Betreuung, sogar neue kommunale Verwaltungsgebäude. Dabei sind diese Leute aber nur in den Sommermonaten hier, und wenn es hoch kommt, ein, zwei Wochenenden im Winter. Die allermeiste Zeit im Jahr stehen die Häuser und Lagergelände leer. Die kommunalen Verwaltungskosten steigen, und im Winter herrscht immer noch hohe Arbeitslosigkeit.

Zur Lösung der zweiten Krise wurde die Parkverwaltung geschaffen. Sie stellte einen Generalschutzplan für das Staatsland und dann einen Landnutzungs- und Erschließungsplan für das Privatland auf, mit strengen Obergrenzen für die Besiedlungsdichte. Durch den damaligen Gouverneur Nelson A. Rockefeller erlangten beide Pläne Gesetzeskraft. Ihr Hauptsinn ist es, den Schutz des parkähnlichen Charakters der Adirondacks und die wirtschaftlichen Interessen der Einheimischen unter einen Hut zu bringen.

Dadurch wurde meines Erachtens die *dritte* Krise heraufbeschworen, nämlich die Reaktion der Öffentlichkeit auf die »zweite Rettung der Adirondacks«. Die Einheimischen sind größtenteils gegen, die Außenstehenden für die neuen Reglementierungen. Wahrlich eine »Interessenkollision in der Wildnis«.

Eine Kellnerin, die mir morgens den Kaffee in die Tasse goß, klagte: »Ein paar reiche Pensionäre von außerhalb werden von dieser Verwaltungsstelle die ganzen Vorteile haben. Der Park wird als ihr Naturkundemuseum und Tummelplatz enden.« Ihre Worte (siebzig Jahre nach der ersten Krise gesprochen) hatten einen vertrauten Klang.

Nach Schaffung der Parkverwaltung sprach ich mit Henry L. Diamond, dem seinerzeitigen Kommissar der Umweltschutzbehörde des Staates New York, der mir erklärte: »Zum Wohle der Allgemeinheit *müssen* wir der Landnutzung Beschränkungen auferlegen. Für Luft und Wasser gibt es ja auch schon Reglementierungen, warum nicht für Land?«

Auch mit dem heutigen Kommissar Ogden Reid habe ich über die Zukunft der Adirondack-Parkverwaltung gesprochen. Der höfliche Ex-Fallschirmspringer sagte mir entschlossen: »Die Verwaltung genießt meine volle Unterstützung. Ich will sie bewahrt, gestärkt und unabhängig erhalten sehen. Zusammen mit der Umweltschutzbehörde stellt sie die stärkste Schutzinstanz der Adirondacks gegen die geballten schädlichen Einflüsse unserer hochindustrialisierten und hochkomplexen Zivilisation dar. Ich glaube auch, daß sowohl die Parkverwaltung als auch die Umweltschutzbehörde für mehr Öffentlichkeit bei ihren Tagungen sorgen und die öffentliche Meinung bei wichtigen Entscheidungen stärker berücksichtigen müssen. Im Falle des Wohnungsbauprojekts am Loon Lake hat das Umweltschutzamt beispielsweise die Entscheidung der Parkverwaltung unterstützt. Außerdem hat es auf einer strengeren Grundwasserüberwachung bestanden. Am Loon Lake wurden nur fünfhundert der ursprünglich geplanten tausend Wohneinheiten zugelassen, und der geplante Flugplatz wurde aus Gründen des Lärmschutzes und wegen der Nähe von Feuchtgebieten ganz verboten.«

Dies war die Kollision. Viele Leute lehnten sich zurück, schauten zu und warteten ab, was passieren würde. Wieder fiel mir ein Zitat aus einem Schulaufsatz in der Zeitschrift *Adirondack Life* ein (hatte ich es wirklich erst gestern gelesen?). »Wie die Adirondacks ihre natürliche Schönheit und Zivilisation bewahren können, sollte sich dort jeder mal in seinem Hinterkopf überlegen.«

Mein »Hinterkopf« war nun lange genug in Betrieb gewesen. Dunkel und kalt war es in der Hütte. Ich stand müde auf. Leises Winseln kam von der hinteren Veranda, wo Pitzi saß und geduldig darauf wartete, hereinzukommen, sein warmes Essen zu kriegen und sich am Feuer zusammenzurollen.

Ich streckte mich noch einmal, und Worte aus William Chapman Whites Buch *Adirondack Country* gingen mir durch den Sinn.

Wenn ein Mensch durch den Wald zum See wandert, weiß er, daß er Kiefern und Lilien, Reiher und Sonnenstrahlen, Schatten auf den Steinen und Lichtgeglitzer auf den Wellen finden wird, ebenso wie sie im Sommer des Jahres 1354 da waren und wie sie im Jahre 2054 und in noch fernerer Zukunft dasein werden. Er kann sich auf einen Felsen am Ufer stellen und Teil einer Vergangenheit sein, die er nie kennenlernen, und einer Zukunft, die er nie sehen wird. Er kann sich in Zeit einbinden, die war, und in Zeit, die sein wird.

Dies war einer der Gründe, warum ich ausgerechnet hier wohnen und leben wollte: der Hauch der Ewigkeit, den das Leben hier durch die Natur bekommt. Sollte die Adirondack-Parkverwaltung der dafür geeignete Schutzengel sein, dann segne sie Gott.

»Komm rein, Pitzi«, rief ich und machte die Tür auf. »Zeit zum Abendessen.«

16

Überleben

Für das Überleben als alleinstehende Frau in einer Blockhütte gelten drei Regeln. Es sind dieselben Regeln für ein erfülltes, gutes Leben, die ich schon vor Jahren als Pfadfinderin gelernt hatte. Sie lauten: Arbeit, Gesundheit und Liebe.

Überleben in Sachen Arbeit heißt konkret: mein Heim schützen und instandhalten und mir ein berufliches Einkommen sichern. Um dies als weibliche Einzelperson zu erreichen, war eine besondere Geisteshaltung notwendig. Am Anfang mußte ich vor mir selbst den Beweis antreten, daß ich alles konnte, was ich mußte oder wollte. Das alte Klischeebild von der schwachen, unbedarften, ängstlichen Frau, die ohne männlichen Schutz und Beistand verloren wäre, hat in einem rustikalen einsiedlerischen Leben keinen Platz. Ich glaube, daß »frau« alles kann, was sie sich vornimmt, sofern sie sich das technische Rüstzeug dazu erwirbt.

Einige der Fiktionen, die ich überwinden mußte, waren in früher Kindheit eingepflanzt und bis ins frühe Erwachsenenalter wachgehalten worden. Ich lernte indessen, daß schwere Arbeit meinen »empfindlichen inneren Organen« nicht schadete. Ich entdeckte, daß Schwielen, feste Muskeln und ein Tupfer Wagenschmiere auf der Nase mich nicht unweiblich machten. Ich merkte, daß es möglich war, schwere Lasten und sperrige Gegenstände durch einfache Anwendung von Hebelkraft, Zug und Balance zu heben und zu tragen. Ich sah, daß ich, wenn ich mich sachkundig machte oder machen ließ, fast alle Arbeiten verrichten konnte, vom Wechseln eines Autoreifens bis zum Ausfüllen von Steuererklärungen, vom Schießen mit Feuerwaffen und Tauchen mit Atemgerät bis zum Neubeziehen von Polstermöbeln. Langsam zerrann die begriffliche und faktische Zweiteilung der Geschlechter und auch die Doppelmoral, die in den USA in bezug auf Arbeit immer noch herrscht, und ich gewann Freiheit und Kompetenz.

Von Anfang an hatte ich die Einrichtung der Hütte so simpel wie möglich gehalten, damit ich die meisten Reparaturen und Instandsetzungen selber ausführen konnte. Geschickte Elektriker, Installateure und Schreiner sind hier oben am Black Bear Lake ohnehin schwer zu kriegen und überdies bereitet es mir Spaß, autonom zu sein.

Die Leute sind immer überrascht und manchmal schockiert, wenn ich ihnen erkläre, daß ich keinen elektrischen Strom habe. Aber ich *will* gar keinen Strom, auch wenn es heute möglich wäre, von einer Leitung hundertfünfzig Meter hinter meiner Hütte einen Anschluß abzuzweigen. Ich möchte nämlich nicht, daß durch den Wald eine Schneise für Masten und Drähte geschlagen werden muß, und ich möchte auch nicht, daß nach einem Sturm herabgerissene, unter Strom stehende Leitungsenden im Wald herumliegen. Außerdem habe ich keine Lust, stunden- und tagelang zu warten, bis die Servicetechniker die unterbrochene Verbindung flicken, und ich habe auch gar keine Verwendung für Strom. Alle meine Lebensannehmlichkeiten – Licht, Wärme, Kochen und Kühlen – liefert das Propangas. Ohne Strom lebe ich ökologischer und billiger.

Wozu brauche ich einen elektrischen Haartrockner? Ich habe den Wind. Was soll ich mit einem elektrischen Küchenmesser? Ich habe eine scharfe Jägerklinge. Was soll ich mit einem Staubsauger? Ich habe Kehrichtschaufel und Besen. Was soll ich mit einer elektrischen Zahnbürste? Ich habe Zahnstocher und starke Arme und Hände. Wie soll ich mich je dazu überwinden, einen elektrischen Fingernagelpolierer oder einen Make-up-Spiegel zu gebrauchen? Von dem, was ein einziges dieser dämlichen Dinger kostet, kann eine vierköpfige Indianerfamilie in Guatemala einen Monat leben. Außerdem halten lackierte Nägel und gepuderte Wangen hier in den Nordwäldern nicht lange.

Mein Plattenspieler, mein Radio und CB-Funkgerät sind batteriebetrieben. Die großen Zwölf-Volt-Batterien wandern alle ein, zwei Monate in mein Auto zum Aufladen. Jeden Morgen ziehe ich einen alten Wecker auf. Kaffee brühe ich mir in einer knallroten Kanne. Brot läßt sich gut auf einem Metallrahmen rösten, den man über die Flamme des Gasherdes setzt. Auf meinem Dreiflammenherd mit kleiner Backröhre kann ich fast alles zubereiten. Schmutziges Geschirr wird im Sommer in der Spüle, im Winter in einem Bottich auf dem Ofen gewaschen. Pappbecher, Pappteller, Plastikbesteck benutze ich nie, da sie weder wiederverwendbar noch ökologisch sinnvoll sind. Wäsche wasche ich in der Spüle, in Eimern oder im Waschsalon in Lake Serene. Freilich wäre die Behauptung, mein Lebensstil sei von der modernen Technik der Außenwelt unabhängig, unrealistisch. Auch ich nehme sie in vielfältiger Weise in Anspruch: Flaschengas, Konserven, Batterien und Hundefutter sind meine wichtigsten Gebrauchsgüter »von draußen«. Ohne die Welt der Technik säße ich in meiner Hütte auf verlorenem Posten. Das Land ist zu kalt, zu rauh, zu verarmt an eßbaren Wildpflanzen und -tieren. Und seitdem ich die kümmerliche Ernte aus Charlies Garten auf dem Tisch hatte, weiß ich, daß sich Gartenbau hier ebenfalls nicht lohnt. Trotzdem versuche ich, so eigenständig und so unabhängig wie möglich zu wirtschaften.

Die Hütte halte ich zum allergrößten Teil in Eigenarbeit instand. Ich repariere und streiche das Dach, mache Schreinerarbeiten, hacke Feuerholz, schließe vor dem Sommer mein Wassersystem an und entleere es vor dem Winter wieder, imprägniere Hüttenpfähle, Sonnendeck und Bootsanleger, führe einfache Reparaturen an Motorsäge, Äxten und Werkzeugen aus, fälle tote Bäume, die auf die Hütte stürzen könnten, und grabe neue Löcher für das Toilettenhäuschen.

Zwei Dingen stehe ich, bisher noch, hilflos gegenüber: dem Propangassystem und den Wasserrohren. Beim Gas kann das kleinste Leck eine Katastrophe für die Hütte bedeuten. Zur Sicherheit sind drei unabhängige Leitungen installiert, die bei Undichtigkeit oder bei Feuer draußen an den großen Gasflaschen einzeln abgestellt werden können. Eine Leitung versorgt die Küche (Beleuchtung, Kühlschrank, Herd) und das Souterrain (Heißwassergerät, Beleuchtung), eine zweite den Hauptraum der Hütte (Beleuchtung und kleiner Gasheizkörper), eine dritte die Veranda und das Gästezimmer (Beleuchtung, kleine Heizkörper). Als Reserve habe ich Petroleumlampen, Kerzen, den Kamin und ein Camp-Feuer zum Kochen. Trotzdem: Wenn etwas kaputtgeht, muß ich den Installateur holen. Eines Tages *muß* ich lernen, Rohrenden zu erweitern, ein T-Stück anzuschließen, einen Nippel anzubringen, Brenner von Kohleresten zu reinigen und eine neue Zweigleitung zu einem gasbetriebenen Gerät anzulegen.

Auch die Wasserversorgung ist, obwohl eigentlich sehr simpel, meine »schwache Seite«. Sie besteht im wesentlichen aus einer Motorpumpe, Plastikrohren, einem hochgelegenen Wassertank, einer Spüle und einer Badewanne. Gleichwohl habe ich es fertiggebracht, ein Rohr mit der Axt entzweizuhauen, ein Loch in den Tank zu schießen und an einem Wasserhahn die Dichtung kaputtzudröseln. Im Notfall kann ich zwar vom See eimerweise Wasser holen, das Toilettenhäuschen benutzen, im Sommer schwimmen und im Winter heiße Bäder in meinem Pferdetrog nehmen. Aber auch hier brauche ich, wenn etwas nicht funktioniert, den Installateur. Früher oder später *muß* ich lernen, von Bären entzweigebissene Plastikrohre zu flicken, Metallrohre zu verschrauben, einen Dichtungsring zu wechseln, verstopfte Abflüsse freizukriegen und Lecks im Tank zu verlöten.

Mein (Über)Leben als Ökoberaterin, freiberufliche Schriftstellerin und Fotografin ist sehr wechselhaft, mal brotlos, mal lukrativ, aber immer faszinierend. Für diese Art Arbeit eignet sich die Hütte ideal. Wenn ich Artikel oder Berichte schreibe, empfinde ich die Ruhe und Abgeschiedenheit meiner Klause als unabdingbare Voraussetzung für kreatives Denken und gleichbleibende Arbeitsleistung. Ich könnte nicht halb so gut funktionieren, würde ich durch Stadtlärm, durch Bürokollegen oder Nachbarn gestört. Und wenn ich einen Beraterjob habe und verreisen muß, macht mir mein Haus das Pakken einfach, so daß ich recht flexibel bin. Ich schließe lediglich die Fenster, sperre die Tür ab, stelle das Gas ab, lasse das Wassersystem leerlaufen und gieße Petroleum in die Siphons. Dann kann ich ohne Sorge beliebig lange fortbleiben.

Trotz der isolierten Lage meiner Hütte in einem der

wildesten Teile der Adirondacks ist es oft überraschend einfach, zu Fernreisen aufzubrechen. Einmal fuhr ich an einem klaren Sommermorgen früh um fünf mit dem Boot ab, gelangte mit dem Auto zum nächsten Flugplatz, stieg um acht ins Flugzeug, landete um neun in New York City und traf rechtzeitig zum Abendessen auf den Jungferninseln ein.

Manchmal kann es aber auch so entnervend schwierig werden, daß ich mir schon überlegte, in der Stadt eine Wohnung zu mieten, nur um meine Ausrüstung leichter zur Hand zu haben. An einem Februartag bekam ich unerwartet ein Telegramm, das mir die Mitarbeit an einer ökologischen Studie in Panama anbot. Binnen zehn Tagen sollte ich dort sein. Also mußte ich spezielles Gerät bestellen, mich auf einen Monat Feldarbeit vorbereiten, packen und in Schnee und Winterstürmen alles über den See schaffen. Es bedeutete mehrere Schneemobil-Trips hin und her mit Koffern, Segeltuchsäcken und Kameras auf dem angehängten Schlitten, bedeutete weitere mühsame Eilfahrten zum Postamt. Zum Flughafen brauchte ich dreimal so lange wie sonst. Und da das Flugzeug Verspätung hatte, verpaßte ich die Anschlüsse. Mit einem Tag Verspätung kam ich in Panama an, völlig erschöpft und zudem unakklimatisiert.

Am schwersten fällt mir, wenn ich beruflich verreisen muß, der Abschied von Pitzi. Irgendwie merkt er es immer, daß ich fort will, auch wenn ich die Koffer im Gästezimmer verstecke und nicht vor seinen Augen packe. Wie ein kleines Kind schmollt er und läuft mir nervös überallhin nach. In ein Tierheim will ich ihn nicht geben. Ich bringe ihn immer bei guten Freunden unter, die ihn verhätscheln, bis ich wiederkomme.

Was das Überleben gegen die Elemente betrifft, mache ich mir am Black Bear Lake keine allzu großen Sorgen. Unsere Berge sind nicht gewalttätig, aber sie kennen doch gehörige Temperatur- und Wetterextreme. Angst habe ich hauptsächlich vor Stürmen, die hohe Bäume knicken; vor schweren Schneestürmen, die Dächer eindrücken können, und vor extremer Kälte, in der nicht nur die Gewässer, sondern manchmal auch Menschen zu Eis erstarren.

Viel mehr Sorgen mache ich mir um das Wohlergehen der Maschinen und Gerätschaften, denn sie sind für mich unentbehrliche technische Überlebenshilfen. Ich möchte nicht mitten auf dem Black Bear Lake in einer stürmischen Novembernacht mit defektem Außenborder liegenbleiben, nicht auf einsamer Straße von meinem Automotor bestreikt werden. Die Maschinen müssen in technisch gutem Zustand gehalten werden, und deshalb spare ich nicht an Inspektionen und Reparaturen. Und immer führe ich Werkzeug, Scherbolzen, Zündkerzen, Öl, Reserverad, Taschenlampe und Benzinkanister mit. Beim Arbeiten mit Maschinen und Werkzeugen treffe ich, besonders wenn ich allein bin, Schutzmaßnahmen. Ich stülpe Ohrenklappen und schwere Handschuhe über, wenn ich mit der Kettensäge arbeite, und stahlarmierte Schuhe und einen Helm, wenn ich mich mit der Axt betätige.

Trotz allem bin ich einige Male am Black Bear Lake verunglückt oder krank gewesen. Das trifft viele Einheimische, und die meisten überleben es. Meist bedeutet es eine aufregende Rettung und Evakuierung. Trotz unserer abgeschiedenen Lage funktioniert hier, glaube ich, der ärztliche Notdienst besser als in mancher Großstadt. Sobald man in den Adirondacks *weiß*, daß jemand Hilfe braucht, wird dessen Überleben für jedermann zu einer Sache von höchster Vordringlichkeit.

An einem schwülen Sommersonntag, vormittags um elf, begann mir etwas übel zu werden. Nick war zum Wochenende auf Besuch gekommen, saß vorn auf der Veranda und schrieb. Ich empfand einen seltsamen Widerwillen dagegen, draußen in der Sonne zu liegen, zog mich in meine Schlafkoje zurück und las. Mittags rührte ich kaum einen Bissen an. Nick brachte mich dazu, ein paar Verdauungstabletten zu schlucken. Nach dem halb verdösten Nachmittag meldeten sich Schmerzen im Unterbauch, die gegen sechs noch schlimmer wurden. Nick meinte, wir sollten einen Arzt aufsuchen, der zufällig bei uns am See Urlaub machte. Keiner hatte an Blindarm gedacht, bis der Arzt leicht auf meine rechte Bauchseite drückte und ich einen Schmerzensschrei ausstieß.

»Sie sollten schnellstens über den See, in ein Krankenhaus, noch vor dem Abend«, riet er.

»Warum kann ich nicht bis morgen früh warten und mit Nick fahren, wenn er abreist?«

»Appendizitis ist eine ›Vierundzwanzig-Stunden-Krankheit‹«, antwortete er. »Es kann sein, daß der Blinddarm bis Mitternacht durchbricht. Es kann aber auch sein, daß die Entzündung zurückgeht und sich bis zum Morgen legt. Sie sollten auf jeden Fall wegfahren. Es ist Ihre Entscheidung, aber denken Sie daran: Wenn es losgeht, geht es schnell. Mit einem Blinddarmdurchbruch, hundertzwanzig Kilometer vom nächsten Krankenhaus entfernt, kommen Sie in Teufels Küche.«

Wir dankten ihm, daß er sich die Zeit genommen hatte, mich zu untersuchen, und gingen zur Hütte zurück. Der See wurde rauh. Im Süden brauten sich schwarze Gewitterbänke zusammen. Heute nacht würde es stürmen.

Nick war nervös. »Laß uns sofort fahren«, drängte er. »Morgen kannst du ja zurückkommen, wenn es dir besser geht. Was soll werden, wenn ich dich heute nacht bei einem Gewitter wegschaffen muß? Du weißt, daß ich nicht so gut mit dem Boot klarkomme und den See nicht so gut kenne wie du. Stell dir vor, wir sitzen auf einer Felsbank fest, während du auf dem Operationstisch liegen müßtest.«

Mir ging es momentan wieder besser, so daß ich die Nase rümpfte. »Laß mich das Abendessen machen, dann sehen wir weiter«, sagte ich starrköpfig. »Ich hab' für heute abend ein so schönes Mahl geplant, und ich will, daß du es dir schmecken läßt.«

Nick schüttelte bedrückt den Kopf, gab aber nach. Also nahm ich zwei dicke Steaks aus dem Kühlschrank und fing an, Pilze in die große Pfanne zu schnippeln. Draußen fielen die ersten Regentropfen. Ich beschloß daher, das Essen auf dem Gasherd zu machen und auf ein Grillfeuer im Freien zu verzichten. Als der Duft geschmolzener Butter und brutzelnder Pilze und Steaks die Küche füllte, wurde mir plötzlich schwarz vor Augen.

Nick hörte, wie ich in der Küche umfiel, und stürzte herein. Er half mir auf die Beine und setzte mich in den Schaukelstuhl.

»Jetzt ist Schluß, hörst du«, schalt er, mehr erschrocken als wütend. »Wir fahren auf der Stelle. *Vor* der Dunkelheit, *vor* dem Sturm und *vor* dem Essen.«

Ich nickte schwach. Es war das erstemal im Leben gewesen, daß ich ohnmächtig geworden war. Meine Courage verpuffte.

»Sei so gut und nimm wenigstens die Pfanne vom Herd. Die Steaks brennen an. Gib mir noch ein paar Minuten zum Ausruhen, dann fahren wir. Du solltest ein bißchen essen. Du mußt ja die ganze Fahrerei und Arbeit tun. Wer weiß, was auf uns wartet und wann wir wieder zum Essen kommen.«

Meine Logik obsiegte. Nick schlang ein paar Bissen Steak hinunter und packte mir dann eine kleine Tasche. Er schloß die Tür, stellte das Gas ab, rief den Hund und half mir zum Bootsanleger hinunter. Stürmisches Zwielicht hing über dem Black Bear Lake. Blitze zuckten, Donner grollte über den Bergen. Böiger Südwind trieb halbmeterhohe Wellen vor sich her. Nur einige wenige Lichter blinkten in weiter Ferne am Seeufer. Ich erkannte, wie ratsam es war, mich schnellstens in Behandlung zu begeben. Mein Bauch tat so weh, daß ich den Bootsmotor nie allein hätte anwerfen können.

Nach einigen Flüchen brachte Nick den Motor zum Laufen, und wir fingen an, uns durch die Wellen zu kämpfen. Jedes Rucken versetzte mir einen qualvollen Stoß in die rechte Seite. Als wir mein Auto erreichten, krümmte ich mich vor Schmerz. Ich hätte niemals allein fahren können. Gegen zehn erreichten wir Lake Serene. Ich war nur noch halb bei Bewußtsein. Nick raste durch das Städtchen, als wie durch Zauberei ein Polizeiwagen auftauchte. Sobald der Beamte erfuhr, was mit mir los war, eskortierte er uns zum Sanitätsposten und rief über Funk den diensthabenden Arzt an. Binnen fünfzehn Minuten hatte sich die Diagnose bestätigt. Blinddarmentzündung.

Der Doktor telefonierte zum Stadtkrankenhaus, kündigte eine Notaufnahme an und schlug mir vor, mich in den bereitstehenden Krankenwagen zu legen. Eine Freiwilligenmannschaft hatte sich bereits versammelt.

»Krankenwagen?« protestierte ich. »Wozu das denn? Nick kann mich in meinem Wagen fahren. Ich kann mich auf dem Vordersitz hinlegen. Ich will mich erst dann krank fühlen, wenn es unbedingt sein muß.«

»Na gut, wie Sie wollen«, lächelte der Arzt resigniert, »aber schauen Sie, daß Sie rasch hinkommen – ohne Unfall.« Er gab Nick einen kollegialen Klaps auf die Schulter und ging.

Mit achtzig bis hundert Stundenkilometern fuhr mich Nick zum Krankenhaus. Gegen halb zwei Uhr nachts kamen wir an. Um drei untersuchte mich ein Arzt. Bei der Blutprobe ergab sich ein Befund von über 13 000 weißen Blutkörperchen. Um sieben wurde ich operiert.

Als ich mich im selben Herbst von der Blinddarmoperation erholte, trat am Black Bear Lake ein weiterer Notfall ein. Am letzten Oktobertag erlitt morgens in der Frühe ein Hirschjäger einen Herzanfall. Seine Gefährten funkten mit einem CB-Gerät Hilfe herbei. Binnen zwanzig Minuten war an ihrem Haus ein Wasserflugzeug mit einem Sauerstoffgerät, einer Krankenschwester und einem Erste-Hilfe-Fachmann gelandet, die für solche Fälle bestens ausgebildet waren. Für den Mann allerdings kam jede Hilfe zu spät. Es war nicht sein erster Herzinfarkt, aber es war sein letzter. Eine Stunde später wurde seine Leiche mit der Maschine ausgeflogen.

Mein nächster medizinischer Notfall passierte ein Jahr später, bei den Wintervorbereitungen. Ich hatte einen Studenten engagiert, Alan, der mir eine Woche lang helfen sollte, Holz zu stapeln, Ritzen abzudichten, Sturmfenster einzubauen und das Ofenrohr zu reinigen. Er war oben auf dem Dach und setzte gerade das Ofenrohr wieder zusammen, und ich reichte ihm von unten frisch gesäuberte Teilstücke hinauf. Da das letzte Reststück zu kurz war, als daß er es greifen konte, lehnte ich eine kurze Leiter an die Dachkante und kletterte ein paar Sprossen hinauf, um es ihm zu reichen. Fahrlässigerweise hatte ich den Leiterfuß nicht abgesichert. Die Leiter rutschte prompt unter mir weg, und statt daß ich mich nach innen aufs Verandageländer fallen ließ, schnappte ich mit der linken Hand nach der metallenen Dachkante. Dies hielt meinen Sturz auf, aber meine Finger waren bis auf die Knochen eingeschnitten. Dreck und Farbpartikel steckten in den Wunden. Beim Gedanken, es könnten Sehnen durchtrennt sein, packte mich sofort Panik.

Alan kletterte vom Dach und rannte in die Hütte, wo ich meine Hand unter den Kaltwasserhahn hielt. Die Spüle war rot vor Blut. Alan wurde es schlecht. Ich hatte heftige Schmerzen und konnte – was mir noch mehr Angst machte – die Finger nicht mehr geradebiegen. Schließlich erholte sich Alan so weit, daß er meine Hand mit einem Badetuch verbinden und mich zum Boot hinunterführen konnte. Er startete den Motor und fuhr mich nach Lake Serene. Dafür, daß er nie einen Außenborder bedient und keinen Führerschein hatte, machte er seine Sache glänzend.

Binnen zehn Minuten war im Sanitätsposten ein Arzt zur Stelle, und ich lag in dem kleinen Behandlungsraum. Wieder Glück gehabt: keine Sehnen zerschnitten, kein Knochen gebrochen. Immerhin mußte die Hand mit zwanzig Stichen genäht werden, und ich trug eine schwere Infektion, eine Gefühllosigkeit im kleinen Finger und ein chronisches Mißtrauen gegen Leitern davon.

Mein dritter und schwerster Unfall erwischte mich, als ich allein war. Es war Frühherbst, und das Laub leuchtete an den Bäumen. Als Illustration für einen Artikel, den ich schrieb, wollte ich ein besonders schönes Foto, das die ganze Pracht des Adirondack-Herbstes wiedergab. Ich brauchte Kanadagänse, die bei Sonnenaufgang auf einem dunstigen See schwammen, Nebelsträhnen vor buntfarbig belaubter, hoher Bergkulisse und im Vordergrund, als Rahmen, die Silhouette von ein, zwei Balsamtannen. Ich kannte genau die richtige Stelle, an der man ein solches Foto machen konnte. Als es nach langen Regentagen endlich aufhellte, fuhr ich mit dem Hund fort, um dort zu kampieren. Wir schliefen auf der Ladefläche des Wagens. Leises melodisches Schnattern weckte uns: ein Zeichen, daß die Gänse noch da waren. Über einen alten Holzfällerweg fuhr ich zu dem See und parkte an der Kante des Steilufers.

Zwei Kameras mit Teleobjektiv an gekreuzten Riemen über die Schulter geschlungen, machte ich vorsichtig die Tür auf und kletterte aufs Trittbrett hinaus, ganz langsam, um die Vögel nicht aufzuscheuchen. Ich gebot Pitzi, still zu sein, und griff, um mich festzuhalten, nach oben aufs Wagendach. Die Nacht war kalt gewesen. Rauhreif überzog Gräser, Büsche *und* das Blech meines Autos. Daran hatte ich nicht gedacht, und so rutschte ich am eiskalten, schlüpfrigen Metall ab, verlor den Halt und stürzte, mich drehend, vom Wagen und die ganze Uferböschung hinunter.

Vier, fünf Meter tief muß der Sturz gewesen sein, denn es verschlug mir im wahrsten Sinn den Atem. Stöhnend rang ich nach Luft. Irgend etwas zwischen meinen Hüften fühlte sich zerquetscht an. Es gelang mir, mich auf die Seite zu drehen, in eine weniger schmerzhafte Lage. Nach ungefähr fünfzehn Minuten atmete ich wieder normal und dachte, vielleicht schaffst du es, bis zum Auto zu kriechen und einzusteigen. Aber der Schmerz war zu stark. Ich konnte mich lediglich ein bißchen nach oben hangeln, so daß ich von der Straße aus zu sehen war. Dann fiel ich in einen Schockzustand. Ironischerweise hielt Pitzi das alles für ein Spiel und bellte und tanzte um mich herum.

Der Ernst der Lage war beängstigend. Ich befand mich ungefähr acht Kilometer vom nächsten Haus an einem selten befahrenen Waldweg, lag hilflos auf der Erde, bei einer Temperatur um den Gefrierpunkt. Niemand wußte, wo ich war. Ich hatte eines der Hauptgebote der Wälder gebrochen: Sage immer jemandem Bescheid, wo du hingehst und wann du ungefähr zurückkommst.

Eine Stunde verging. Dann hörte ich das leise Summen eines Motors. Ein Wildhüter, der wunderbarerweise hier Patrouille fuhr. Die Bärenjagdzeit stand an, und er hielt nach Jägern Ausschau. Er erblickte den Wagen, dann den Hund, dann mich. Als er mich zittern sah, wollte er mich gleich aufheben und in seinen warmen Wagen tragen. Aber irgendein Instinkt warnte mich. Ich bat ihn, mich nicht zu bewegen. Zähneklappernd stieß ich hervor: »Holen Sie mir bitte meinen Schlafsack und den Rucksack aus dem Wagen.«

Er deckte mich zu und stellte den Rucksack neben mich. Ich wühlte in einer Seitentasche herum und hoffte, daß die beiden Fläschchen Morphium und Demarol, übriggeblieben von einer langen Wanderung im letzten Jahr, noch da waren. Sie waren noch da.

»Geben Sie mir Wasser«, stöhnte ich.

»Sie werden kein Morphium nehmen«, warnte er, »solange ich nicht weiß, was Ihnen fehlt. Bei Rücken- und Kopfverletzungen ist es reines Gift.«

Er kniete nieder und schnürte mir vorsichtig die Stiefel auf. Nachdem er sie mir behutsam ausgezogen hatte, bat er mich, die Zehen zu bewegen. Ich tat es.

»Na, das ist ein gutes Zeichen«, sagte er und stellte die Stiefel auf die Erde. »Ich glaube, Ihr Rücken ist in

Ordnung. Aber um sicherzugehen, nehmen Sie statt Morphium ein paar Demarol.«

Ich nahm drei und wartete ab, ob der Schmerz nachließ. Mein Retter stand einen Augenblick unschlüssig und überdachte die Situation.

»Ich muß Sie jetzt eine Zeitlang alleinlassen«, waren seine nächsten Worte, »und jemanden finden, der mir hilft, Sie mit einer Art Tragbahre hochzuheben.»

Ich hatte zwar Angst davor, wieder allein zu sein, aber ich nickte, da ihm gar nichts anderes übrigblieb. Nach einer Dreiviertelstunde kam er mit zwei Männern und einer Holztür zurück. Langsam ließen sie mich auf die harte Oberfläche kriechen, hoben sie dann hoch und schoben die Tür auf die Ladefläche meines Wagens. Einer der Männer fuhr, während der Wildhüter neben mir kniete und mich, so gut es ging, gegen die Stöße und Schaukelei abzuschirmen versuchte. Es war die schlimmste Fahrt, die ich je mitmachte. Zum Glück hatte man per Funk einen Krankenwagen gerufen. Unterwegs begegneten wir ihm. Ich wurde – immer noch auf der improvisierten Trage – in den Krankenwagen geschoben, denn ich erlaubte immer noch niemandem, mich zu bewegen. Dann ging's ab, zum hundertdreißig Kilometer entfernten Krankenhaus.

Vom Zeitpunkt, da ich gefunden wurde, bis zur Ankunft in der Klinik verstrichen nur dreieinhalb Stunden. Es war ein außerordentlich schneller, fachmännischer und im wahrsten Sinne entgegenkommender Abtransport. Im Krankenhaus sagte man mir, ich hätte auf der linken Seite Becken- und Rippenbrüche. Es sei klug gewesen, mich nicht unnötig bewegen und rütteln zu lassen.

Allerdings waren mein Wagen, der Hund, die 2000-Dollar-Kameraausrüstung (unbeschädigt übrigens),

Schlafsack, Rucksack und Stiefel an der Unfallstelle zurückgeblieben. Die Männer, die mich gerettet hatten, gingen zurück und bargen alles. Einer nahm den Hund, bis er bei Freunden untergebracht werden konnte. Ein anderer kümmerte sich, bis ich wieder fahren konnte, um den Wagen. Der Wildhüter sammelte meine Siebensachen und schloß sie ein, bis ich wieder nach Hause zurückkehren konnte. Ohne den Beistand dieser wunderbaren Leute wäre ich rettungslos verloren gewesen.

Aus all diesen Mißgeschicken entwickelte sich eine Überlebens-Philosophie. Ich glaube nach wie vor, daß es ungefährlicher ist, im Wald zu leben und Unfälle und plötzliche Erkrankungen zu riskieren, als in der Stadt zu leben, wo man Überfällen, Räubereien, Vergewaltigungen, Belästigungen und chaotischen Verkehrsverhältnissen ausgesetzt ist. Daß ich mir mit der Axt in den Fuß schlage, halte ich statistisch für weniger wahrscheinlich, als auf einer Stadtstraße hinterrücks erstochen zu werden. Auch glaube ich, daß wir in den Adirondacks mit unseren freiwilligen Krankenwagen, Wasserflugzeugen, Schneemobil-Rettungsschlitten, Suchmannschaften, CB-Funkgeräten, engagierten Ärzten und Erste-Hilfe-Männern medizinisch besser versorgt sind als jeder Großstadtbewohner. Als ich einige Zeit später mit einer Freundin aus New York City sprach, erfuhr ich, daß sie im dritten Stock ihrer Nobelwohnung gestürzt war und den Arm schlimm gebrochen hatte. Es dauerte volle *drei* Stunden, ehe es ihr in einer der größten Städte der Welt gelang, einen Krankenwagen zu mobilisieren, der sie ins Spital brachte.

Die Moral von der Geschicht': Ich kaufte mir einige medizinische Nachschlagewerke und eine gutsortierte Hausapotheke. Vor allem aber absolvierte ich eine Grundausbildung in medizinischer Unfallhilfe, die einundachtzig Stunden theoretischen Unterricht und Arbeit in einer Ambulanz umfaßte. Und ich bin jetzt sehr, sehr vorsichtig bei allem, was ich in der Hütte und im Wald tue.

17

Die Entscheidung

Es war ein heißer, sonniger Junitag, als Nick an der Lände eintraf. Er kam mit Verspätung, war müde und seltsam einsilbig. Die Kriebelmücken schwärmten, und deshalb gingen wir trotz des schönen Wetters gleich in die Hütte. Nick setzte sich im Studio in den Schaukelstuhl, während ich in der Küche Tee machte.

»Na, gibt's bald Schulferien?« fragte ich.

»Ja, bald«, antwortete er wie aus großer Entfernung.

»Wie war die Fahrt? Viele Touristen unterwegs?«

»Es ging.«

»Kannst du diesmal ein paar Tage länger bleiben, Schatz?« fragte ich hoffnungsvoll.

»Ich glaube nicht. Ich habe eine Menge Korrespondenz aufzuarbeiten.«

»Kannst du das nicht hier machen?« bat ich und trug ein Tablett mit Tassen und Plätzchen, Zitrone und Zukker nach drinnen. Ich stellte es neben Nick ab und sah einen Luftpostbrief in seinem Schoß liegen. Ich goß Tee ein, gab ihm eine Tasse und setzte mich mit meiner Tasse in den Schreibtischstuhl.

»Möchtest du ihn vielleicht lieber mit Eis?«

»Nein, danke. Das tut gut. Genau das richtige zur Entspannung. Ich bin ein bißchen durcheinander.«

»Was ist los, Nick?«

»Dieser Brief hier«, sagte er zögernd. Er war nicht der

Mann, mit Dingen hinter dem Berge zu halten, und so händigte er mir den Umschlag aus. Er trug einen Poststempel aus Alaska. »Man bietet mir eine Stellung als Lehrer in Anchorage an.«

Ich saß sehr still, Herz und Hirn plötzlich voll wirbelnder Gefühle.

»Ich habe schon immer in Alaska leben wollen. Zeit meines Lebens wollte ich so nah am Polarkreis sein wie möglich. Und jetzt kommt auf einmal das hier.« Verwunderung klang aus seiner Stimme.

»Wann geht es denn los?« fragte ich leise.

»Der Job beginnt im September. Ende August müßte ich dort sein. Gerade genug Zeit, um zu kündigen, alles abzuwickeln und raufzufahren.«

»Hast du mit der Schule schon darüber gesprochen?«

»Nein, ich wollte es zuerst dir sagen«, erwiderte er. »Kein Mensch weiß es bisher.« Vor lauter Anspannung verkrampfte sich sein sonst so geschmeidiger Körper. Seine Augen hatten sich verdunkelt und waren fast braun geworden.

Schwermütige Stille erfüllte die Hütte. Draußen vor dem Küchenfenster hörte ich den Balzgesang von Hemlockwaldsängern, ihr sorgloses und lässiges Tirilieren. Sie hatten keine Entscheidungen zu treffen, brauchten nur ihren Naturinstinkten und hormonellen Impulsen zu folgen. Mein Geist schwang sich auf einen Zweig im Balsamtannenwald und setzte sich neben die Vögel, als wollte er dem Dilemma in der Hütte entfliehen.

»Ich wollte wissen, ob du mit mir kommen würdest«, sagte Nick rauh.

Da war die Frage. Nick hatte die Zukunft, offen und schonungslos, in meine Hand gelegt. Sollte ich mit dem Mann gehen, den ich liebte, die Hütte und die Adirondacks verlassen und in einem fernen nördlichen Land ein völlig neues Leben anfangen, gegründet auf seine Berufskarriere? Oder sollte ich allein hierbleiben in dem Heim, das ich mir eingerichtet hatte, in den Bergen, die ich liebte, bei dem Beruf, den ich mir aufgebaut hatte?

»Nun?«

Ich konnte nicht antworten. Ich starrte auf die Wand aus Baumstämmen, wo die Sonne Lichter malte. Ich hörte das leise Rascheln der Borkenkäfer unter der Rinde. Ich schaute auf die Buchregale, Mapuches Pelz, meine Navajoteppiche. Plötzlich spürte ich den brennenden Drang, hinauszulaufen und irgend etwas zu tun.

Halb entschuldigend, halb provokativ öffnete Nick den Umschlag, beugte sich vor und legte mir den Brief auf den Tisch. »Hier, lies ihn, Anne. Wir würden Zeit haben, das Hinterland zu erforschen. Zwei Monate frei im Sommer und lange Weihnachtsferien. Mensch, ich wollte immer schon dorthin, ins Hinterland, im Winter mit dem Hundeschlitten los, im Brooksgebirge klettern, auf der Kenai-Halbinsel auf Elchjagd gehen, mit Busch-piloten 'rumfliegen. Weißt du, die Adirondacks sind nur ein Miniatur-Alaska. Da oben ist alles so viel wilder, größer, höher und kälter.« Ungeduldig machte er eine weitausholende Geste nach Norden.

Kälter. Nick hatte kälter gesagt. Sofort streikten meine Sinne. Meine Forscherinteressen und meine Beraterarbeit hatten mich mehr und mehr auf Kurzrei-sen nach Mittelamerika und in die Karibik geführt. Ich liebte, was ich in den Tropen sah und fühlte. Palmen, weiße und schwarze Sandstrände, ragende Vulkane, Morgensonne, der üppige Duft der Fruchtbarkeit, nette Leute, Korallenriffe, das Gefühl heißer Sonne auf der Haut. Es war so anders, so euphorisch, vergli-chen mit den tristen Wintern in den Adirondacks – oder Alaska.

Ich nahm den Brief und las ihn. Die Bezahlung war hervorragend; ein Haus sollte gestellt werden; das Institut schien einen guten Ruf zu genießen. »Sieht aus wie eine große Chance für dich«, begann ich.

»Ja«, sagte er rasch, »es ist ganz unglaublich. Du weißt, daß ich nicht den Rest meines Lebens in Albany verbringen will. Ich habe dort aus der Zeit meiner ersten Ehe keinerlei engere Bindungen mehr. Nur dich hier oben. Du weißt, wie sehr ich Wintersport und Jagd liebe. Alaska bietet das alles – genau vor der Haustür.«

»Für dich ebenso wie für mich«, fuhr er fort. »Für eine Tierökologin müßte es doch genau das Richtige sein. Denk mal an all das Wild da oben. Und nimm nur zum Beispiel das Problem mit der Alaska-Pipeline. Jede Menge Bedarf für Umweltschutz und Umweltplanung.«

In den Tropen aber auch, dachte ich. Naturschutz ist in manchen lateinamerikanischen und karibischen Ländern fast ein Fremdwort, und die Naturreserven werden in alarmierendem Tempo zerstört – schneller noch als entlang der Pipeline.

»Wenn's im Winter zu schlimm wird, können wir ja nach Hawaii fliegen, Sonnenschein tanken«, fügte Nick hinzu. Mit leichtem Schalk sah er mich an. Ich weiß nicht, was auf meiner Miene geschrieben stand. Er stand jedenfalls abrupt auf und sagte: »Gehen wir schwimmen. Überleg dir's. Heute abend können wir das Thema noch einmal durchsprechen. Ich hoffe, daß wir zu irgendeiner Entscheidung kommen, ehe ich morgen nachmittag weg muß.«

Wir zogen unsere Badesachen an und gingen zur Lände. Ich stürzte mich sofort hinein und schwamm unter Wasser so weit wie möglich auf die Seemitte zu. Jadegrün war hier die Welt, in tiefe Bernsteintöne übergehend. Eine einsame Forelle schlängelte sich nonchalant hinter einen schützenden Felsen. Ich wünschte, ich hätte stundenlang hier unten bleiben können, abgeschirmt von dem Problem, das oben in Sonne und Luft und Bäumen auf mich wartete, der Bombe, die in unsere Beziehung geworfen worden war. Meine Lunge platzte fast, als ich zur Oberfläche vorstieß. Und in dieser schimmernden Sekunde zwischen Luft- und Wasserschlucken wußte ich, daß ich bleiben und daß Nick gehen würde.

Die Entscheidungsnot rückte nicht nur unsere beruflichen Unterschiede und unsere klimatischen Vorlieben in den Vordergrund. Auch gewisse psychologische Konflikte, die sich zwischen Nick und mir aufgebaut hatten, spielten jetzt eine entscheidende Rolle.

Mein Selbständigwerden als Frau war nicht ohne Nachteile geblieben. Mir war aufgefallen, daß sich meine Männer desto unsicherer verhielten, je kompetenter ich geworden war. Und andere benahmen sich desto aggressiver. Es war, als brächte es ihre Minderwertigkeitskomplexe zum Vorschein, als könnten sie es nicht ertragen, daß eine Frau irgend etwas besser konnte als sie. Auch mit Nick war das passiert.

»Dir geht hier alles so gut von der Hand«, klagte er oft, wenn ihm ein Axtstiel zerbrach oder ein Farbtopf umfiel. »Da komme ich mir wie ein Trottel vor.«

»Aber ich mußte es auch erst lernen, Liebling. Es war eine Überlebensfrage.«

Trotzdem bewirkte das Unterlegenheitsgefühl, daß sich Nick an den Arbeiten in und an der Hütte immer weniger beteiligte. Er sagte, es lasse ihm zu wenig Zeit für seine Unterrichtsvorbereitungen, für das Korrigieren von Arbeiten, für das Lesen von Eisenbahnbüchern (Nick war Eisenbahnfan), für die Jagd usw. So erledigte also immer ich den Löwenanteil der Instandhaltung und

Reparaturen, während er am Schreibtisch saß oder in den Wäldern herumstreifte. Allmählich kam ich mir wie ein Kuli vor. Ich wußte, daß Nick die Hütte – mehr als seine Studiowohnung in Albany – als Heimathafen betrachtete. Aber ich mußte sie praktisch allein in Ordnung halten, was er mehr oder weniger als gegeben hinnahm. Manchmal spürte ich auch, daß er sich über meine Liebe zum Haus und zum Land ärgerte.

Ich war in einem chronischen Entscheidungsnotstand. Entweder machte ich wie bisher kompetent und selbständig weiter. Aber dann lief ich Gefahr, mir den Mann zu entfremden, der mir etwas bedeutete, und mußte die Situation mit viel Geschick und Diplomatie bewältigen. Oder ich spielte das klassische blonde Dummchen, die hilflose Frau, um das Ego meines Mannes aufzubauen. Dabei nahm jedoch meine Selbstachtung Schaden. Dies mußte – so überlegte ich mir oft – ein Grundproblem und Grundkonflikt der Frauenbewegung sein. Jedenfalls war es bei mir so.

Das Wochenende zog sich in die Länge. Mehrere Male diskutierten wir das Für und Wider eines Umzugs nach Alaska. Was sollte mit der Hütte werden? Wieviel Arbeit würde das Packen machen? Sollte ich meine Bücher als Fracht schicken oder in einem Anhänger mitnehmen? Würde Pitzi die dreiwöchige Fahrt verkraften? Welches unserer Autos war alaska-tauglich? Was sollte mit dem anderen geschehen? Konnte ich die für den Herbst vereinbarten drei Beraterjobs einfach absagen? Würde es vom fernen Alaska aus möglich sein, mit Redaktionen und Verlagen in den Oststaaten in Fühlung zu bleiben? Und während der ganzen Debatte fragte Nick mich nie: »Willst du mich heiraten?«

Als er Sonntag nachmittag abfuhr, war keine definitive Entscheidung in Worten ausgesprochen worden.

Aber wir wußten es beide; wir hatten nur Angst, es zu sagen. Am Donnerstag enthielt der Postsack ein Briefchen von ihm. Darin stand:

Baby:
Ich habe noch so viel zu tun mit den Reisevorbereitungen. Nur noch gut einen Monat bis zum Arbeitsantritt. Ich glaube, wir können das kommende Wochenende beide besser nutzen, wenn wir allein sind. Hoffentlich erwägst Du, mitzukommen. Paß auf Dich auf. Bis bald.
In Liebe, Nick

Noch zweimal habe ich ihn gesehen, ehe er nach Alaska fuhr. So sehr wir einander liebten: Er konnte nicht bleiben, und ich konnte nicht fort.

Zwei Jahre hatten zwischen unserer Begegnung auf dem Bahndamm und unserer Trennung gelegen. Die Einsamkeit, die wieder über der Hütte zusammenschlug, war eine andere als die, die ich seinerzeit beim Einzug empfunden hatte. Jetzt war eine Spur Erleichterung dabei, ein Gefühl, die richtige Entscheidung getroffen zu haben; dennoch war die Last genauso schwer wie damals. Es hieß wieder, ums emotionale Überleben kämpfen. Ich habe ein starkes Bedürfnis nach Liebe – sie zu bekommen und sie zu geben –, aber das ist schwer zu stillen, wenn man hier in den Wäldern allein lebt. Ich kann Zuneigung ausschütten über Hütte, Land, Hund, Freunde, Kollegen und zwei Patenkinder; aber es bleibt ein Vakuum, das sich nur durch die Liebe eines Mannes füllen läßt.

Daß ich Nick in den Adirondacks kennenlernte, war ein Glückszufall gewesen. Es ist hier schwer, einen Mann mit den gleichen Interessen, mit vergleichbarem Background und Bildungsstand zu finden. Die meisten der in Frage kommenden Männer, die ich kenne, arbeiten und wohnen in Städten oder an Universitäten. Ich treffe sie nur, wenn ich verreise, auf Tagungen gehe, Beraterjobs absolviere.

Der Grundzwiespalt in meinem Leben lautet: Hütte oder Stadt. Eine endgültige Antwort darauf habe ich noch nicht gefunden. Ich arbeite einfach weiter, bewege mich durch die Wälder und durch die Welt – und hoffe...

18

Intermezzo in Washington

Mein Traum war wahrgeworden. Zehn Jahre hatte ich in einer Blockhütte im Wald gewohnt, und die einzigen Unterbrechungen hatten in meinen Promotionsvorbereitungen an der Uni und gelegentlichen Berufsreisen bestanden. Land, Bäume, Wasser und Wildtiere hatte ich intim kennengelernt. Hier war ich zu Hause.

Nun flatterte auch mir ein verlockendes Angebot auf den Tisch: eine hochbezahlte, auf einen Winter befristete Stelle bei einer angesehenen Washingtoner Naturschutzorganisation. Da die Offerte so kurz nach meinem Bruch mit Nick kam, nahm ich sie an. Die Abwechslung würde mir helfen, über meinen Schmerz hinwegzukommen; dennoch sah ich dem Auszug aus der Hütte mit gemischten Gefühlen entgegen. Seit meiner Geburt in New York City würde dies das erste Mal sein, daß ich länger als ein, zwei Wochen in einer Metropole verbrachte.

An einem frischen Novembertag, kurz vor der Seevereisung, schaffte ich mehrere Kisten Bücher, Kleider, Akten, Wäsche und Küchenutensilien mit dem Boot zu meinem Wagen und machte mich mit Pitzi auf die achthundert Kilometer lange Fahrt zur Hauptstadt unserer Nation. Noch ahnte ich nicht, daß mir eine Reise der schreiendsten Kontraste bevorstand, ein Kulturschock, stärker als alles, was ich in Mittel- und Südamerika, in Indien und in der Karibik erlebt hatte.

Zwei enge Freunde, Sally und Loren, hatten mir angeboten, bei ihnen zu wohnen, bis ich mich eingearbeitet hatte. Da ich die Strecke noch nie gefahren war, ließ sich meine Ankunftszeit nicht voraussagen. Sie erwarteten mich irgendwann im Lauf des Wochenendes. Ich kam gut durch, schaffte die Fahrt vom Black Bear Lake nach Georgetown – Washingtons Universitätsviertel – an einem Tag und traf am Samstag gegen sieben Uhr abends ein. Loren und Sally waren gerade auf dem Sprung zu einer Dinnerparty, als ich an ihre Tür klopfte. Enthusiastische Umarmungen, dann zeigten sie mir mein Zimmer.

»Mach's dir bequem«, sagten sie. »Gegen Mitternacht sind wir wieder da.«

»Vorher solltest du unbedingt deinen Wagen ausladen«, riet Loren. »Ich wünschte, ich könnte dir helfen, aber wir sind schon spät dran.«

»Warum hat das nicht Zeit bis morgen?« meinte ich. »Ich bin ziemlich müde.«

»Weil morgen dein Gepäck garantiert weg ist«, sagte Loren mit ernster Miene.

»Du scherzt wohl. Wer wollte denn hier an einer hübschen Straße im Herzen von Georgetown einen alten Pickupkombi ausräumen?«

»Er hat recht«, bestätigte Sally. »Hier in Washington ist nichts sicher, und es hat in letzter Zeit viele Raubüberfälle gegeben.«

»Also, ich habe ein Dutzend Kisten, drei Koffer, eine Schreibmaschine, einen Kamerakoffer, einen Fünfzig-Pfund-Sack Hundefutter und ein Fahrrad im Wagen«, stöhnte ich. »Muß denn *alles* raus?«

»Alles«, sagten sie unisono. »Bis auf das Hundefutter«, fügte Loren hinzu. Dann gaben sie mir Abschiedsküsse und schärften mir ein, beide Sicherheitsriegel an der Haustür vorzuschieben.

Ungläubig schüttelte ich den Kopf und wanderte mit Pitzi nach draußen zu meinem Wagen. Eine ruhige Wohnstraße, gesäumt von reizenden alten Häusern, jedes nicht breiter als mein Holzschuppen, und hohen Bäumen. Die Häuser sahen aus, als gehörten sie zu einem Provinzstädtchen und nicht zu einer Drei-Millionen-Stadt.

Erschöpft öffnete ich die Ladetür und zog mein Fahrrad heraus. Als ich es abstellte, sah ich einen Streifenwagen heranfahren und an der Ecke halten. Ein anderer glitt aus der Gegenrichtung heran. Aus einer Seitenstraße tauchte ein behelmter Polizist mit Motorrad auf. Fern auf dem Bürgersteig kamen zwei weitere angelaufen, mit Knüppel und Funkgerät in der Hand. Plötzlich knurrte Pitzi, und sein Nackenpelz sträubte sich. Aus dem zweiten Wagen war ein riesiger Polizeihund gesprungen und stand da, gehorsam seinen Herrn anblickend. Ich schnappte Pitzi am Halsband, ehe sich ein Kampf entspinnen konnte.

Als ich noch Hund und Fahrrad festhielt und mich erstaunt umblickte, kam ein Hubschrauber durch die Nacht herangetuckert und blieb direkt über uns in der Luft schweben. Ein Scheinwerfer leuchtete mir ins Gesicht. Pitzi begann wütend zu bellen. Aus dem Augenwinkel glaubte ich eine schattenhafte Gestalt über ein Dach huschen und in einen kleinen Hof verschwinden zu sehen. Dröhnend und flatternd wie ein bösartiger prähistorischer Vogel hing der Helikopter ruhelos über den Dächern, mit dem Suchscheinwerfer in alle Richtungen tastend. Der Ring der Polizisten zog sich um ein Haus zusammen, das nur zwei Türen von Sallys und Lorens Domizil entfernt war.

Rasch verfrachtete ich Pitzi und das Rad nach drinnen und beeilte mich, den Rest meines Gepäcks auszuladen.

Als ich fertig war, hatte der hochnäsige Hubschrauber sich auf den Rückweg zum Potomac gemacht, der Polizeihund war wieder in seinem Wagen, die Beamten zogen ab. Der Einbrecher war entkommen. Ich schloß das leere Auto ab, verrammelte die Haustür mit beiden Sicherheitsbolzen und ließ mich in einen Sessel fallen. Laut sagte ich zu Pitzi: »Willkommen in Washington!«

Es begann mir zu dämmern, daß ich für diese bedrohliche Umwelt ganz neue Überlebenstechniken würde lernen müssen. Ein Gefühl des Mißtrauens und der Angst, wie ich es in den Adirondacks nie gekannt hatte, beschlich mich und verließ mich bis zu meiner Abreise nicht mehr.

Sehr stark drangen in dieser Nacht die Stadtgeräusche auf mich ein. Heulende Krankenwagen-, Feuerwehr- und Polizeisirenen. Beständig war das dumpfe Brausen fernen Verkehrslärms zu hören, gelegentlich übertönt von Lastzügen, die drei Blocks entfernt auf der M-Street vorbeidonnerten. Ich lag stundenlang wach, drehte mich von einer Seite auf die andere und sehnte mich nach meiner breiten festen Matratze in der wohlriechenden Schlafkoje meiner Hütte, wo vor dem Fenster der Wind durch die Tannen strich.

Am nächsten Morgen erzählte ich Sally und Loren von meinem nächtlichen Abenteuer. Sie blieben ungerührt.

»Das kommt hier oft vor«, sagte Loren und füllte Wasser aus einer 3,8-Liter-Plastikflasche in den Kaffeekessel.

»Letzte Woche erst«, setzte Sally nüchtern hinzu, »wurde eine gute Freundin von uns nur sechs Blocks entfernt im Waschkeller ihres Apartmenthauses vergewaltigt und fast umgebracht.«

Mir schauderte.

»Du mußt uns versprechen, daß du ganz vorsichtig bist, solange du hier bist«, warnte Loren und stöpselte die Schnur des Kaffeekessels ein. »Geh nie spätabends auf die Straße, auch nicht mit deinem Monsterhund. Jemand könnte erst den Hund erschießen und dann dich angreifen.«

Ich erstarrte in meinem Sessel und begann mich zu fragen, ob ich nicht einen großen Fehler begangen hatte, hierher zu kommen, trotz der Vorteile und Kontakte, die der Job bot. Nachdenklich sah ich Sally zu, wie sie Kaffee eingoß.

»Riecht ja herrlich. Sag mal, warum hast du eigentlich kein Leitungswasser für den Kaffee genommen, Loren?« fragte ich neugierig.

»Das Wasser ist so stark gechlort, daß Kaffee damit absolut ungenießbar wird«, erwiderte er. »Hier, versuch mal ein Glas.«

»Der reinste Chlor-Cocktail«, sprudelte ich und setzte das Glas hastig ab. »Warum habe ich nicht daran gedacht, ein paar Flaschen Wasser vom Black Bear Lake mitzubringen?«

»In der Plastikflasche hier ist Quellwasser«, sagte Sally. »Wir kaufen es im Supermarkt.«

Ich nahm die Flasche und las das Preisetikett. »Neunundsiebzig Cents?« staunte ich. »Neunundsiebzig Cents für knapp vier Liter!« Eine schnelle Überschlagsrechnung. »Du lieber Gott! Hätte ich dreißig Flaschen vom Black Bear Lake mitgebracht, hätte ich die ganzen Fahrtkosten wieder rausgehabt; Benzin, Öl und Straßengebühren.«

»Mach das doch nächstesmal«, lachte Loren. »Und bring gleich noch ein bißchen Feuerholz mit. Hier unten müssen wir für das Klafter fünfundneunzig Dollar bezahlen.«

»Fünfundneunzig Dollar!« Neue Verblüffung. »Bei uns ist es gratis. Man muß nur ein bißchen Muskelkraft und Schweiß investieren, um es zu schlagen. Allerhöchstens werden bei Verkäufen fünfzehn, zwanzig Dollar verlangt.«

»So ist nun mal leider das Stadtleben«, seufzte Sally. »Washington gehört zu den teuersten Pflastern der USA.«

»Und zu den schmutzigsten«, setzte Loren fort und strich mit dem Finger über das Fensterbrett. »Von achtzehn Städten, die in einer Studie untersucht wurden, hatte Washington die höchsten Luftverschmutzungswerte.«

Wie teuer es hier war, stellte ich bald beim Einkaufen mit Sally fest. Die Lebensmittelpreise im Supermarkt schienen mir exorbitant, auch an Hochsaisonpreisen in den Adirondacks gemessen. Und die Läden waren meistens brechend voll, wenn Sally nach Dienstschluß und am Samstag einkaufen ging. Oft nahm sie, um rasch aus dem Gedränge wieder herauszukommen, aus lauter Verzweiflung nur einen Stapel TV-Dinners, Tiefkühlpizzas oder ein präpariertes Brathähnchen. Das Essen schmeckte schrecklich künstlich, war reine Retortenkost. Sehnsüchtig dachte ich an das frische Wildbret, das ich in der Jagdzeit immer bekam, und an das leckere Biberfleisch, das mir die Trapper, die nur die Pelze wollten, umsonst überließen.

Eines Tages hörte ich Sally und Loren über die Steuern streiten.

»Was zahlt ihr denn an Grundsteuern?« wollte ich wissen.

Zu meinem Erstaunen lag die Taxe doppelt so hoch wie diejenige, die ich für meine neun Hektar Wald entrichtete. Und dabei war ihr »Hof« nicht größer als mein 3,70 Meter im Quadrat messendes Blockhütten-Studio.

Ein weiterer Unterschied, der in den ersten Tagen ins Auge sprang: die Autos, besonders diejenigen, die auf den Straßen von Georgetown parkten. Mein Kombi wirkte neben dem blitzblanken Mercedes meiner Gastgeber, neben den Jaguars, Corvettes, Triumphs, den gepflegten Kompaktwagen und den hochherrschaftlichen Cadillacs und Lincolns richtig schäbig.

Eines Morgens entdeckte ich an meiner Windschutzscheibe einen Strafzettel. Überrascht lief ich in Sallys Küche: »Wieso in aller Welt habe ich ein Ticket? Wieso? Wieso? Ich stehe dicht am Bordstein, ausreichend weit von der Ecke weg, nicht in der Nähe eines Hydranten, blockiere niemandes Einfahrt, stehe nicht in einer gelben Zone und nicht an einer Bushaltestelle. Mensch, hier muß man auf tausend Sachen achten, verglichen mit dem Parken am Bootsanleger am Black Bear Lake!«

Sally runzelte die Stirn und betrachtete den Strafzettel. Irgend etwas Unleserliches war daraufgekritzelt. »Ich kenne den Polizeichef von Georgetown«, erklärte sie. »Den rufe ich jetzt mal an und erkundige mich.«

Nach längerem Gespräch stellte sich heraus, daß mein Pickup-Kombi hier als Lieferwagen betrachtet wurde, und die durften auf den Straßen von Georgetown, außer zu Lieferzwecken, nicht parken.

Sallys blaue Augen blitzten, aber sie beherrschte sich. »Chef«, sagte sie liebenswürdig, »der fragliche Kombi gehört meinem Hausgast. Er dient ihr als Personenwagen.«

Der Chef sagte etwas.

»Sie wohnt in den Adirondacks, und da oben fahren alle Leute solche Pickups«, erwiderte Sally.

Eine erneute Salve vom Chef.

»Die Adirondacks liegen im Norden des Staates New York, an der kanadischen Grenze«, erklärte Sally betont.

Schweigen.

»Meine Freundin bleibt noch mehrere Tage bei uns«, fuhr Sally höflich fort. »Ich darf wohl davon ausgehen, daß wir dieses Ticket zerreißen können und daß Ihre Männer sie nicht mehr belästigen.« Sprach's und hing auf. Ungläubig den blonden Kopf schüttelnd, sagte sie: »Er konnte es nicht fassen, daß ein Mädchen hier mit einem Pickup herumfährt.«

»Du hättest ihm sagen sollen, daß ich darin auch kampiere und schlafe, ihn als rollende Hundehütte und Dunkelkammer benutze, und außerdem Boot und Bootsmotor, Kanu, Bauholz, Konserven, Zementblöcke, Benzin und Hundert-Pfund-Säcke Ready-Mix damit transportiere.«

»Nichts davon«, lachte Sally. »Er hat von den Adirondacks noch nie etwas gehört. Wie sollte er da kapieren, wozu ein Pickup gut ist?«

Nun, es kamen jedenfalls keine Strafzettel mehr.

Autos werden in Washington, wie Sally erklärte, nach einem ganz anderen Wertesystem gekauft. Prestige, Glamour, Kompaktheit zum Parken und Komfort waren die Hauptkriterien. Im nächsten Sommer drehte sich der Spieß um, als Loren und Sally zum Urlaub zu mir an den Black Bear Lake kamen. Zweimal blieben sie mit ihrem Luxus-Mercedes liegen, weil nirgendwo Dieselöl aufzutreiben war. Ich rettete sie mit meinem Pickup und konnte ihnen meinerseits einen Dienst erweisen.

Rund einen Monat wohnte ich schon bei Sally und Loren, als sie beschlossen, einen längeren Winterurlaub zu nehmen, eine Kombination aus Weihnachtsferien und zwei Wochen zusätzlich angehängtem Urlaub.

»Würdest du hier wohnen bleiben und für uns das Haus hüten?« bat Sally. «Es fiele uns ein Stein vom Herzen, wenn das Haus bewohnt bliebe.«

»Ja«, fiel Loren ein, »sonst müßte ich die ganze Bude vorn und hinten absichern, müßte Zeitschalter besorgen, die das Licht an- und ausknipsen, damit es bewohnt aussieht, und müßte der Polizei Bescheid sagen.«

»Ganz zu schweigen davon, daß wir die Post abbestellen müßten, die Milch, die Zeitung, den Mann von der chemischen Reinigung, die Putzfrau.«

»Aber ich wohne doch hier sowieso schon viel zu lange«, protestierte ich. »Ich bin nicht einmal dazu gekommen, mich nach einer eigenen Bleibe umzusehen.«

»Hör mal, wir sind froh, daß wir dich bei uns haben«, sagte Loren und fuhr mir durchs Haar. »Wir sehen uns ja kaum, wo wir alle drei arbeiten und du sogar samstags und sonntags in dein Büro gehst.«

»Na ja, der Termin für unseren Bericht rückt heran. Und wenn ich meinen Vertrag vorzeitig erfülle, kann ich um so eher in die Adirondacks zurück«, sagte ich wehmütig.

»Eine eingefleischte Großstädterin werden wir wohl nicht aus dir machen!« sagte Sally lächelnd.

»Nein«, erwiderte ich. »Aber ich bleibe gerne noch bei euch, wenn ihr wollt, und ich werde für euch das Haus hüten.«

Nachdem meine Freunde abgereist waren, verbrachte ich mehr Zeit denn je im Büro. Die Wochen zogen sich hin. Ich gewöhnte mir für den Tagesablauf ein starres Schema an, das mir die besten Überlebenschancen bot. Alles ging nach Fahrplan. Washington zur Hauptverkehrszeit schien mir wie ein gigantischer, wimmelnder Karnickelstall. Um dem morgendlichen Verkehrschaos zu entgehen, nahm ich immer einen möglichst frühen Bus. Aber da die Türen unseres Gebäudes erst um acht Uhr aufgeschlossen wurden, bekam ich noch genug davon ab. Da saß ich im überheizten Bus, starrte auf den verdreckten Beton und Asphalt hinaus, der die kristallene Weiße und Reinheit des Schnees und Eises im Winter nicht kannte, und beobachtete die ausdruckslosen Gesichter um mich. Sie waren alle in die Morgenzeitung oder den Börsenbericht vertieft, lösten Kreuzworträtsel, blätterten durch Krimis, strickten, überflogen Geschäftsberichte. Irgendein Instinkt, irgendeine innere Uhr mußte ihnen sagen, wann sie auszusteigen hatten. Nie habe ich jemanden seine Haltestelle verpassen sehen.

Niemand lächelte oder plauderte in diesen Bussen. Niemand zeigte Manieren. Eines Morgens stieg ein Blinder zu, mit dem Stock tastend. Der Bus war voll, aber kein Mensch machte Anstalten, ihm einen Platz anzubieten. Nach ein paar Sekunden sprang ich auf und half ihm, sich hinzusetzen. Gesichter hoben sich, schauten mich an. Ich hätte nicht übel Lust gehabt, laut zu brüllen: »Ihr selbstsüchtigen Idioten! Habt ihr denn kein Fünkchen Bruderliebe mehr?«

Abends wurde unser Gebäude abgeschlossen, um Raubüberfällen und Vergewaltigungen vorzubeugen. Ich war gezwungen zu gehen, ganz egal, in welche Gedankengänge oder Gespräche ich gerade vertieft war. Oft fragte ich mich, was unter solchem Zeitzwang aus den kreativen Stimmungen und Impulsen werden würde, nach denen ich in der Hütte einen großen Teil meines Lebens ausrichtete.

Noch schlimmer war es freitags. Die Leute im Bus trugen dann alle ihr Freitagabendgesicht, ausgelaugt von einer Woche Bürostreß ohne körperliche Bewegung. Ich sah so viel Depression, Erschöpfung, Verwirrung und Einsamkeit, daß ich freitags aufhörte, mit dem Bus zu fahren, und mir ein Taxi leistete. Aus diesen Gesichtern und aus dem Monat Alleinsein in Sallys und Lorens Haus lernte ich, daß man in der Großstadt ebenso einsam sein kann wie im tiefsten Wald. Menschenmassen bieten ebensowenig Gewähr gegen Vereinsamung wie Baummassen.

Immerhin gab mir das Busfahren Gelegenheit zu vergleichenden Studien in »Bewegungseffizienz«, wobei Washington, D.C., erheblich schlechter abschnitt als der Black Bear Lake. Vom Haus in Georgetown bis zu meiner Arbeitsstätte (drei Blocks Fußmarsch zum Bus, Busfahrt in die City, weitere drei Blocks Fußmarsch, Fahrstuhl zum Büro) brauchte ich meist ebensolange wie von meiner Waldhütte zum vierzig Kilometer entfernten Lake Serene (mit Boot oder Schneemobil über den See, dann mit dem Wagen). Regnete oder schneite es morgens stark, dauerte die Busfahrt sogar so lange wie ein Trip vom Black Bear Lake zur nächsten Großstadt!

Weiter sah ich, daß das Großstadtleben nicht gerade ein umweltfreundliches, sparsames Wirtschaften fördert. Wie oft beobachtete ich, daß Sally schnell mal mit dem Wagen zum nächsten Lebensmittel- oder Krämerladen oder zur nächsten Apotheke sauste, um irgend etwas zu besorgen, das sie beim Großeinkauf vergessen hatte. Bei der Hütte zählte jede Fahrt. Abfall, Schmutzwäsche, leere Benzinkanister und Tanks, Post und Pakete gingen hinaus; Lebensmittel, Medikamente, gereinigte Wäsche, Benzin und Batterien kamen herein. Was man vergaß, mußte bis zum nächstenmal warten.

Abends, nach der Arbeit, nach dem Abendessen und den Nachrichten, waren lange Spaziergänge mit Pitzi meine Hauptzerstreuung. Hierin hielt ich mich nicht an die Warnung meiner Gastgeber. Statt mich vor ihren großen Farbfernseher zu hocken und vielleicht »süchtig« zu werden, ließ ich mich lieber auf ein Glücksspiel mit dem nächtlichen Washington ein. Ich wollte kein »Fernsehentzugssyndrom« bekommen, wenn ich wieder in meine nichtelektrifizierte Hütte zurückkehrte. Außerdem sehnte ich mich nach körperlicher Bewegung. Pitzi und ich sind auf unseren Märschen nie einem Schläger, Vergewaltiger oder Mörder begegnet; allerdings hielt ich stets die Augen offen, trug Laufschuhe und führte mein Jagdmesser mit. Ich hatte nicht die geringste Lust, meinen Hund erschießen zu lassen, während er mich verteidigte, oder mich wehrlos einem Angriff zu überlassen.

In der Nähe entdeckten wir einen netten bewaldeten Park, wo wir abends oft hingingen. Der Park enthielt einige der größten Eichen, die ich je gesehen habe; offenbar stammten sie von einem alten kolonialen Herrensitz. Wenn ich Heimweh hatte, pflegte ich einen dieser geduldigen Giganten zu umarmen und dabei an meine Tannen zu denken und an den Frieden und die Lebenskräfte, die wir einander geschenkt hatten. Ein paarmal schaffte ich es fast, das alte Gefühl heraufzubeschwören, aber immer dröhnte irgendwann am Himmel ein Flugzeug über mich hinweg und störte den Zauber.

Eines Abends – an einem Freitag, um genau zu sein – erwischte es uns. Wir joggten im Park durch raschelndes Laub, als Pitzi plötzlich innehielt. Vor uns sprang ein Hund, ein großer Golden Retriever, im Kreis herum, seinen eigenen Schwanz jagend. Sein Verhalten wirkte merkwürdig. Niemand begleitete den Hund. Ich begann Pitzi an der Leine fortzuziehen, aber der Retriever verfolgte uns. Binnen Sekunden war ein wüster Hundekampf im Gange. Zum erstenmal in seinem Leben zog Pitzi den kürzeren. Im Nu lag er auf der Erde, Fänge gruben sich in seine Kehle. Im düsteren, von den Wolken reflektierten Widerschein der Stadtlichter sah ich den fremden Hund an Pitzis Hals reißen und zerren.

Ich sprang vor, warf mich auf das Tier und versuchte, es von Pitzi herunterzuzerren. Wie toll warf sich der Hund herum und grub seine Zähne tief in meinen linken Wadenmuskel. In der sekundenlangen Pause rollte sich Pitzi auf die Füße und fing an, dem Retriever zuzusetzen. Nach fünf Minuten war der Kampf vorbei. Der goldhaarige Hund rannte über die nahe Straße davon, die Ohren zerrissen und blutig. Pitzi war es nicht besser ergangen. Auch seine Ohren waren zerschlitzt, eine Pfote schlimm zerbissen. Zusammen humpelten wir aus dem Park.

Von Minute zu Minute wurden der Schmerz und die Schwellung an meinem Bein stärker. Als wir zu Hause ankamen, konnte ich kaum noch gehen. Sallys Hausapotheke enthielt zu meiner Überraschung nur Erkältungsmittelchen, Hustenbonbons, Nasensprays und Aspirin. Offenbar war man in der Stadt nur auf Grippe eingerichtet, nicht aber auf Hundebisse und plötzliche Verletzungen.

Da ich keine Ärzte kannte, mußte ich die Notfallstation der Georgetown-Universitätsklinik aufsuchen. Nach stundenlangem Warten in Gesellschaft von Blinddarmkranken, Messeropfern, verstauchten Knöcheln und verdorbenen Mägen wurde mein Bein von der diensttuenden Ärztin in Augenschein genommen. Ich erzählte ihr, was geschehen war. Sie wurde besorgt und fragte mich nach dem streunenden Hund aus.

»Aufgrund seines unerklärten Verhaltens und seiner Aggressivität«, meinte sie schließlich, »würde ich Ihnen empfehlen, sich binnen achtundvierzig Stunden gegen Tollwut impfen zu lassen; es sei denn, Sie finden den Hund.«

Ich krümmte mich auf dem Untersuchungstisch.

»Washington hat strikte Gesetze über das Anleinen von Hunden«, fuhr sie fort. »Der Hund hätte niemals frei herumlaufen dürfen. Man kann nicht wissen, ob er krank war oder gesund, und Tollwut ist bei Menschen hundertprozentig tödlich«, fügte sie hinzu, als sie mir die letzte Bandagenrolle anlegte.

Ich verließ die Notfallstation auf Krücken, da ich das Bein wegen des Blutergusses, der die Wade unförmig hatte anschwellen lassen, nicht mehr benutzen konnte. Jetzte wußte ich, wie wirksam das Durchbeißen der Sehnen ist, das Raubtiere bei ihren Beutetieren praktizieren. Solchermaßen verletzt, kann kein Tier mehr die Flucht ergreifen. Pitzi schaute »hundeelend« drein, als ich zum Wagen zurückkam. Wir fuhren heim. Er fühlte sich nicht besser als ich, hatte aber anscheinend nicht so schwere Blessuren, daß wir zum Tierarzt mußten. Es war nur zu hoffen, daß sich die Wunden nicht entzündeten.

Jetzt kam mir die ganze Unpersönlichkeit der Stadt zu Bewußtsein. Abgesehen von Sally und Loren und meinen Mitarbeitern und Kollegen im Büro kannte ich in Washington keine Menschenseele. Keinen engen Freund gab es, den ich hätte holen und der mir hätte helfen können, einen streunenden Hund zu finden und mir eine Reihe schmerzhafter Spritzen zu ersparen. Die Polizei war benachrichtigt worden, aber es bestand wenig Aussicht, daß sie kommen und den Park nach einem Golden Retriever absuchen würde, denn sie hatte ja die üblichen Wochenendprobleme einer Großstadt auf dem Hals.

Wäre dies am Black Bear Lake geschehen, hätte ich die örtliche Polizeiwache, Beamte der Umweltbehörde, den ärztlichen Notdienst, die freiwillige Feuerwehr und meine Freunde alarmieren können, und alle hätten sich Mühe gegeben, den Hund aufzustöbern. Ich kam mir gottverlassen vor.

Am nächsten Morgen humpelte ich mit Mühe und Not zum Nachbarhaus. Ich *mußte* jemanden finden, der suchte, mir Lebensmittel einkaufte, den Hund ausführte. Ich klopfte. Ein schlanker weißhaariger Mann öffnete. Ich stellte mich vor und bat um Hilfe. Er lud mich ein, hereinzukommen, und ging seine Frau und seine beiden halbwüchsigen Söhne holen, die mit der Morgenzeitung im Wohnzimmer saßen. Kakaotassen in der Hand, hörten sie sich meine Geschichte an. Dann sagte der eine: »Ich gehe jetzt in den Park und fange an, den Hund zu suchen.«

Der andere Junge: »Ich werd' in der Straße, wo Sie ihn haben hinlaufen sehen, überall klingeln und fragen.«

Die Frau: »Ich telefoniere mal in der Nachbarschaft herum und frage, ob jemand von einem solchen Hund weiß. Er muß nach dieser Beißerei doch einen ziemlich auffälligen Anblick bieten. Sie legen sich jetzt erst mal ins Bett. Nachher bringe ich Ihnen etwas heiße Suppe hinüber.«

Der Mann: »Samstags mache ich immer den Lebensmitteleinkauf. Was kann ich Ihnen mitbringen?«

Ich atmete auf. Es gab also doch freundliche und hilfsbereite Menschen in der Stadt. Ich hinkte zu Sallys und Lorens Haus zurück und legte mich auf die Couch. Am Nachmittag war der Hund gefunden. Sein Besitzer, ein seriöser Geschäftsmann, eilte an mein Bett. Er versicherte mir, sein Haustier habe die vorgeschriebenen Tollwutspritzen bekommen und sei kerngesund. Der

Sonnenuntergang an einem See in der Wildnis der Adirondacks.

Hund war in der Nacht zuvor ausgerissen und hatte sich im Park nur übermütig herumgetollt. Die Polizei kam und kassierte vom Hundebesitzer fünf Dollar Bußgeld wegen Übertretung der Vorschrift über das Anleinen. Er erklärte sich ohne weiteres einverstanden, den Retriever zehn Tage in Quarantäne zu geben, um sicher zu sein, daß keine Krankheit ausbrach. Er bot an, meine Arztkosten zu übernehmen, mich zur Arbeit zu fahren, solange ich lahmte, und Pitzi auszuführen. Er hätte nicht entgegenkommender sein können. Gegen Abend sah die Welt schon viel freundlicher aus. Die schmerzhaften Tollwutspritzen waren mir erspart geblieben, und ich hatte in dieser Krise in der Großstadt gute Menschen gefunden, die mir beistanden.

Als ich wieder gehen konnte, begann ich, an den Wochenenden mit Pitzi nach Maryland zu fahren. Bekannte, die ich neu kennengelernt hatte, besaßen dort eine Farm, wo ich den Hund frei laufen lassen konnte, ungefährdet lange Spaziergänge machen und im netten Freundeskreis zu Abend essen konnte. Die Farm lag nur fünfunddreißig Kilometer von der Washingtoner Innenstadt entfernt; dennoch dauerte die Fahrt meist mehr als eine Stunde. Hin und her ging es über schätzungsweise vierzig rote Ampeln. Konnte ich in den Adirondacks hundertzwanzig Kilometer zurücklegen, ohne ein einziges Mal auf eine Ampel zu treffen, hieß es hier: Halt – Anfahren, Halt – Anfahren. Mein Frustrationspegel stieg. Die Abgaswolken, die merkwürdigen Eigenarten der Großstadt-Autofahrer, die schäbigen, trostlosen Vorstadt-Szenerien sägten an meinen Nerven. Es fiel mir auf, daß ich selber am Steuer aggressiv wurde. Eine Wolfswelt, in der man sich durchzusetzen hatte. Manchmal war mir zumute, als müßte ich vor Verzweiflung schreien. Wäre ich dauernd in Washington geblieben, hätte ich mit Sicherheit irgendwann einen schweren Unfall gebaut oder das Autofahren aufgegeben. Unter diesen Umständen schien mir eine Story, die ich gehört hatte, durchaus glaubhaft. Da war ein erboster Fahrer im Stau ausgestiegen, zu seinem Vordermann gegangen und hatte ihn in den Kopf geschossen.

Zum Glück brauchte ich nicht länger als acht Monate in Washington zu bleiben. Eines Tages im Juni legte ich meinem Auftraggeber einen fertigen Bericht auf den Tisch, erhielt einen Empfehlungsbrief, sagte meinen Kollegen adieu und belud den Wagen. Dann fuhr ich mit Pitzi nach Norden, wo sanft das Nordlicht über den Wäldern spielen würde. Nach Norden, zu wolkenspaltenden Gipfeln, wie Bockbier braunen Flüssen, sonnigen Biberwiesen, dunklen Fichtenwäldern, fischreichen Bächen und duftenden Balsamtannen.

Nie war mir die Hütte so schön erschienen. Ich spürte, wie meine Kraft zurückkehrte, wie meine Reaktionen auf die Umwelt wieder schneller wurden, die Reflexe schärfer, die Muskeln fester, der Körper schlanker. Weg mit den Stadtschuhen! Wohlig streckten sich meine Zehen wieder in Mokassins und Holzfällerstiefeln. Hühneraugen, die in Washington entstanden waren, verschwanden langsam. Meine Aggressionen am Steuer legten sich. Ich schlief gut. Wie befriedigend war es doch, den Sommermorgen wieder am Schreibtisch oder auf dem Sonnendeck zu verbringen, schreibend, tippend, Korrespondenz beantwortend und zwischendurch im See zu schwimmen. Wie entspannend, am prasselnden Ofen im Schaukelstuhl zu sitzen, lesend oder durch das Panoramafenster einen kathedralglasfarbenen herbstlichen Sonnenuntergang beobachtend. Wie gemütlich, sich in eiskalten Winternächten unter die weichen Decken meiner Schlafkoje zu kuscheln. Und wie berauschend, im Morgengrauen vom Duft des Frühlings und vom Gesang der Pieper geweckt zu werden.

Doch um ganz ehrlich zu sein: Mein Abstecher in die Stadt war gewinnbringend gewesen. Erfolgsgeschwellt kam ich heim, denn ich hatte gute Arbeit geleistet, hübsch Geld verdient und exzellente Kontakte geknüpft. Zwar war das Stadtleben auf die Dauer nichts für mich, aber ich merkte, daß ein gewisses Maß an Stadtkontakt für mich doch notwendig geworden war, damit mein Leben nicht zu einseitig wurde. Die Stadt (egal welche) bietet doch viele kulturelle und geistige Reize und Anregungen. Sie bietet berufliche Chancen und Herausforderungen und interessante neue Bekanntschaften. Sie hat eine Dynamik und eine Energie, die den Lebenskräften des Waldes genau entgegengesetzt ist.

Dennoch bleibt die Hütte der Born, die Quelle, der Mittelpunkt meiner Existenz. Sie gibt mir Ruhe, Nähe zur Natur und zu Wildtieren, Gesundheit und Fitneß, ein Gefühl der Geborgenheit, Entfaltungsspielraum für Ideen, Reflexionen, schöpferisches Denken. Gleichwohl war mein Leben hier nie idyllisch und wird es nie sein. Dazu ist die Natur zu anspruchsvoll. Sie zwingt einen zu immerwährenden Reaktionen. Ich muß mich ihren Veränderungen anpassen – dem Wechsel der Jahreszeiten, den Launen des Wetters, den Verschleißerscheinungen an Haus und Land, den Anforderungen an meinen Körper, den starken Sinneseindrücken. Trotz dieser Beanspruchung verbindet mich mit der Natur, mit dem Leben selbst ein Gefühl der Kontinuität, der Zufriedenheit und der Harmonie, hier in meiner Welt der hochgewachsenen Kiefern und klaren Seen, der Flughörnchen, unwegsamen Berge, Ochsenfrösche, Kriebelmücken und Waldlilien.

Manchmal, wenn mich nachts in meiner stillen Koje irgendein Problem nicht schlafen läßt, stehe ich auf, wecke den Hund und lasse mich im Guideboot auf den See hinausgleiten. Dort, auf der sternenbesäten Oberfläche des Black Bear Lake, durchtränkt mich langsam die geordnete Güte unserer Erde, ihr leises, unerbittliches Hindrängen auf Ausgleich, Regelmäßigkeit, Übereinstimmung. Dies saugt sich in meine Seele, so sicher wie Wasser in Moos. Bestimmt arbeitet der ganze Kosmos nach diesem Prinzip.

Gewiß, manche Bäume werden vom Sturm gestürzt, manche Sterne brennen aus, manche Menschen erleiden furchtbare Schicksalsschläge. Aber der Wald bleibt; die Sterne funkeln weiter, und die Menschen fahren fort, sich zu mühen und zu bestreben.

Unter dem Nachthimmel treibend, glaube und hoffe ich, daß ich den Stürmen trotzen kann, die meines Weges kommen. Und daß diese Prüfungen mir Tiefe und Reife geben, so daß ich im Alter wie meine Weymoutskiefern werden kann – würdige, schöne Bäume, die kraftvoll und ruhig ihr Haupt hochtragen in Sturm und Sonnenschein, in Schnee und Schwalbengeschwirr.

Epilog

Manchmal sitze ich in meinem Blockhaus wie in einem Kokon, abgeschirmt von der Außenwelt hinter wiegenden Kiefern. Abgeschirmt von Verkehr und Lärm und Trunkenheit und Dreiecksverhältnissen und Umweltverschmutzung. Das Leben scheint keinen Anfang und kein Ende zu kennen. Nur das stete Wachsen von Stamm und Wurzel, die langsame Ablagerung von Humus und Schutt, das Plätschern des Wassers, ehe es zu Eis erstarrt, das Trommeln der Regentropfen, ehe sie zu Schneeflocken werden.

Dann erinnert mich das Tschilpen einer Schwalbe, die über den See huscht, daß ... es immer einen neuen Anfang gibt.

Eine packende Autobiographie,

in der Probleme zwischen
Partnern aus verschiedenen
Kulturkreisen deutlich werden!

Als Band mit der Bestellnummer 61 130 erschien:

1984 fliegt Betty Mahmoody mit ihrer kleinen Tochter und ihrem
persischen Ehemann in den Iran, um dessen Familie zu besuchen.
Bereits nach kurzer Zeit muß sie feststellen, daß sich ihr Mann immer mehr verändert und keineswegs in die USA zurückkehren
will. Ihre einzige Hoffnung ist die Flucht . . .

Als Band mit der Bestellnummer 61 190 erschien:

Monatelang lebte die wagemutige amerikanische Journalistin Jan Goodwin in dem vom Krieg zerrissenen Afghanistan. Aus den Fakten und aus ihren Impressionen ist ein bewegendes Antikriegstagebuch entstanden.

Erfahrungen

Als Band mit der Bestellnummer 61 133 erschien:

Seit frühester Jugend wurde Truddi Chase von ihrem Stiefvater sexuell mißbraucht. Dadurch ist ihr eigenes Ich erstarrt, und eine Vielzahl von »Personen« ist an seine Stelle getreten. Erst sehr viel später begreift Truddi Chase, daß sie an Persönlichkeitsspaltung leidet, und nun beginnt der mühsame Weg zurück zu sich selbst.

Ein erschütterndes Buch — wer es gelesen hat, wird es nie wieder vergessen.

Erfahrungen

Als Band mit der Bestellnummer 61 158 erschien:

Als Tony Randazzo zwei Jahre alt war, diagnostizierten die Ärzte bei ihm Autismus. Niemand glaubte an die Chance einer Heilung – bis auf seine Mutter.

»*Mein Wille zum Leben besiegte den Krebs*«

Als Band mit der Bestellnummer 11 478 erschien:

Sie ging durch die Hölle. Sie war klinisch tot. 14 Operationen. Chemo-Therapien. Wie hält ein Mensch das aus? Bea Hellmann schrieb sich ihre Qualen von der Seele. Das Ergebnis: ein erschütterndes Buch.